ものが語る歴史　15
古代馬具からみた韓半島と日本

張　允禎

同成社

は じ め に

　東アジアにおいて家畜として馬が登場するのは、いまから約4000年前の龍山文化の時期であり、馬を使役する際に、木や網などを用いた簡単な馬具が使われていたと考えられている。この時代以降、さらに複雑な馬具の発達や馬車の出現から、輸送・戦争・耕作といった人間社会の多様な側面で馬が使われたことが知られる。馬の使役は、金属の使用とともに、人間社会の複雑化に深く関与したであろう。馬の使役のためには、その専用の道具である馬具が必要であるが、それは馬を制御する機能的な面以外に、威信を表す装具として、身分の表象にも使われるようになる。馬具は、このように機能的な面でも、観念的な面でも、社会の複雑化ないしは発展においてきわめて重大な意味をもった道具と考えられるだろう。

　馬具は、とくに、古代東アジア諸地域において、各社会の変動や相互交流などを示すさまざまな器物のなかで、とりわけ大きな役割を演じたものとして、考古学による研究が盛んである。そのなかで、韓半島における馬具の考古学的研究は、三国時代の墳墓出土品を中心としてその部位ごとの分類を行い、高句麗の壁画や文献も参照しながら当時の騎馬風習を復元するという作業から始まった。その後、発掘調査例が増えたことにより、馬具研究の視点もさらに多様なものへと進展し、型式学的な変化や画期、あるいは地域色なども判明するまでに至っている。現在、韓半島の馬具研究の全体的な傾向としては、北方から伝播した文化の一要素として馬具を捉え、それが韓半島南部地域に流入したときの系統と拡散の問題が主たる関心の的となっている。

　その際にもっとも重視されるのが地域色である。ただし、現在の研究における地域色の設定は、新羅、加耶、百済といった後の国家や政治領域をそのまま三韓時代やそれ以前に遡らせ、そのようにして策定した空間的枠組に、考古資料をじかに当てはめるという方法が主流となっている。しかし、そうした政治

領域や国家の形成過程の枠組はもっと流動的であり、その中で生じたさまざまな変動の過程はきわめて複雑であったと考えられる。そのように流動的で複雑なプロセスが馬具のような考古資料の地域色やその変化に反映されているとすれば、逆に、それの動態を客観的によみとり、その分析を通じて後の政治領域や国家の形成過程を復元していくという視点はきわめて重要なものといえるだろう。

本書では、以上のように、東アジア社会の変化・発展過程のなかで重要な役割を果たした馬具の考古学的検討を軸として、韓半島と日本列島を含む東アジア古代社会全体の変化の過程や地域内の相互作用、ならびに、各地域の社会の内部で生じる格差と特質とを抽出することを目的とした。各章の要点を以下で簡単にまとめておきたい。

まず、第1章では第1節で、韓半島の木心輪鐙・鉄製輪鐙をとりあげ、踏込部や輪部に対する補強の方法や程度などの技術的視点から、型式分類を試み、変遷と地域色を明らかにし、第2節では、日本列島の木心輪鐙・鉄製輪鐙を上記の方法で分析し、製作集団のあり方も含めたその展開過程を復元する。

第2章は、鐙とともに馬具の重要な部品である轡のうち、もっとも実用的な鑣轡を対象とするが、この種の轡は、通常の鏡板に比べて簡素で装飾性が低く、それだけに純粋な技術的側面の系統関係をより確かに読み取るのに適した材料である。まず、第1節では、鑣轡のうち立聞用金具とよばれる接続具に注目し、その型式分類と編年・地域色の検討を通じて、韓半島各地域の馬具の特質と製作集団の動向を探る。次いで第2節では、立聞用金具のほか銜や引手など他の部品の形態や組み合わせの比較を通じて、韓半島・日本列島両地域にわたる馬具技術の伝播や製作集団の状況に迫り、第3節では鑣と銜との連結方法に注目し、西アジアから中国、韓半島、日本列島に至る鑣轡の展開過程を巨視的な視点で考えとらえようと試みている。

最後に第3章においては、各地域別の馬具技術の特徴や製作集団の動向を総合的にまとめ、東アジア全体にわたる馬具文化の展開過程の整理を通じて、韓半島・日本列島両地域を中心とした東アジア各社会の発展過程を追求した。

これらの試みが東アジア古代社会の実態を明らかにする手がかりの一つとなれば幸いである。

目　次

はじめに

第1章　鐙にみる韓半島と日本 …………………………………… 3

第1節　韓半島三国時代における鐙の展開と地域色　3

第2節　日本列島の鐙にみる地域間関係　21

第2章　轡にみる韓半島と日本 …………………………………… 45

第1節　韓半島三国時代の轡の地域色
　　　　　―とくに立聞用金具を中心として―　45

第2節　日・韓両地域における鑣轡の展開と地域色
　　　　　―おもに引手と銜の組み合わせから―　68

第3節　「鑣轡」からみた東アジアの馬具の系譜　88

第3章　騎馬文化の展開と政治社会の形成 …………………… 111

引用参考文献 ………………………………………………………… 141

日本および韓半島出土馬具一覧 ………………………………… 155

　日　本　編　　155
　韓半島編　　　201
　おわりに　　209

カバー写真　長持山古墳出土鉄地金銅張・鉄製杏葉
　　　　　　（『王者の武装－5世紀の金工技術』京都大学総合博物館　1997）

古代馬具からみた韓半島と日本

第1章　鐙にみる韓半島と日本

第1節　韓半島三国時代における鐙の展開と地域色

1　研究の流れ

　鐙は、馬に乗る際の足掛けとして、また騎乗中の身体の安定を保つのに不可欠な役割をもつ道具である。また、馬を発進あるいは加速させる時、鐙にかけた踵で馬の腹部に衝撃を与えて乗り手の意志を伝達させる際にも重要な役割を担う。形態は、足をかける部分が輪になっている輪鐙と、足の先を被覆する壺鐙とに分かれる。構造は輪鐙、壺鐙ともに沓を掛ける踏込部と、鞍に結ぶ鐙靼を取り付ける柄部とからなる。

　材質や構造の上で、鐙は大きく木製と金属製とに分けられるが、木製のものは、外面を金属で被覆している場合が多く、これらを木心金属被（鉄板被・金銅板被）鐙と呼ぶ。また、柄部の長さ、輪部や踏込部の形態などから、「長柄系」・「短柄系」あるいは「古式」・「新式」などと分類されることもあるが、研究者の間では必ずしも一致したものではない。

　崔秉鉉は、新羅地域の鐙を、柄部が短く厚い短柄系と、長く細い長柄系とに分類し、さらに、長柄系を木心と鉄製とに分け、木心のものについてはこれを被う金属板の材質によって木心鉄板被鐙と木心金銅板被鐙とに細分した（崔秉鉉 1992）。そして柄部の頭頂部が丸いものから直線的なものへと変化し、また、柄部の上段が下段に比べ、広いものから懸垂孔の周りが厚く広いものへと発展すると考えた。

　申敬澈は、小野山節の新・古式鐙の分類を基準にして（小野山節 1966）、釜

山福泉洞古墳群出土鐙を古式鐙A・Bの2型に細分した（申敬澈 1989）。A・Bは輪部の形態を示し、A型がハート形、B型が三角形である。さらに、これらの祖形について、中国の4世紀代の資料と比較しながら、A型は安陽孝民屯154号墓などの、B型は長沙市金盆嶺21号墓出土の馬具俑に描写された三角形鐙などの系譜を引くものと考えた[1]。そして、慶州皇吾里14号墳第1副槨（2対の鐙のなかで全体を鉄板で覆う例）と高霊池山洞32号墳の資料とを新式鐙出現期のものと捉え、その時期を5世紀中葉あるいは5世紀中葉の新しい段階と推定した。

申敬澈はまた、新式鐙の中で、柄部と輪部とを覆う鉄板の中軸に菱角を立てて断面が五角形に近くなる鐙を「池山洞型鐙」と命名し、それが高霊池山洞古墳群や陜川玉田古墳群のように大加耶地域に偏在している点と、原州法泉里1号墳でも出土している点などから、百済から新羅へ流入したと考えた。

柳昌煥は、加耶古墳出土の木心鉄板被輪鐙を八つに分け、それらの組み合わせの型式分類を試みた（柳昌煥 1994）。その中で、踏込部の形態は輪部と同じ幅のものから側面の幅が広いものへ変化することや、柄部の形態は厚く短いもの（長さが2.1〜2.8倍）から、幅に比べて形態が細長化したもの（長さが3.1〜4.8倍）へと変わっていくことを指摘した。また、外装鉄板の形態と構造を細分し、外装鉄板の構造が簡単なものから進化して柄部と輪上半部まで、すなわち木心の全体を金属で覆ったものをもっとも発達した形態としている[2]。しかし、踏込部の側面幅が広くなったものについては、外装鉄板の構造が簡単なものから、木心全体を覆ったものへと発展するとは考えていない。

金斗喆は、騎乗の時に足が滑るのを防ぐために、踏込部の幅がしだいに広くなり、大きな鋲が増加する方向へと発展すると考えた（金斗喆 1995）。また、柄部に鉄板を補強する技術については、柄部の下段と輪部の上方とを鉄板で補強したものと、鉄棒を利用して補強するものという二つの系譜に分け、後者は加耶から新羅へ伝来したとした。

このほかにも、鐙について触れたものに次のような論考がある。

姜裕信は、慶州地域の古新羅の古墳から出土した木心金銅板被鐙と高句麗の

七星山96号墓・集安万宝汀78号墓の出土品と対比したうえで（姜裕信 1987）、慶州皇南大塚北墳と集安万宝汀78号墓の木心金銅板被鐙は、製作技法と形態面で類似することを指摘し、伴っている立柱附雲珠などからみて両古墳とも5世紀前半に位置づけた。

崔鍾圭は、高句麗の七星山96号墓で出土した鐙の特徴の一つである踏込内側の鋲が、慶州皇南大塚南墳、大邱飛山洞37-2号墳、釜山福泉洞10号墳・11号墳、21号墳・22号墳、35号墳・36号墳の出土品にも認められることを指摘し（崔鍾圭 1984）、釜山福泉洞出土品のうち、輪面が鉄棒で覆われたものと慶州皇南洞109号墳3・4槨の出土品とが同型式であると述べている。

以上にみてきた研究史の流れをまとめてみると、まず、鐙の資料の大部分が嶺南地域に偏在し、研究成果も新羅と加耶に集中していることがわかる。鐙の全体的な流れについては、輪部の上下の幅が同じものより、下段の幅が広いものや、踏込部を2、3本に分岐して面積を確保し、足が滑らないように鋲をたくさん配置したものをより発達した形態とみなす点では、研究者間でおおむね一致している。また、短柄系から長柄系へ発展していくという考えでは共通している。

最近の発掘調査で金海、釜山、陝川地域の資料が増加し、それらを加耶の文化と結び付ける考えが目立つようになってきた。そのいっぽう、時期的に早い段階の資料については、中国の北方民族と関連づける傾向が強い。こうした点を踏まえて馬具の地域的発展や伝播の実態についてより詳細かつ正確な復元を試みるために、筆者はさらに体系的で、地域色の検討にも耐えうる微細な要素に及ぶ型式分類を試みたい。

2　鐙の分類と変遷

(1)　木心輪鐙の分類

木心鉄板被（張）輪鐙（以下「木心輪鐙」と称す）の場合、踏込部の鋲は、外形よりも機能や製作技法を考えるときに重要である。ここでは製作集団の系譜をみるために、この技術（踏込部の鋲）の有無を重視し大別し、さらにそれ

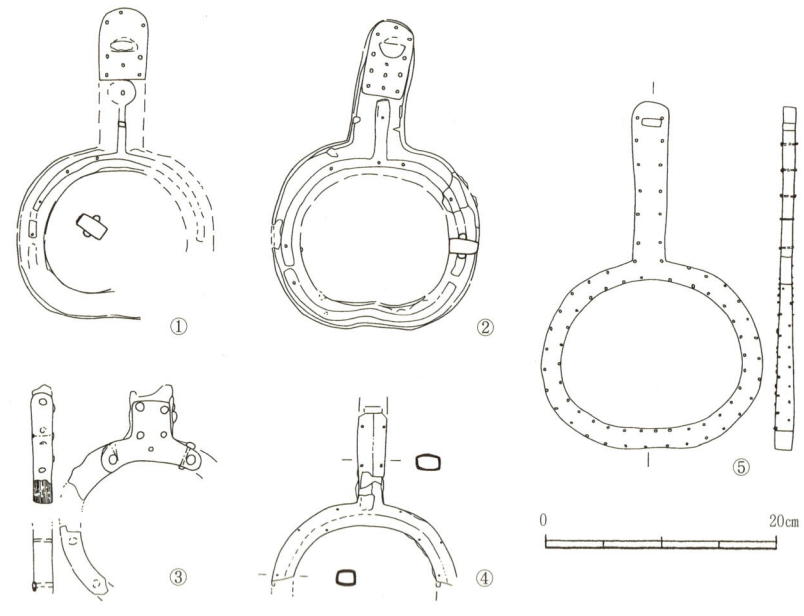

図1 木心輪鐙のa型式
①釜山福泉洞35号墳 ②釜山福泉洞22号墳 ③釜山福泉洞48号墳
④高霊池山洞33号墳 ⑤慶州天馬塚

を、鉄板の補強、外装鉄板への鉄棒の使用の有無に注目して分類した。つまり、鉄板張り技法の差異を重点においた分類である。なお、木心を金銅板で覆った木心金銅板被鐙も少数あるが、この中に含めることにする。

　a　踏込部に鋲が無いもの

　①鉄板の補強が部分的で、外装鉄板に鉄棒を使用するもの

　釜山福泉洞35号墳・22号墳の出土品を典型とする(図1-①、②)。これらは、木材で成形後、柄部の側面から輪部の外側面にかけて鉄板を張り、鉄鋲で固定する。さらに、柄上半部の前後面に鉄板を、柄下半部と輪部の前後面の中央に鉄棒を張って補強する。柄頭部は半円形で、輪部の断面はおおむね梯形を呈する。輪部の外形は全体的に円形を呈して踏込部は内側に突出する。

　②鉄板の補強が部分的で、外装鉄板に鉄棒を使用しないもの。

　これは断面が四角形のものと五角形のものとがある。断面四角形のものは釜

山福泉洞48号墳例を指標とする（図1-③）。柄部の側面から輪部の外側面にかけて鉄板を張り、鉄鋲で留める。さらに、柄と輪の接合部の前後面に逆T字状の鉄板を張って鉄鋲で固定する。残片からみると、輪の下方部の前後面もまた鉄板で補強されていたと考えられる。断面五角形のものは高霊池山洞33号墳例を指標とする（図1-④）。欠損が激しいが、柄部側面から輪部の外側面のほか、おそらく柄部と輪上半部の木心の前後面に鉄板を張っていたと考えられる。

③鉄板の補強が全体に及び、外装鉄板に鉄棒を使用しないもの

慶州天馬塚例を典型とする（図1-⑤）。この例は木心金銅板被鐙である。断面矩形の木材を曲げて形態を製作し、その側面と前後面とを全体的に薄い金銅板で覆い、小型の鋲で固定する。柄上部には長方形の懸垂孔がある。

b 踏込部に鋲が有り、その幅が輪部の幅と等しいもの

①鉄板の補強が部分的で、外装鉄板に鉄棒を使用するもの

陜川玉田28号墳例を代表とする（図2-①）。木材で成形後、柄部側面から輪部外側面、および輪部内側面に鉄板を張って鉄鋲で固定する。柄上半部の前後面にも、鉄板を張って鉄鋲で固定するが、その部分の鉄鋲は密である。それより下位の前後面の中央部には、鉄棒を鉄鋲で接合する。さらに、踏込部に大形の鋲を一列に打つ。

②鉄板の補強が部分的で、外装鉄板に鉄棒を使用しないもの。

これには断面形が四角形のものと五角形のものとがある。断面四角形のものは釜山福泉洞10号墳から出土した2個体を指標とする（図2-②）。両者の形態にはやや差があるが、製作技法は同一である。木材で成形後、柄部の側面から柄部の外側面、および輪部の内側面に鉄板を張り、鋲で固定する。前後面は、柄部から輪部の上半部にかけて、逆Y字状の鉄板を鋲で固定する。踏込部には、滑りを防止するための大形方頭の鋲3本を等間隔で1列に打つ。断面五角形のものは陜川玉田35号墳の例を指標とする（図2-③）。柄部の側面と輪部の内外側面に鉄板を張って鋲で固定する。踏込部の内側に大形の方頭鋲を1列に打つ。

8　第1章　鐙にみる韓半島と日本

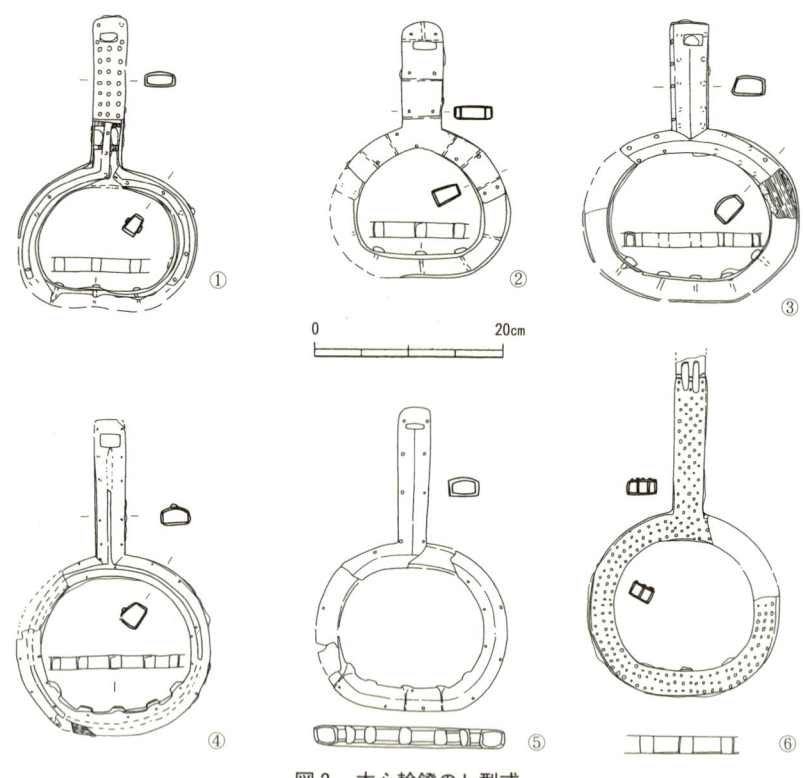

図2　木心輪鐙のb型式
①陝川玉田28号墳　②釜山福泉洞10号墳　③陝川玉田35号墳
④陝川玉田M1号墳　⑤高霊池山洞32号墳　⑥慶州皇南大塚南墳

　③鉄板の補強が全体に及び、外装鉄板に鉄棒を使用するもの
　現在陝川玉田M1号墳出土品の例のみである（図2-④）。柄部および輪部の内外側面全体に鉄板を張って小鋲で固定し、さらに、前面鉄板の中央線に沿って鉄棒を貼り付け鋲で留める。踏込部には大形の方頭鋲5本を配する。
　④鉄板の補強が全体に及び、外装鉄板に鉄棒を使用しないもの。
　これには断面形が四角形のものと五角形のものとがある。断面四角形のものは、例として慶州皇吾里14号墳1槨の出土品があげられる。木材を曲げて成形した後、全体を鉄板で覆い、鋲で留める。断面五角形のものは高霊池山洞

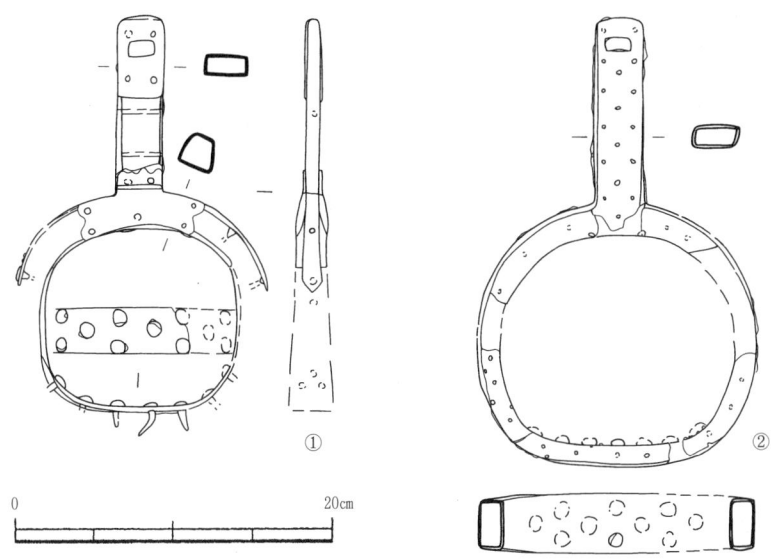

図3　木心輪鐙のｃ型式
①陝川玉田20号墳　②陝川玉田Ｍ１号墳

32号墳の出土品を典型例とする（図2-⑤）。この資料で注目すべきは、輪部が一木で成形したものではなく、多数の木材を繋げたものであることである。柄部は二つの木材を合わせ、隙間に三角形の添え木を配する。これらを合わせて全面を鉄板で覆い、小鋲で固定する。踏込部には５本の方頭鋲を１列に打つ。輪部と柄部の前後面は、片面は偏平、もう片面は中央に緩い稜角を立て、全体として五角形の断面をつくる。

ｃ　踏込部に鋲が有り、その幅が輪部より広がるもの
①鉄板の補強が部分的で、外装鉄板に鉄棒を使用しないもの

陝川玉田20号墳出土品の例を指標とする（図3-①）。木心の内外側面と前後面の特定部位にのみ鉄板を張り、鉄鋲で固定する。輪部の外側面鉄板は、輪の中位までに限られ、その下端を三角形に尖らせ断つ。踏込部の幅は他の部分より極めて広くつくられ、大形の鉄鋲を中央・両端相互に計11本（推定）打つ。

②鉄板の補強が全体に及び、外装鉄板に鉄棒を使用しないもの

陝川玉田M1号墳出土品の例を代表とする（図3-②）。輪の上方部に比べ、踏込部の側面の幅が次第に広くなり、木心の全体を鉄板で被覆する。踏込部に大形の方頭鋲を中央・両端相互に計10本打つ。

(2) 鉄製輪鐙の分類

慶州皇南大塚南墳では全体が青銅でつくられたものがあるが、わずか1例なので、ここでは鉄製輪鐙に含めて取り扱う。

鉄製輪鐙は、木心輪鐙と比べると、頑丈で実用性が高いという特長を持つ。ただし、出土数が多い割に、残存状況があまりよくなく、腐蝕が進んで原形を留めない例もある。また、木心輪鐙と比べて形に変異が乏しいなどの理由から、馬具研究ではあまり注目されてこなかった。分類にあたっては、木心輪鐙のような鉄板、鋲などの要素が使えないことから、もっぱら柄部、輪部、踏込部など各部位の幅の関係をもとに行った。

a 踏込部が輪部の幅と同じもの

① 柄部の幅が上下で同じもの

陝川玉田M3号墳出土品の例がある（図4-③）。柄部が断面長方形で、上部には横長方形の懸垂孔がある。輪部の外形は横楕円形で断面は方形、踏込部には、あたかも方頭鋲を思わせるような方形の突起を1列に並べている。

② 柄上端部が広くなったもの

陝川玉田M3号墳では2双の鉄製輪鐙が出土しているが、その中の1双がこの型式に属する（図4-①）。鍛造品として、全体的に断面隅丸方形の鉄棒を打ってつくられるが、柄部と踏込部の断面は長方形になっている。柄部の上部は隅丸方形状に広がり、踏込部には方頭鋲のような突起が三つ、1列に並ぶ。

b 踏込部が広くなったもの

① 柄部の幅が上下で同じもの

慶州月城路カ1号墳の出土例がある（図4-④）。柄部は断面矩形で上端部が下端部より広く、上部には長方形の懸垂孔がある。輪部外形は横長楕円形で、

第 1 節　韓半島三国時代における鐙の展開と地域色　11

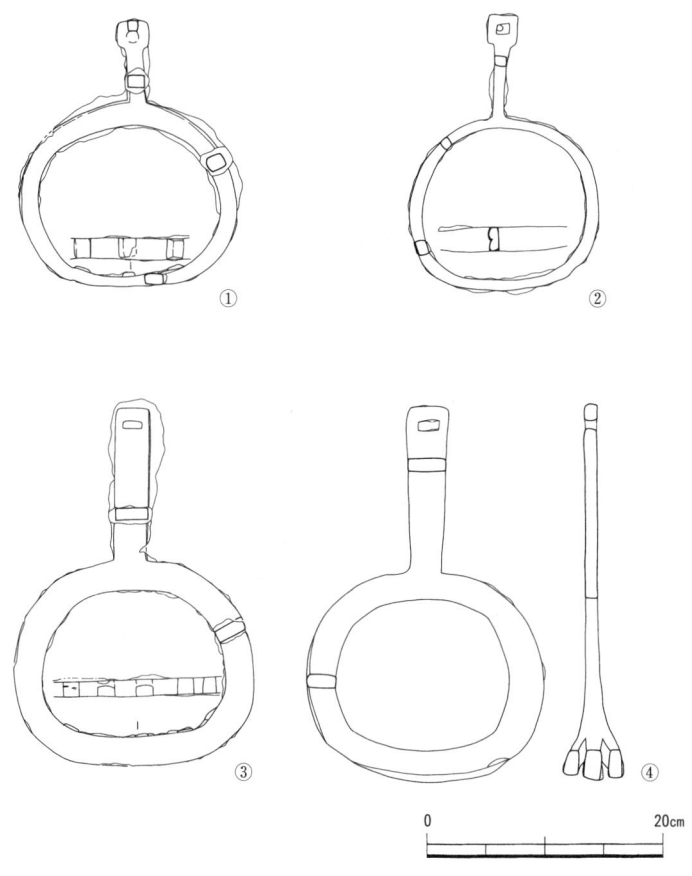

図 4　鉄製輪鐙
①・③陝川玉田M 3 号墳　②固城栗垈里 2 号墳　④慶州月城路カ 1 号墳

踏込部は 3 条に分岐している。

② 柄上端部が広くなったもの

　固城栗垈里 2 号墳出土品の例がこれに当たる（図 4 - ②）。柄部の断面は長方形で、上部は隅丸方形に広がる。輪部の断面は方形で、踏込部は 1 条であるが、上面中央に滑りを防止するための条溝が設けられている。

(3) 各型式間の時間的関係

木心輪鐙と鉄製輪鐙とについて、それぞれの型式に属する資料が出土した古墳の共伴遺物をもとに、その相対年代を整理すると以下のようになる。

まず、各型式の先後関係を調べるために、主として韓国の考古学界で一定の評価を得ている土器の編年を参考にする。まず、崔秉鉉は、典型様式である新羅式高杯の初期の型式変化過程から、慶州皇南洞109号墳3・4槨、味鄒王陵第5区域6号墳、皇南洞110号墳という年代順を推定した（崔秉鉉 1993）。このなかで、慶州皇南洞109号墳3・4槨から出土した高杯と同じ型式のものが釜山福泉洞21号墳・22号墳からも出土している。ただし、土器のより詳しい検討から、釜山福泉洞21号墳・22号墳の方がやや時期が下るとし、皇南洞110号墳に近い時期に置いている。

李煕濬は、釜山福泉洞53号墳と39号墳とが福泉洞10号墳・11号墳より古いと想定した崔秉鉉の意見に同調した（李煕濬 1998）。また、釜山福泉洞10号墳・11号墳を、相対年代としては、慶州皇南大塚南墳より古いと考えた。さらに、金龍星は、釜山福泉洞古墳群のうち、25号墳・26号墳と35号墳・36号墳では一列透窓高杯が出土したが、31号墳・32号墳では交互透窓高杯が出土していることに注目し、また、25号墳・26号墳から出土した一列透窓高杯が金海礼安里117号墳、慶州月城路カ6号墳などでみられることから、25号墳・26号墳と35号墳・36号墳をひとつの段階に置き、その次に31号墳・32号墳、最後に21号墳・22号墳という序列を推定した（金龍星 1997）。

また、陝川玉田古墳群では発掘者趙栄済の編年を参考にすると、35号墳、M1号墳、M2号墳のグループがM3号墳、M7号墳のグループより古いと述べている。

以上から各古墳の年代を整理してみると、表1のようになる。

このような古墳の相対序列をもとにして、大きな画期を設定すると、まず、第Ⅰ期を慶州の皇南洞109号墳3・4槨、釜山福泉洞21号墳・22号墳、陝川玉田23号墳の各古墳以前とすることができる。第Ⅱ期は、標式的な古墳でいうと釜山福泉洞39号墳、53号墳、10号墳・11号墳から陝川玉田M1号墳ま

表1　土器からみた相対編年

	古 ←						→ 新
慶州	月城路カ5・6号墳	→	月城路カ13号墳	→	月城路ナ13号墳	→ 皇南大塚南墳 →	天馬塚
			皇南洞109号墳3・4槨	→	皇南洞110号墳	→	
釜山	福泉洞25・26号墳	→	福泉洞31・32号墳	→	福泉洞53・39号墳	福泉洞5・7号墳 →	
	福泉洞35・36号墳	→	福泉洞21・22号墳	→	福泉洞10・11号墳	→	
陝川			玉田23号墳	→	玉田8号墳	→ 玉田M1号墳	玉田M3号墳
						→	玉田M2号墳

でがそれに当たり、慶州の皇南洞110号墳や皇南大塚南墳などがここに属する。第Ⅲ期は陝川玉田M3号墳の以後とし、慶州の天馬塚などがここに属する。

　さらに、これを利用して、鐙の各型式の存続時期を整理したのが図5である。これをもとに、あらためて鐙の変遷過程をたどってみよう。

第Ⅰ期

　木心輪鐙のうち、踏込部に鋲が無く、鉄板の補強が部分的なもののみしか存在しない段階。外装鉄板に鉄棒を使用するものとしないものとがある。出土古墳から、4世紀代のものとして判断される。

第Ⅱ期

　上記以外に木心輪鐙の型式が多数出現して分立し、鉄製輪鐙が加わる段階。この時期から現れる木心輪鐙の各型式は、すべて踏込部に鋲を用いるものである。それは、輪部の幅と同じものと、輪部の幅より広いものとに分けられる。また、鉄板の補強は、部分的に覆ったもの以外に全体的に覆ったものが現れ、断面五角形のものも登場する。出土古墳から、5世紀代が中心と考えられる。

　以上のうち、外装鉄板に鉄棒を使用した諸型式については、第Ⅰ期からの形態変化が追えるものがあるので、やや詳しくみてみよう。まず、残存状況があまりよくないものが多いので確定的ではないが、柄部は第Ⅰ期のものに比べ長く、輪部の平面形は楕円形のものが多くなる。また、柄上端部の鉄板が長くなる傾向がある。そして、鉄板の補強は部分的なものが数的に多い。なおこの時

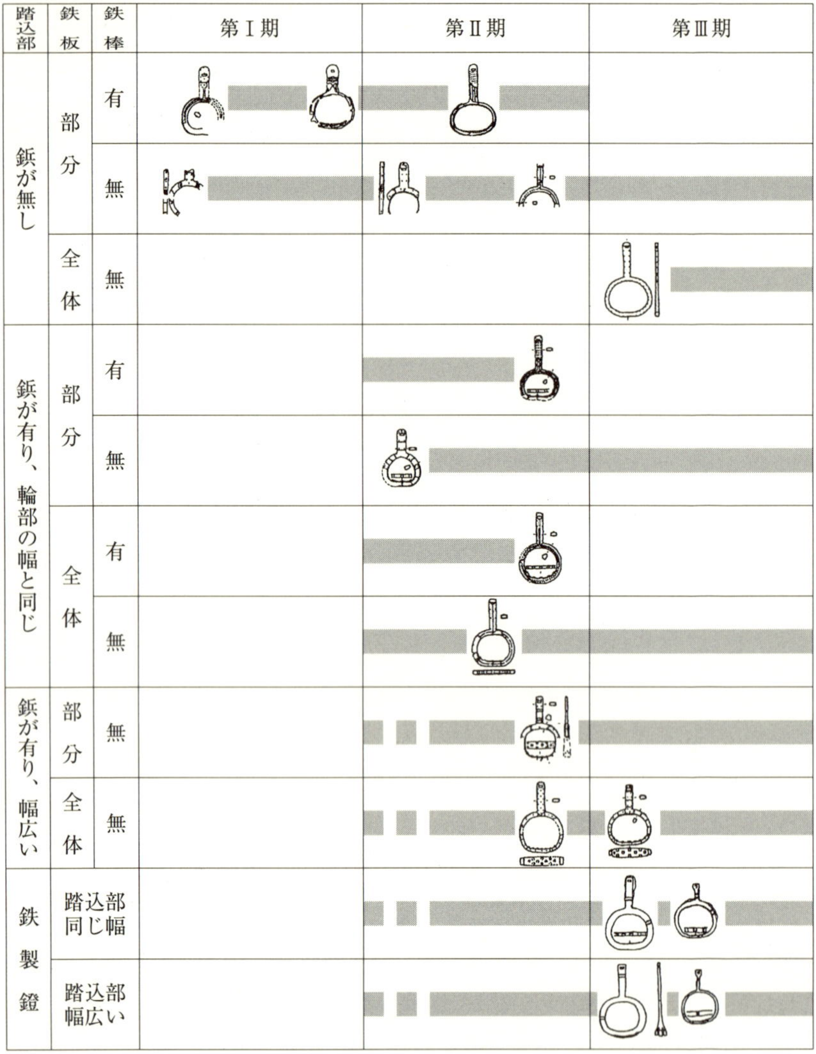

踏込部	鉄板	鉄棒	第Ⅰ期	第Ⅱ期	第Ⅲ期
鋲が無し	部分	有			
		無			
	全体	無			
鋲が有り、輪部の幅と同じ	部分	有			
		無			
	全体	有			
		無			
鋲が有り、幅広い	部分	無			
	全体	無			
鉄製鐙	踏込部同じ幅				
	踏込部幅広い				

図5　各型式の時間的変遷

期に1例のみ、鉄板を全体的に覆い、柄部の懸垂孔から輪部全体に鉄棒を張り、踏込部に鋲をもつ断面五角形のものが陜川地域に認められる。1例のみの特異例として注目される（陜川玉田M1号墳）。

また、外装鉄板に鉄棒を使用しないものについても、この段階に変化がある。まず、鉄板の補強が部分的なものをみると、第Ⅰ期には柄部上端ないし柄部・輪部の連結部分のせまい範囲に限られていたが、この時期になると、柄部から輪部上端まで一連で覆うものが現れる。つまり、外装鉄板の補強範囲が広くなる傾向が認められるのである。

第Ⅲ期

第Ⅱ期までの各型式に加え、木心輪鐙では、踏込部に鋲がないが、全体を鉄板で覆うという特徴的な型式が出現し、なおかつ鉄製輪鐙の型式がいっきに増加する段階。そのいっぽう、木心輪鐙のうち、外装鉄板に鉄棒を使用した諸型式がいずれも姿を消している。出土品から、5世紀末から6世紀代に当たると考えられる。

また、この段階には外装鉄板に鉄棒を使用せず、鉄板の補強が部分的なものが増加する。それらは、懸垂孔の周りと、柄部・輪部の連結部分とがそれぞれ別の鉄板で補強されるが、その形をみると、前者は長方形、後者は逆T字形に整えられ、一定の規格化が認められる[3]。

以上の型式変化を整理すると、技術的な面において、全体としては次のような方向性をもっていたことがわかる。

第一に、踏込部の機能的な改良である。具体的には踏込部に鋲を打つという手法と、踏込部の幅を広くするという工夫であり、前者・後者ともに第Ⅱ期から現れる。

第二に、鉄をしだいに多く用いるようになる方向性であり、これは全体の強度の増大を目的にしたものと考えられる。具体的には、木心輪鐙の多くの部分に補強鉄板を用いるものの増加、および鉄製輪鐙の出現という現象であり、前者は第Ⅱ期から、後者は第Ⅲ期から特に顕著にみられる。

3 鐙に現れた地域色

次に、以上に整理した二つの技術的な方向性が、それぞれどこで生み出され、発展したかをあきらかにするために、それぞれの型式の地域的な分布の変化をみてみよう。まず、凡例について説明すると、木心輪鐙は、踏込部に鋲がないもの、すなわち踏込部が強化されていないものを白丸（○）、踏込部に鋲を打ったものを白い四角（□）、さらに踏込部の幅を広げて強化したものを白い三角（△）で表した。そして、それぞれのうちで、鉄板の補強が全体的になされたものを●、■、▲で表した。また、それぞれのうち外装鉄板に鉄棒を使用するものは印の上下に線をつけて表した（例：●）。要するに、四角形や三角形は踏込部の強化を、黒点は鉄の使用傾向を、上下の線は鉄棒の使用を表すという原則である。

以上の表示原則によって、第Ⅰ期から第Ⅲ期の各技術の展開を表したのが図6である。第Ⅲ期は鉄製輪鐙の数が急増するので、木心輪鐙とは分けて分布図をつくった。これをみると、まず第Ⅰ期は、踏込部に鋲がないもの、すなわち踏込部の強化がみられないものが韓半島の全域に点在する。具体的には、釜山・金海・陝川・尚州・清州といった地域などに広がっている。この段階は、いずれも、鉄板の補強が部分的であるという共通性をもつ。言いかえれば、この段階は韓半島全体に同じ特徴を持つ鐙が広がっているということができる。これはおそらく、特定の器物や文化が流入した最初期にしばしば認められる斉一性の一例と解釈できよう。起源の特定は今後の解明を待たなければならないが、おそらく、ほぼ単一の起源から韓半島全体に同一系譜の馬具製作集団が拡散した可能性が高い。そのことは、外装鉄板に鉄棒を使用するという特徴的な技術をもつものが慶州・釜山・陝川・天安という広い範囲の地域に分布していることからもうかがえる。

第Ⅱ期になると、鐙の分布は慶州・昌寧・陝川という三つの地域が大きな核を形成するようになる。そして、第Ⅰ期に分散していた外装鉄板に鉄棒を使用している手法をもつものも上記の3地域に集中する。このことから、第Ⅰ期に到来した同じ技術系譜の馬具製作集団が上記の3地域に定着したかのような状

第1節 韓半島三国時代における鐙の展開と地域色　17

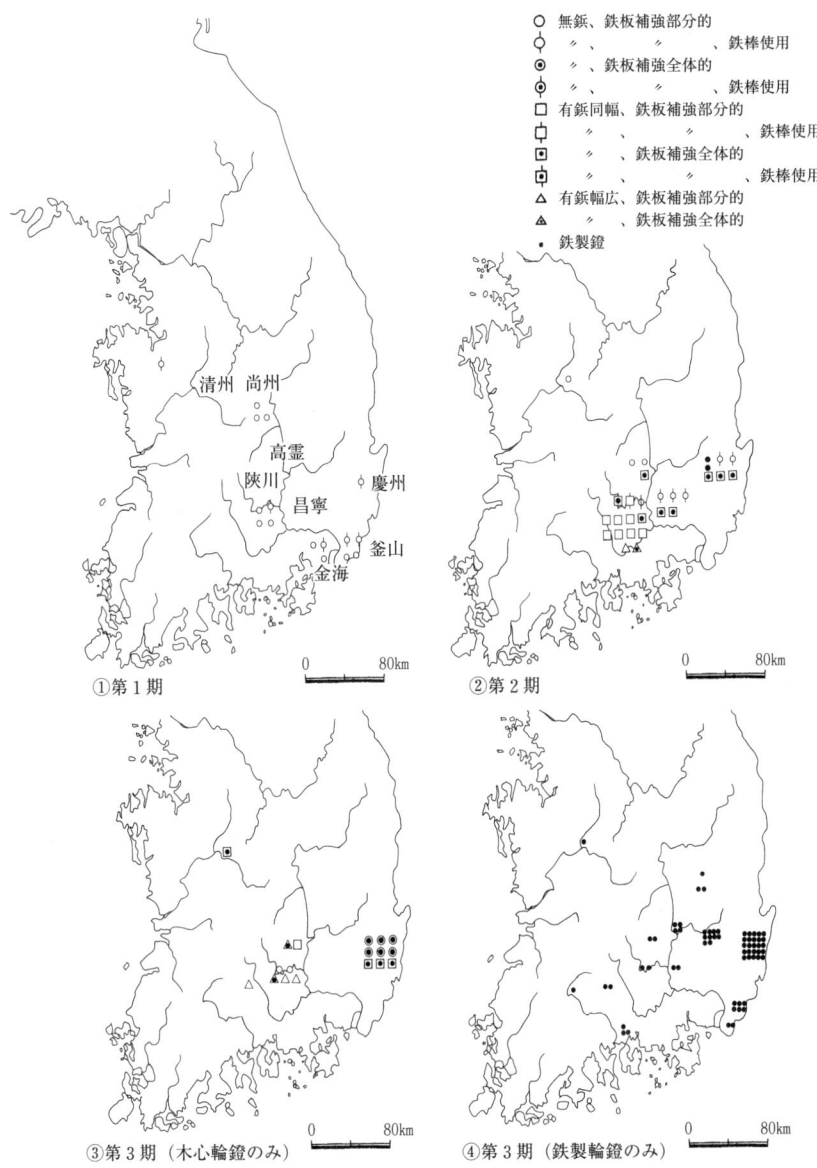

図6　各型式の分布の変遷

況が推測されよう。

　こうした中で地域色も現れてくる。まず、慶州地域や昌寧地域では、鉄板の補強を全体的に行うものが目立つ。おそらくこれは、この時期に慶州地域に現れる鉄志向の影響を受けたものであろう。この型式にみられる、小さい鋲を鐙の表面全体に打つという技法はこの地域に特徴的である。なお、こうした地域色が、慶州という限られた地域ではなく、昌寧も含めた洛東江以東地域という広い範囲にわたるものであることには注意しておきたい。

　これに対して、踏込部に鋲が有り、輪部の幅と同じもののうち、断面五角形のものは、先学研究者達が指摘する通り高霊と陝川にとくに多く、さらにその中でも鉄板の補強が部分的なものが陝川地域に集中している。同じ地域色は、踏込部の幅を広げるものにもみられ、鉄板の補強が部分的なものは、やはり陝川地域に多い。しかし、このこともまた、慶州・昌寧地域の場合と同じく、高霊地域も含めた大加耶、あるいは百済まで含めた洛東江以西という大きな地域色の中で捉えていく視点が重要であろう。そして、洛東江以東地域に多い、鉄板の補強を全体的に行うものが陝川地域でも出ていることには注意すべきである。陝川の馬具が排他的ではなく、洛東江以東地域との技術的交流も行いながらつくられている可能性を示すからである。第Ⅰ期のところで述べたように、洛東江の東・西両地域の馬具製作集団の系譜がもとは同じであったと推定できることも、その可能性を支持するだろう。その系譜を示す鉄棒を用いる手法をもち、断面五角形という高霊地域や陝川地域に多い特徴をそなえ、またいっぽうでは、洛東江以東地域に多い鉄板の全体補強と小さい鋲の多用という要素までもち合わせた陝川玉田Ｍ１号墳の例は、この地域の馬具製作が、いかに多くの地域や系譜の盛んな交流を背景として行われていたかを物語る資料といえよう。

　以上のように、第Ⅱ期は、鉄板の補強のあり方などに、洛東江の東・西でそれぞれの地域色がみえはじめた段階である。しかし、それらはまだ、いま述べたように盛んな相互接触を保っていたと考えられる。

　しかし、第Ⅲ期に入ると、洛東江の東・西の地域色は、ますます強化される傾向にある。まず、慶州地域で多量の鉄製輪鐙が出現する。同時に、木心輪鐙

も、鉄板の補強が全体的なものが慶州地域に集中する。特に、古くからの型式である踏込部に鋲がないものに、全体を鉄板で補強したものが現れることには注目したい。これはおそらく、鉄製輪鐙の急増が、旧来の製作集団にも変化を促した結果と考えられよう。このように、慶州を中心とした洛東江以東地域では、鉄の多用による強度の増大という方向性が馬具製作集団の大きな目標となり、その結果として鉄志向ともいうべき強烈な地域色の発現がみえるのである。また、慶州地域への分布の集中や金銅製品の増加も注目される現象である。

　いっぽう、洛東江以西地域では、鉄製輪鐙の増加や木心輪鐙の鉄志向はさほどでもない。木心輪鐙の鉄板による補強が部分的なものが依然として多く、踏込部に鋲が有り、またその幅を広げるものが目立つ。この地域では、鉄による強度の増大よりも、踏込部の形態的工夫による機能の強化という一つの方向性が、馬具製作集団の主関心となっていた可能性が高い。これは、洛東江以東地域とは異なった地域色の発現が、この地域においてもみられるのである。

　このように、第Ⅲ期になると、洛東江の東・西の馬具製作集団は、まったく異なった技術的志向性をもった、互いに疎遠な関係へと変化していったようにみえる。

　第Ⅲ期のもうひとつの注目すべき現象として外装鉄板に鉄棒を使用する手法が消滅してしまうことが指摘できるが、このことは、鉄板被覆の拡大による鉄棒の意義の低下という機能的理由のほかに、洛東江の東・西両地域の製作集団が技術的に個性化していく中で、それまで共通してもっていた技術的な伝統を欠落させていった動きとしても理解できよう。おそらくこのような現象は、洛東江の東・西両地域での政治的な背景によるものと思われるが、そのことはまた次の機会に詳しく論じたい。

　三国時代の新羅・加耶・百済のことについて述べる際、新羅と加耶の関係については、文献の記述を安易に踏まえて、あまりも単純に捉えられる傾向がある。特に近年では、文献に現れる高句麗の南征（5世紀前後）を画期にして、加耶の領域に変化が生じたと推定されている。また、高句麗の南征を画期にし

て、金海地域が中心になった前期加耶連盟から、高霊地域を核にした大加耶に権力が移動したという見方が有力になってきた。これらは魅力的な見解であるが、それを突きつめるあまり、中間的な小地域や小集団の動向の重要性が軽視されてはならないだろう。また、新羅・加耶という地域限定的な二区分ではなく、洛東江の東・西といったよりゆるやかな地域的まとまりの存在にも注意するべきである。

今後の課題として、鐙以外の馬具全体について、製作集団レベルの細かい技術伝播や流通の形態を明らかにするために、さらに綿密な検討が必要であろう。

註
1) 実際に使用される鐙を陶磁器に表現された形態と関連付けるのはすこし難点があると思われる。ただ、鐙の存在を確認するという点で重要であると考える。
2) 外装鉄板の形態と構造上、より高い鉄板裁断の技術が必要であると述べている。
3) この種のものは、全体が残存した例から踏込部が残っていない例について、そこに鋲があり、幅が広いものとして復元される場合が普通である。しかし、その部分の鉄板のみが残存し、踏込部の鉄板や鋲のみが腐蝕してしまったとは考えにくい。踏込部が残存していないものについては、元々踏込部の鉄板・鋲が無かったものではないかと推測される。

第2節　日本列島の鐙にみる地域間関係

1　研究の流れ

　日本列島における乗馬の風習は大陸からもたらされたものと考えられるが、1940年代後半騎馬民族の征服による日本の国家成立説に対する賛否の議論が活性化するなかで小林行雄は、乗馬の風習は韓半島諸国との交渉を通じて伝ったもので、馬具などが輸入品されることによって定着していったと征服説に反論した（小林行雄 1951）。

　その後、日本列島の馬具研究は、馬具を渡来系文物として捉えることにより、韓半島と日本列島との相互交流関係を解明する一つの手法として進められているが、それらは主として外形の類似を指摘することが中心で、「新羅系」「百済系」「加耶系」など、のちの国家領域による線引きを前提とした「系譜」に振り分ける程度にとどまっている。

　初期の馬具に特徴的なものとして、はじめて本格的に木心輪鐙の検討を行ったのは小林行雄である。小林は、日本列島の木心輪鐙は実用的な鉄製輪鐙よりも装飾的なものであり、実用本位とはいいがたいと表現している。また、これらは韓半島とくに慶州地域で出土した木心輪鐙と同系統のものとして考えた（小林行雄 1951）。木に鉄板を張ること自体を装飾的な行為と判断したと考えられ、韓半島との比較など広い視野から鐙を検討した先駆的な研究である。

　小林の研究成果を継承・発展させ、日本列島の馬具の詳細な型式学的研究に本格的に取り組んだのは小野山節である（小野山節 1966）。小野山は、木心輪鐙をその形態によって二つの型式に分類した。分類の基準は、柄の太さと長さ、柄の頭部の形態、そして踏込み部分の厚さなどである。まず、第一は柄が比較的太く短くて頭は丸く、輪の上部と下部の踏込部が同じ厚さと幅につくられていて、前後面の柄と輪との接合部にのみ鉄板をあてるものである。第二は、柄が細長くて頭は角張り、踏込みの部分が輪の上部よりずっと厚く、幅は逆にや

やせばまるもので、四面全体を鉄板で覆ったものが多い。小野山は、前者を古式、後者を新式とする。この小野山の分類は、現在まで日本列島ないし韓半島の馬具研究における指針として扱われている。

坂本美夫は、小野山節の分類をさらに細分し、表面に張る鉄板が全面か部分かということと、踏込みの滑り止めに注目して分類と変遷を考えた。まず、柄の頭部形態に注目して、円形→隅丸形→角形という変遷を想定した。さらに、鉄板を部分的に張り付ける形態は全期間にわたって認められるが、とくに5世紀第3四半世紀以降はその形態に統一され、逆に、全面を鉄板で張る例は、同じ時期を境にほとんど見られなくなるとする。また、踏込部の形態については、輪の幅と同一幅を取るものと、広くなるものとが見られるとし、輪の外面の下端が山形に切り落とされる例は後者に属すると考えた（坂本美夫 1985a）。

千賀久は、踏込部の厚さ、柄の形の太さ、および鉄板の張り方に注目して細かい分類を試み、それぞれの系譜を推定した。とくに着目したのは鉄板の張り方で、部分的に張るものと全体を張るものとに分け、さらに前者を、柄の全面に張るもの、柄の前後面の鉄板が上下二枚に分離するもの、前後面には鉄板がないもの（側面の鉄板を輪部の途中で山形に切り落とすもの）の三つに細分した（千賀久 1988a）。また、木心輪鐙の日本列島内製作の開始については、輪部から踏込みにかけて厚くなり、周囲の鉄板を部分的に施すものを最初の日本列島製品とした。なかでも、輪の外周を巡る鉄板の下端を山形に切り落とす例が韓半島では知られていないところに注目している（千賀久 1994）。

いっぽう韓半島では、崔秉鉉は、新羅地域の鐙を、柄部が短く厚い短柄系と、長く細い長柄系とに分類した。さらに、長柄系を木心と鉄製とに分け、前者を金属板の材質によって木心鉄板被鐙と木心金銅板被鐙とに細分した。その変遷過程については、柄部の頭頂部が丸いものから直線的なものへ、また、柄部の上段が下段に比べ広いものから懸垂孔の周りが厚く広いものへと発展すると想定した（崔秉鉉 1983）。

また、申敬澈は、小野山節の新・古式鐙の分類を基準にして、釜山福泉洞古墳群出土鐙を古式鐙A・Bの2型に細分した。A・Bは輪部の形態を示し、A

型がハート形、B型が三角形である。さらに、これらの祖形について、中国の4世紀代の資料と比較しながら、A型は安陽孝民屯154号墓などの、B型は長沙市金盆嶺21号墓出土の馬具俑に描写された三角形鐙などの系譜を引くものと考えた（申敬澈 1985）。

さらに、柳昌煥は、加耶古墳の木心輪鐙を八つの属性に分け、それらを組み合わせて型式分類を試みた。その中で踏込部の形態は輪部と同じ幅のものから側面の幅が広いものへ変化することや、柄部の形態は厚く短いものから幅に比べて形態が細長化したものへと変わっていくことを指摘した。また、外装鉄板の形態と構造に注目し、特定部位と全面を覆ったものに分類した。そのうち、特定部位のみに覆ったものは四つに細分し、柄と輪の接合部に逆T字状の鉄板を覆った簡単なものから柄部と輪上半部まで金属で覆ったものへ変化していると想定した。全面を覆ったものは最も改良化されたが、鉄板裁断において高度の規格化が必要なことや製作工程の複雑化や鉄板の消費が多いことなどで量産化に不適合だと考えた（柳昌煥 1994）。

上記の諸研究は、ほとんどが小野山の分類に基づく変遷を考えている。すなわち、輪部の上下の幅が同じものより、下段の幅が広いものや踏込部に鋲をたくさん配置したものをより発達した形態とみなす点では研究者間でおおむね一致している。

このような先行研究を踏まえつつ、筆者は鐙の機能のうち、馬上にあって体の均衡を保つための足の踏み張りとしての機能を有するという点に着目し、韓半島出土輪鐙を踏込部の補強、すなわち、踏込部の鋲の有無、幅、鉄板の補強などに注目した型式分類を行い、第Ⅰ期から第Ⅲ期までを設定して各技術の展開と地域色を想定した（張允禎 2001）。

2 輪鐙の型式分類

鐙には、木を利用し、形をつくって表面に金属を張る木心輪鐙のほか、青銅あるいは鉄でつくられた金属鐙、全体を木でつくって金属を張らない木製鐙の3種がある。

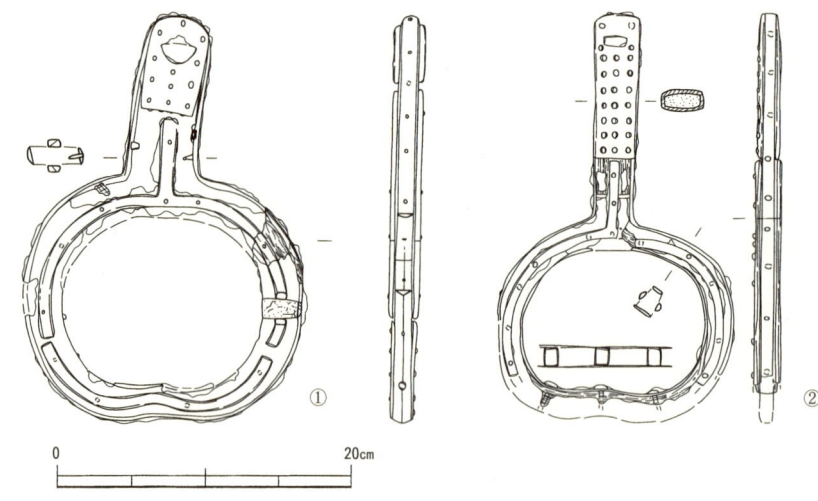

図7　有鉄棒型式の類例
①釜山福泉洞22号墳　②陝川玉田28号墳

　本書では、これらのうち、とくに木心輪鐙と鉄製輪鐙について、前節で行った韓半島の型式分類を用いた編年作業により、韓日両地域の比較を試みたい。木製鐙については、現状では日本列島にわずかな出土例があるのみであり、ここでは取り扱わない。

(1)　木心輪鐙

　木心輪鐙の場合、外形よりも機能的・技法的な面を重視し、騎乗時にもっとも力がかかる部分である踏込部の形成と強化、すなわち幅を広げたり鋲を打ったりする技術の有無により大別し、さらに踏込部の鋲とともに、鉄板の補強、外装鉄板への鉄棒の使用の有無（図7）に注目して次位の分類基準とする。つまり、鉄板張り技法の差異に重点をおいた分類である[1]。

　以上の視点に基づいて、木心輪鐙の出土例を次のように分け、その特徴を説明しよう。

　a　踏込部に鋲が無いもの
　①鉄板の補強が部分的で、外装鉄板に鉄棒を使用するもの

韓半島では広い範囲に分布し、普遍的に認められる。これに対し、日本列島では、現在のところ類例が認められない。韓半島に特徴的な型式といえる。

②鉄板の補強が部分的で、外装鉄板に鉄棒を使用しないもの

韓半島では釜山地域を含む洛東江以西地域に広く分布している。日本列島でも、兵庫県加古川市池尻2号墳、大阪府堺市七観古墳、同藤井寺市鞍塚古墳、同藤井寺市長持山古墳A例[2]、奈良県奈良市ウワナベ5号墳、同橿原市新沢221号墳（奈良県立橿原考古学研究所 2003：pp.32-33）、同橿原市新沢510号墳、同御所市石光山8号墳、京都府宇治市二子山古墳南墳、滋賀県栗東町新開1号墳A例[3]、静岡県袋井市愛野向山B12号墳、長野県飯田市新井原2号墳、東京都狛江市亀塚古墳など広い地域に分布し、管見では13例が認められる[4]。韓半島・日本列島両地域に共通する型式といえよう。

この型式は、側面鉄板の裁断によって二つのグループに分けられる。まず、第一に、側面全面に鉄板で張っているものとして七観古墳、鞍塚古墳A例（図8-①）、新井原2号墳などの例がある。韓半島でこれらの類例は、釜山福泉洞10号墳、昌寧桂南里1号墳、陜川玉田67-B号墳、高霊池山洞33号墳・35号墳、尚州新興里ナ37号墳・ナ39号墳など、釜山、昌寧、陜川、高霊、尚州といった地域で出土している。このなかで陜川玉田67-B号墳例（図8-④）を除く、鞍塚古墳のB例、新井原2号墳などの諸例（図8-②・③）は、柄部全体から輪部の上半までの前後面に一連の鉄板を張り、柄部と輪部の側面にも鉄板を張るものである。この類例は韓半島で数多く出土し、釜山、昌寧、陜川、高霊、尚州といった地域で広く分布している。

第二に、側面の鉄板が部分的なもの、すなわち、側面鉄板を裁断して張っているものとして池尻2号墳、ウワナベ5号墳、新沢221号墳、新沢510号墳、石光山8号墳、二子山古墳南墳、新開1号墳A例、愛野向山B12号墳、亀塚古墳などがある。韓半島では、金海良洞里78号墳、陜川玉田23号墳[5]（図9-①）などで認められるが、これらは前稿（張允禎 2001）の型式分類で、大部分が第I期の類例である[6]。すでに指摘したように、これら日本列島の諸例は、側面の鉄板を輪部中程で山形に端部を切り落とすのが特徴である（図9-②・

26　第1章　鐙にみる韓半島と日本

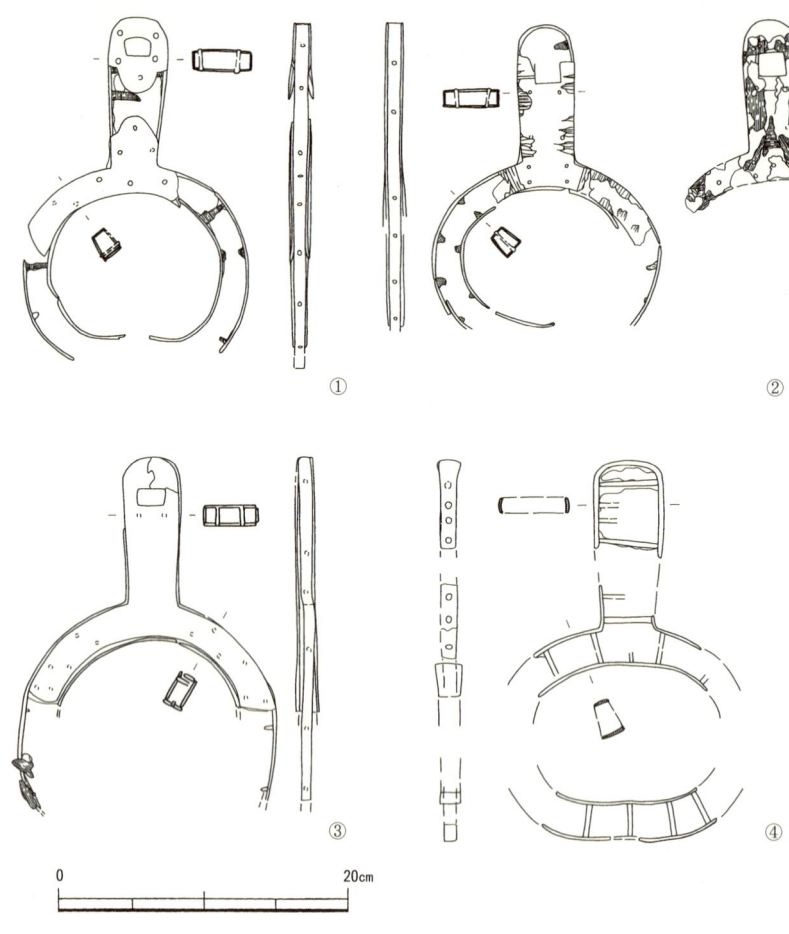

図8　a-②型式（第一タイプ）
①鞍塚古墳A例　②鞍塚古墳B例　③新井原2号墳　④陝川玉田67-B号墳

③)。そのうち、もっとも代表的な御所市石光山8号墳の例をさらに詳しくみると、柄部の頂部下面には鐙靼を通す穴があけられていたようで、鉄板に裁断面が残る。柄部から輪部にかけて打たれている鋲は小形の細長いもので、鉄板がほとんど飾りであった可能性が高い。また、踏込部が鉄板や鋲によって強化されていたことを示す痕跡はない。

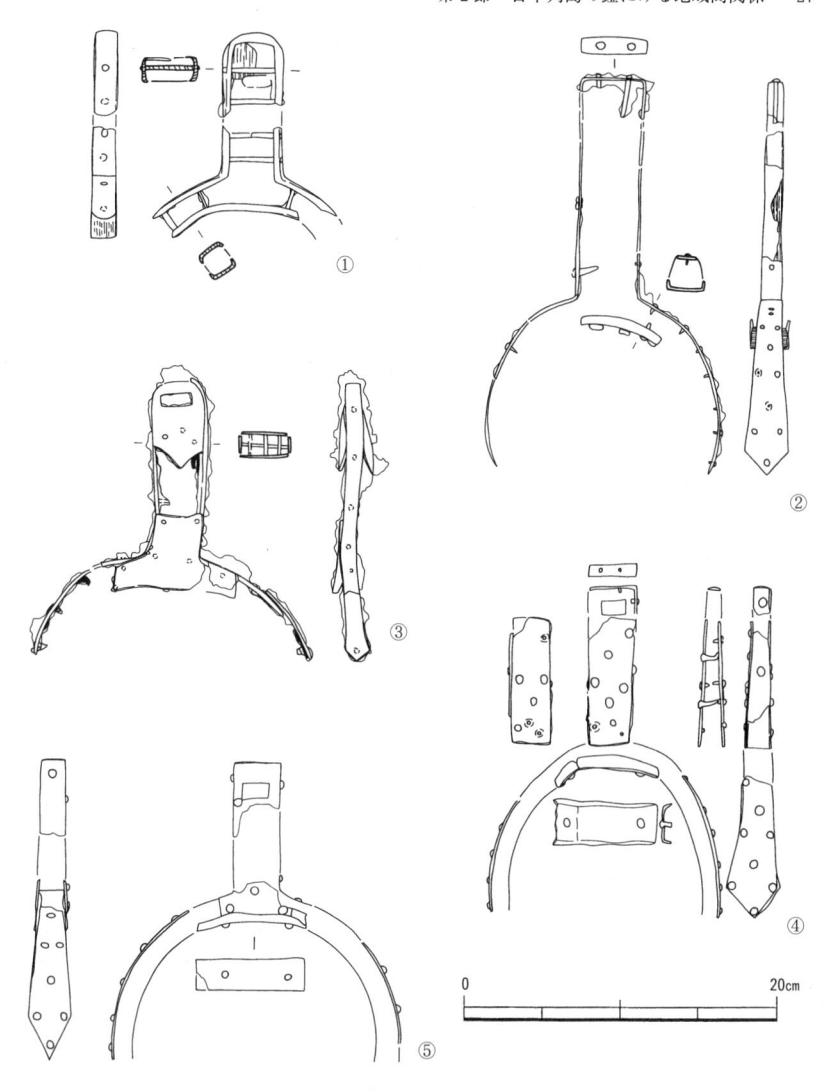

図9　a－②型式（第二タイプ）
①陝川玉田23号墳　②石光山8号墳　③ウワナベ5号墳
④愛野向山B12号墳　⑤亀塚古墳

そのなかで、愛野向山B12号、亀塚古墳などは柄部上端部と柄部・輪部接合部のそれぞれ前後面と側面とに別々に鉄板を張るものである（図9-④・⑤）。これらのほかには側面のみに鉄板を張った場合が多い。

　③鉄板の補強が全体的で、外装鉄板に鉄棒を使用しないもの

　韓半島では、慶州・高霊・清州などの諸地域に散見するが、日本列島では福井県上中町西塚古墳の1例のみである[7]。当例は破損がいちじるしく、破片21点が報告されている程度で、全体の鉄板の範囲についても不詳とせざるを得ない。韓半島の良好な例でみると、一本の木を強く湾曲させ、輪をつくり、その両端を合わせる部分、すなわち柄部の付け根に三角形の別の木をはめ、さらに鉄板をかぶせて固定している。慶州天馬塚、慶州飾履塚、慶州金鈴塚、高霊池山洞44号墳主石室、清州新鳳洞97-1号墳などにこの型式がみられ、韓半島に主体的に認められる型式といえる。

　b　踏込部に鋲があり、その幅が輪部の幅と等しいもの

　①鉄板の補強が部分的で、外装鉄板に鉄棒を使用するもの

　韓半島では陜川・咸安地域に各々1例、日本列島では福岡県穂波町小正西古墳例が知られている。全体に稀少な型式である。

　②鉄板の補強が部分的で、外装鉄板に鉄棒を使用しないもの

　この型式は、柄部全体から輪部の上半分くらいまでを一連で覆う鉄板を前後面に張り、柄部と輪部の側面部分にも鉄板を張る。韓半島では釜山福泉洞10号墳、陜川玉田5号墳・8号墳・35号墳・70号墳、高霊池山洞30号墳、原州法泉里1号墳などにみられ（図10-②）、断面形は四角形もしくは五角形を呈する。また、日本列島では福岡県筑後市瑞王寺古墳（図10-③）、滋賀県栗東町新開1号墳B例（東端のもの）など2例が知られている（図10-①）。断面形はいずれも四角形である。

　③鉄板の補強が全体的で、外装鉄板に鉄棒を使用するもの

　韓半島では陜川地域に1例みられるが、日本列島では認められない。全体的に稀少な型式である。

　④鉄板の補強が全体的で、外装鉄板に鉄棒を使用しないもの

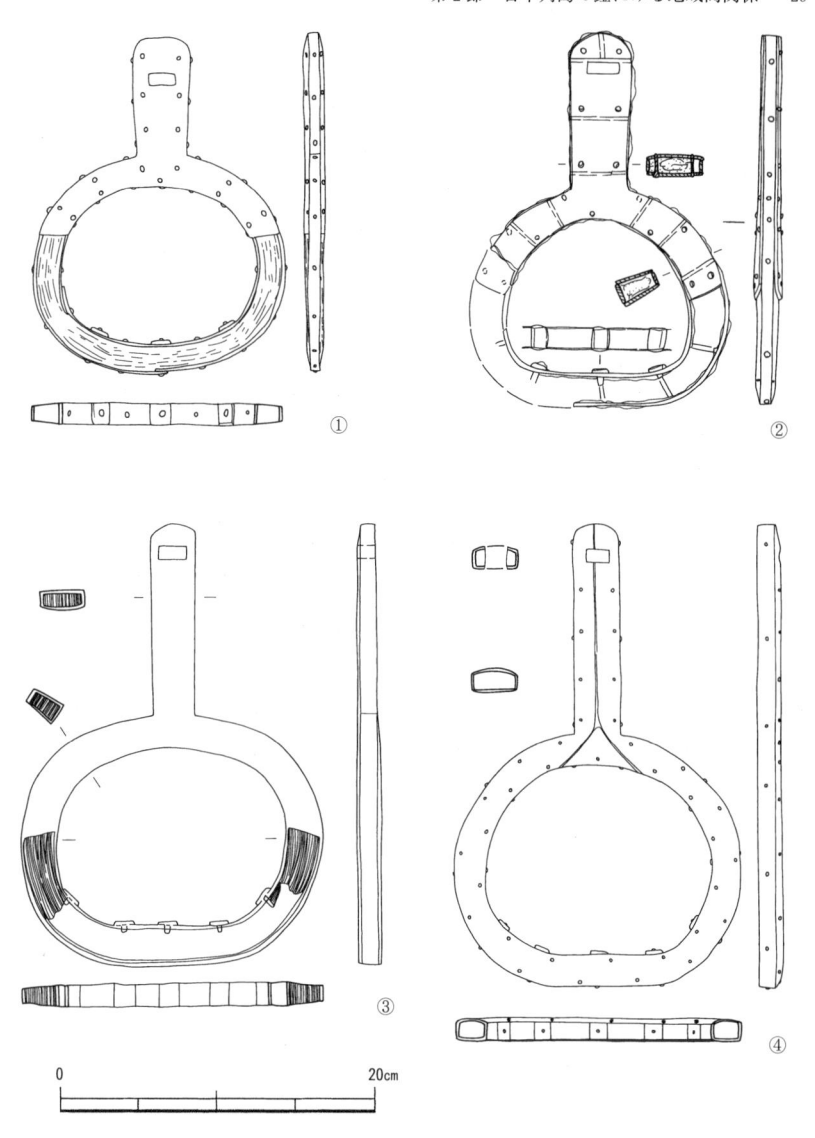

第 2 節　日本列島の鐙にみる地域間関係　29

図10　b型式
①新開1号墳　②釜山福泉洞10号墳　③瑞王寺古墳　④甲斐茶塚古墳

韓半島では慶州地域を中心にした洛東江以東地域に集中し、日本列島では、宮崎県宮崎市下北方5号地下式横穴墓、福岡県浮羽郡吉井町月岡古墳、山梨県東八代郡中道町甲斐茶塚古墳など3例が認められる（図10-④）。そのうち、月岡古墳と甲斐茶塚古墳の例は、断面が五角形を呈しており、その韓半島での類例は陝川玉田M1号墳、高霊池山洞32号墳など洛東江以西地域に多い。また、下北方5号地下式横穴例は断面が四角形で、韓半島では慶州を中心とする洛東江以東および清州地域などに認められる。

c　踏込部に鋲があり、その幅が輪部より広がるもの

①鉄板の補強が部分的で、外装鉄板に鉄棒を使用しないもの

韓半島では、陝川地域や咸陽地域など洛東江以西地域にみられるが、日本列島には認められない。

②鉄板の補強が全体的で、外装鉄板に鉄棒を使用しないもの

韓半島では洛東江以西地域にみられる。日本列島では、岡山県総社市随庵古墳（図11-②）、大阪府藤井寺市長持山古墳B例、京都府京都市松尾穀塚古墳、愛知県名古屋市志段味大塚古墳、岐阜県加茂郡後平茶臼古墳の5例が知られている。そのなかで、長持山古墳例は（図11-①）、鉄板張りに金銅鋲を使用し、踏込部に頭が円形の鋲を施した大形品で、韓半島の類例では、陝川玉田M3古墳の「Aセット」例と酷似することが指摘されている（千賀久 1994）。陝川玉田古墳群のM1号墳にも類例が認められる。長持山古墳例と玉田M3号墳・M1号墳の諸例を詳しく比較すると、全面に張った鉄板を固定する鋲は、M3号墳例は柄部に2列の鉄鋲を施すが、M1号墳の柄部の鋲は鉄地銀装で2本／1本と交互に施す。また、踏込部の鋲頭の形は、M3号墳例は四角形、M1号墳例は円形である。これらのことから、長持山古墳例は玉田M1号墳例との共通もいえるだろう。

いっぽう、志段味大塚古墳例と後平茶臼古墳例は、踏込部の幅・鋲の配置などにおいて長持山古墳例と類似しており、やはり陝川玉田M3号墳、M1号墳などの諸例と共通する。松尾穀塚古墳例は、踏込部の幅が広く2列の円形の鋲を施すが、残存状況がよくないため、詳細は不明である。

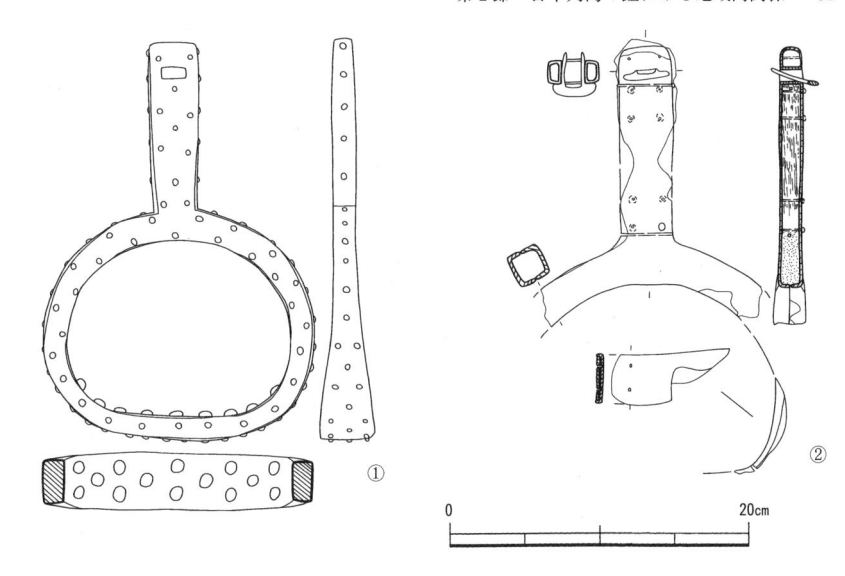

図11　c型式
①長持山古墳　②随庵古墳

(2) 鉄製輪鐙

　鉄製輪鐙は、木心輪鐙と比べると、頑丈で実用性が高いという特長を持つ。ただし、出土数が多い割に、残存状況が悪く、腐蝕が進んで原形を留めない例もある。また、木心輪鐙と比べて形態の変異が乏しいなどの理由から、馬具研究ではあまり注目されてこなかった。分類においては、木心輪鐙のような鉄板、鋲などの要素が使えないことから、柄部、輪部、踏込部など各部位の幅の関係をもとに、次のように分類した[8]。

　①踏込部が輪部の幅と同じで、柄部の幅が上下で同じもの

　韓半島では、慶州・大邱・安東・陝川・益山地域などで散見するが（図4－③）、日本列島では栃木県河内町大塚新田古墳の1例がみられる。

　②踏込部が輪部の幅と同じで、柄上端部が広くなったもの

　韓半島では慶州・大邱・陝川地域に散見するが（図4－①）、日本列島では兵庫県竜野市西宮山古墳の1例がみられる。

　③踏込部が輪部より広く、柄部の幅が上下で同じもの

韓半島では、主に慶州地域に集中し、南原地域などにもみられる（図4－④）。日本列島では、熊本県玉名市江田船山古墳、福岡県宗像市浦谷古墳群C-5号墳、岡山県倉敷市王墓山古墳など西日本に散見する。

④踏込部が輪部より広く、柄上端部が広くなったもの

韓半島では、固城・梁山・慶州・大邱・安東といった地域など広い範囲に分布している（図4－②）。日本列島でもこの型式がもっとも多く、福岡県築上郡上ノ熊1号墳、同県粕屋市脇田山古墳、同県嘉穂郡寿命大塚古墳、岡山県総社市三輪山6号墳、同県真庭郡四ッ塚古墳、長野県諏訪市小丸山古墳、奈良県桜井市珠城山3号墳、栃木県佐野市五箇古墳、埼玉県行田市将軍塚古墳などに類例が認められる。

3 輪鐙の時期区分

次に、時期的検討とともに前節の韓半島出土輪鐙との関連を指摘することによって、より複雑な地域色の展開に迫ってみたい。

韓半島における時期区分は、まず、踏込部に鋲を有する木心輪鐙の出現以後とそれより以前の二期に大きく分けられる。そのうち、踏込部に鋲がない型式しか存在しない段階を第Ⅰ期に、踏込有鋲の型式が現れる段階を第Ⅱ期とする。踏込部に鋲を用いるものにはb型式（踏込有鋲）とc型式（踏込有鋲拡幅）が存在する。韓半島において各々の初現例は、まず、b型式である踏込有鋲のものには陝川玉田8号墳と釜山福泉洞10号墳の例、c型式の踏込有鋲拡幅のものには陝川玉田20号墳と玉田M1号墳の例がある。この踏込有鋲の例と踏込有鋲拡幅の例が共伴する陝川玉田古墳群のなかでの先後関係をみると、踏込有鋲の例が出土した8号墳が20号墳とM1号墳より古い段階に位置づけられている。したがって、b型式（踏込有鋲）がc型式（踏込有鋲拡幅）より先行すると言えるだろう。また、第Ⅱ期より後は、木心輪鐙の外装鉄板に鉄棒を使用する類例が共伴せず、a-④型式がみられる段階を細分し、第Ⅲ期とする。

これに対して日本列島の木心輪鐙は、小野山分類によって大きく二段階に分けられる。まず、一つは古式という七観古墳や新開1号墳は含まれる段階、す

なわち、踏込部に鋲がない型式と踏込有鋲型式が共伴する段階である。もう一つは長持山古墳例などの新式が属する段階として踏込有鋲拡幅の型式を伴う。また、前者は杏葉を伴わず、後者は剣菱形杏葉を伴う場合が多い。

韓半島・日本列島両地域の相互関係を考えるとき、まず、日本列島では韓半島の踏込無鋲の型式のみ存在する段階が確認されていない。また、踏込有鋲の型式は新開1号墳から出土しているので、日本列島の古式段階は韓半島の第Ⅱ期にあたると考えられる。韓半島の第Ⅲ期にみられなくなる外装に鉄棒を使用する例は、日本列島では本来ほとんどないので比較しにくい。よって、ほかの要素をみると、日本列島において新式段階の長持山古墳では剣菱形杏葉とともにf字形鏡板付轡が出土している。このような組み合わせ、すなわち、踏込有鋲拡幅の木心輪鐙、剣菱形杏葉とf字形鏡板付轡は、韓半島では第Ⅲ期の陜川玉田M3号墳でみられる。したがって、日本列島の新式段階は韓半島の第Ⅲ期と並行すると考えられる。

以上のような大まかな並行関係を形態変化の比較的明瞭な鉄鏃でみると、鞍塚古墳段階では、短頚鏃の頚部は伸長化が進行し、頚部長5㎝をこえる長頚鏃との中間形態と呼べるものがみられる（鈴木一有 2003）。須恵器編年におけるＴＫ73型式期に相当する。さらに、田中晋作の鉄鏃分類によると、鞍塚古墳は、柳葉形鉄鏃を中心とした無頚・有頚式鉄鏃が大形化し、七観古墳と同じ段階になる（田中晋作 1991ａｂ、2001）。また、甲冑の形態から、鞍塚古墳、七観古墳、野中古墳とともに新開1号墳が第Ⅱ期に含まれている。

いっぽう、長持山古墳段階の通有の長頚鏃には両刃と片刃があり、甲冑出土古墳には独立片逆刺鏃を含めた三種の長頚鏃が多く認められる（鈴木一有 2003）。新相を示す鋲留甲冑や挂甲とともにf字形鏡板付轡や内湾楕円形鏡板付轡、剣菱形杏葉など、新式の馬具が共伴する事例が多い。それに基づいて長持山古墳以降、すなわち須恵器型式の ＴＫ208段階以降〜ＴＫ47型式期までを第Ⅲ期とする。このような三期区分をもとに、各型式の推移を詳しくみてみよう。

4 輪鐙の地域色

それぞれの型式の地域的な分布の変化を見てみよう（表2、図12）。

第Ⅱ期には、a-②、すなわち踏込部無鋲・部分鉄張で鉄棒を用いない型式があり、これらは側面鉄板の裁断によってさらに二つのグループに分けられる。まず、第一に、側面全面に鉄板で張っているものは近畿地方と中部地方に現れる。この類例は、韓半島では釜山・昌寧・陜川・高霊・尚州などの諸地域に広く分布している。また、第二に、側面の鉄板が部分的なもの、すなわち、側面鉄板を裁断して張っているものは近畿地方が中心になり、韓半島では金海・陜川地域などに認められるが、この段階より古い時期、すなわち第Ⅰ期の類例が大部分である。そのうち、韓半島では外装鉄板に鉄棒を用いるものが多いことを述べたが、金海・尚州両地域にはそれを用いるものが現在見当たらない点で[9]、日本列島と共通している。このことからも、日本列島の初期の鐙がこれらの地域とつながりをもつことは疑いようがない。しかし、七観古墳例のように、金銅製帯金具と甲冑とのセットをなす例や、鞍金具や轡のセット関係においてまったく同じ組み合わせをもつ例は、韓半島には見当たらない。このような、韓半島の事例からみると変則的な諸部品の組み合わせは、高橋克壽が指摘したように、その入手先が一定でなく、かつ一つのルートでストレートに入ってきたのではないことを示す可能性が高い（高橋克壽 1997）。日本列島に初期の馬具が導入された背景には、金海・陜川地域あるいは尚州地域との関係を基軸にしながらも、韓半島における特定の地域との一元的な関係のみに単純化できない複雑な様相が存在したことがうかがえよう。また、側面部分を鉄板で張るものは韓半島では第Ⅰ期にみられたが、第Ⅱ期にはほとんど見当たらなくなることから、韓半島を始原としつつもこの時期から日本列島、とりわけ近畿地方で生産が始まった可能性がある。

いっぽう、b-④、すなわち、踏込部が有鋲で輪部と同じ幅であり、全体鉄張・無鉄棒の型式は、近畿地方では現段階で見当たらず、北部九州と中部地方に点在する（図12-①）。韓半島では、前述のように、b-④型式は昌寧・慶州・陜川・高霊といった地域に広く分布し、断面形により大きく二つに分けら

表2　木心輪鐙の時間的な変遷

踏込	鉄板	鉄棒	第Ⅰ期	第Ⅱ期	第Ⅲ期
無鋲	部分	無		七観古墳 鞍塚古墳 新開1号墳A例 ウワナベ5号墳	池尻2号墳 長持山古墳A例 石光山8号墳 宇治市二子山古墳南墳 愛野向山B12号墳 亀塚古墳
	全体	無			西塚古墳
有鋲同幅	部分	無		新開1号墳B例 瑞王寺古墳	
	全体	無		月岡古墳	下北方5号地下式横穴墓 甲斐茶塚古墳
有鋲拡幅	全体	無			随庵古墳 長持山古墳B例 松尾穀塚古墳 志段味大塚古墳

れる。断面形が五角形のものは洛東江以西地域で、四角形のものは洛東江以東地域で多く認められる。日本列島の二つの例は断面形が五角形に近いので、洛東江以西地域との関連が考えられる。

　鉄製輪鐙の場合は福岡県宗像市久原1区1号墳、長野県長野市飯綱社古墳などの例が知られている。そのうち、飯綱社古墳例は小野山節の木心輪鐙の分類によると、古式要素である柄が比較的太く短くて頭は丸い特徴を示している[10]。この鉄製輪鐙は、木心輪鐙、鞍金具、蛇行状鉄器などと共伴している。木心輪鐙の場合、ごく一部しか残っていないので、型式分類は難しい。また風間栄一によると、共伴する鉄鏃群はＴＫ73型式期を上限としてＯＮ46〜ＴＫ208型式期を下限とする（風間栄一　2003）。

　次の第Ⅲ期になると、木心輪鐙の多様な型式が登場し、韓半島のさまざまな地域との複雑な関係が考えられる多くの例が、日本列島の広い範囲でみられる

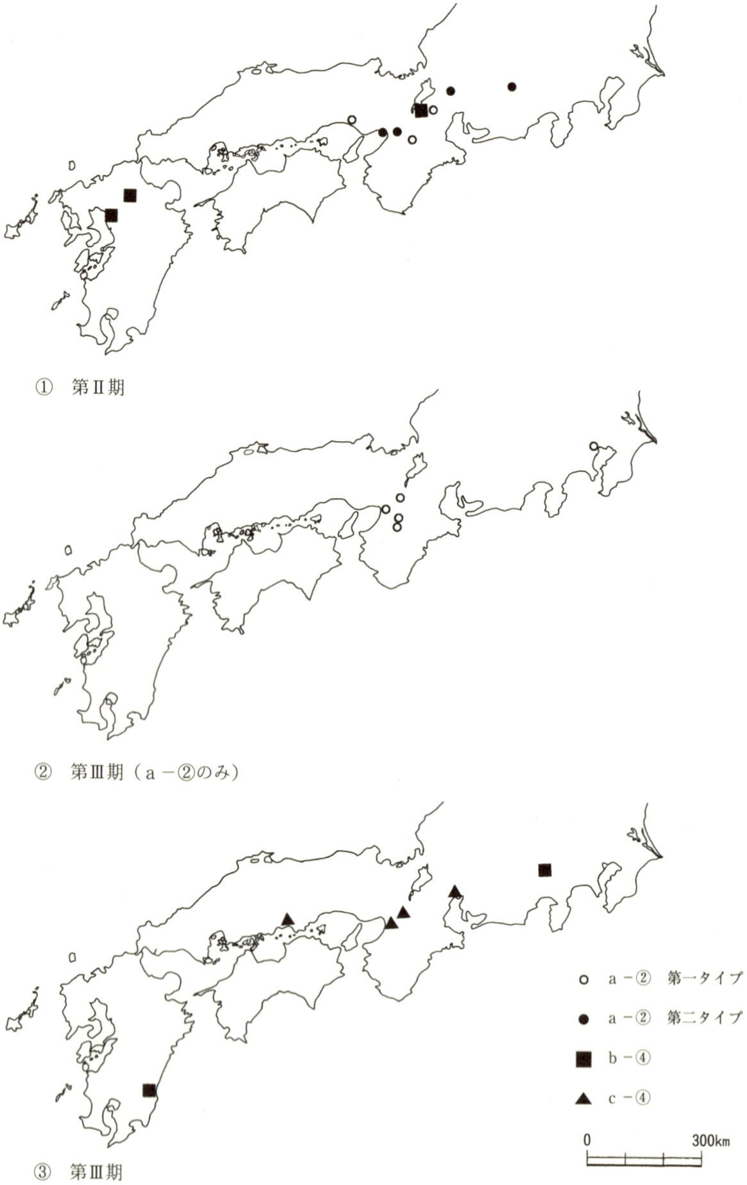

36　第1章　鐙にみる韓半島と日本

① 第Ⅱ期

② 第Ⅲ期（a-②のみ）

③ 第Ⅲ期

○　a-②　第一タイプ
●　a-②　第二タイプ
■　b-④
▲　c-④

図12　各型式の分布変遷（木心輪鐙）

ようになる（図12-③）。

　まず、韓半島ではa-②型式、すなわち、踏込部無鋲・部分鉄張で、無鉄棒の型式が前段階に比べて減少する。いっぽう、日本列島では、前段階から続くa-②型式は、鉄板の張り方によっていくつかのタイプに分かれるが、側面鉄板が部分的なものが、前段階に続いて近畿地方を中心に分布している。また、第一タイプの側面全体を鉄板で張るものは、この段階にはあまり認められていない。これら2種類の分布状況から韓半島内の関係をみると、第Ⅱ期は、第一タイプが近畿地方と中部地方に出土し、金海・釜山・尚州などの諸地域との関係がうかがえたのに対し、第Ⅲ期には、第一タイプがなくなり、前段階に金海・陝川地域との関係が想定された第二タイプのみに近畿地方を中心に中部地方に現れる。

　また、b-④、すなわち、踏込部が有鋲で輪部と同じ幅であり、全体鉄張・無鉄棒の型式は、前段階に続いて近畿地方ではその存在が知られておらず、九州南部地域に1点があるのみである。前段階の類例、すなわち、月岡古墳例と甲斐茶塚古墳例は洛東江以西地域を中心に分布し、この段階の下北方5号地下式横穴例は、慶州を中心とする洛東江以東および清州地域などに認められる。韓半島・日本列島両地域において注目すべき分布様態をみせる型式である。

　さらに、この段階になると、c-④、すなわち、踏込部有鋲拡幅・全体鉄張で、無鉄棒の型式が近畿地方を中心に中国・中部地方でみられる。韓半島では陝川を中心に高霊などの洛東江以西地域で出土している。

　いっぽう、この段階には木心輪鐙以外の種類、すなわち、木心壺鐙、鉄製輪鐙なども数多く共存するようになる（図13）。

5　輪鐙からみた日本列島の馬具製作集団

　以上に整理したように、輪鐙の各型式により、あるいは一つの型式のなかでもタイプにより、韓半島や日本列島における分布状況が異なる。その背景に考えられる事情について地域色から考察してみよう。

38　第1章　鐙にみる韓半島と日本

○　杓子形木心壺鐙

●　三角形木心壺鐙

▲　鉄製輪鐙

① 第Ⅲ期

② 第Ⅲ期より後（鉄製輪鐙）

図13　鉄製輪鐙と木心壺鐙の分布状況

最初に、韓半島・日本列島両地域の鐙にみられる大まかな特色を、木心輪鐙を中心として整理しておこう。まず、踏込部に鋲がない諸型式（a型式）の場合[11]、韓半島では補強に鉄棒を使用する型式（a-①）が多くみられるが、日本列島にはその例がない。また、韓半島では鉄板を全面に張る型式（a-④）が多いが、日本列島ではその例がわずかである。この鉄板・鉄棒・鋲の有無は、中身の木心の形態差を反映している可能性がある。すなわち、鉄板・鉄棒を使う最大の理由は、装飾的な効果も考えられるが、鉄板あるいは鉄棒・鋲で内部の木心をよりしっかりと押さえて固定することにある。逆にいえば、外装として鉄を多用する木心輪鐙は[12]、内部の木心の成形がそれだけでは不安定で、強度が十分でなかったことを暗示している[13]。そのことは、鉄棒が使われる場合、木心の内外側面に鉄板を張った後に鋲で固定する例がよくみられることからも支持されよう[14]。言いかえれば、木心自体の強度不足を鉄板や鋲および鉄棒によって補っているといえる。こうした傾向の強い例が韓半島に多く、日本列島に少ないことをまず指摘しておきたい。

さきに述べたように、韓半島では鉄板や鋲および鉄棒を多用し、それによって木心自体の強度不足を補うものが多いのに対し、日本列島では少ない。まず、このことについて考えてみたい。

通常、木心輪鐙というものは、一本の木をたも状に彎曲させ、その両端部を寄せ合せて軸部とし、接合部の肢のところに別の当て木を挿入して強化を図ったのち、さらに、それを固定するため鉄板で張り押えた鐙である（増田精一 1971）。この場合、寄せ合わせた木心を固定させる鉄板が最低限必要な部分は、柄部上端部の側面、柄部・輪部接合部（又状部）の内側面などであり、鉄板の補強が少ない諸型式においても、最小限それらの部位には鉄板が施されている。

日本列島にもっとも多く、特徴的な型式といえるa-②型式もこれらの部位に鉄板が施されるが、前述のようにその張り方には二つのタイプが存在する。それらのうち、第一タイプは、いずれも側面の鉄板は柄部と輪部を全周するのに対し、第二タイプは、外側面の鉄板が輪部の途中で切られ、部分的に張っている。このタイプは、従来、構造が簡単であることと日本列島内に類例が限ら

れることから、日本列島内で製作されたものと考えられ、技術のレベルが低いことによって形態的に簡素化したものと評価されてきた（千賀久 1988a）。現段階で第Ⅱ期にみられるこのタイプは、上述したように[15]、輪部の途中まで鉄板を張っているが、第Ⅲ期になると、外側面の鉄板が柄部上端部までのものも現れる[16]。もちろん、柄部・輪部接合部の内側面の鉄板はそのまま存在する。このタイプのように、柄部上端部、柄部・輪部接合部の側面に鉄板を張ったものの場合、通常みられるようなた も状の木心であるとすれば、柄部の上端部、柄部・輪部接合部の前後面にも鉄板を張ったものに比べ、明らかに強度不足で使用に耐えないであろう。また、側面の鉄板も繊細で、鋲も細いものが多く、全体として鉄板の補強は脆弱である。このことは、このタイプの木心輪鐙が、鉄による補強を施さなくても、木心のみあるいは革などの有機質を加えた程度で必要な強度が得られたことを示唆しているのではないだろうか。すなわち、鉄板や鋲および鉄棒を多用する韓半島とは逆に、日本列島では木心輪鐙を製作する際、鉄板、鋲、鉄棒による補強は最低限にしたかもしれない。前述のように鋲が繊細であることなども考え合わせると、鉄の機能は内部の木心をしっかり押さえる実質的な機能よりも、表面的かつ装飾的な意味のほうがむしろ強かったと考えられよう。そうであるとすれば、さきほどから問題としているa-②型式の第二タイプにみられる側面の鉄板を途中で山形に切断することを含め、馬上で足を鐙に掛けた際の、横からの視覚的効果を狙うという装飾的な意味をもっていたかもしれない。

　さらに、主流となるa-②型式も含めて、踏込部に鉄板や鋲の補強を施さない型式のものが大多数を占めることにも注意される。踏込部の鉄板や鋲は木心輪鐙の強度を高めただろうが[17]、それがなくても、鐙としての役割を果たすからである。踏込部の鋲や鉄板が装飾的なものであったと断定するには至らないとしても、韓半島では、柄部と輪部の前後面に張る鉄板の形態が変わることと関係なく、踏込部に鉄板や鋲が補強される方向に、木心輪鐙の全体的な傾向が推移したことと対照的である。

　さらに、木心輪鐙とともに他形式の鐙、すなわち鉄製輪鐙と木心壺鐙の数が

増加することに注目してみたい。まず、鉄製輪鐙をみると、型式を問わず、日本列島での分布は北部九州に偏り、それに次ぐのが関東地域である（図13-②）。また、先学の指摘のように、近畿地方にはきわめて少ない（佐藤敬美1983）。これは、鉄よりも木により高い比重をかけるという、a-②型式の第二タイプにみられた近畿地方の独自の志向性と関連させて理解できるかもしれない。

次に、杓子形木心壺鐙は木心輪鐙と関係することを千賀久が指摘している（千賀久 1988b）。代表的な例として、藤ノ木古墳出土の鐙があげられる。これは木心輪鐙と同じように木心をたも状につくって金銅板を張っている。金銅板は柄部の全体を3面と柄部上端部の1面に張っている。そのなかで、柄部の前後面の一部分が延びて鳩胸金具となっている。壺の部分はまず、外側面の全体に鉄板を張っているが、この鉄板と木心の間には革を取り付ける構造になっている。また、内側面の部分には鉄板が残っていない。

杓子形木心壺鐙は約15例ほど知られていて、そのうち7例が近畿地域に分布している。このように近畿地域に杓子形木心壺鐙が集中する分布状況から、前段階までの木心輪鐙の製作技術がつながった可能性が考えられる[18]。

以上にみたように、鉄製輪鐙や木心壺鐙の分布状況もあわせると、日本列島の鐙の地域色は次のようにまとめられる。まず、近畿地方では、第Ⅱ期になると、金海・陜川などの地域との関係を軸としたルートにより、韓半島からの製品導入を続けつつ、韓半島の木心輪鐙に比べて鉄による補強が少ない木心輪鐙と、第Ⅲ期以降にはそれと技法上関連する杓子形木心壺鐙の生産を行ういっぽう、鉄製輪鐙はほとんど受け入れない。構造的には木を重視し、鉄は装飾的・表面的に使うという固有の志向が生み出された状況がみてとれる。

これに対して、北部九州・中部・関東など他地域には近畿地方で生産された可能性が高い製品はあまり入らず、慶州地域などを含む近畿地方とは別のルートによる韓半島諸地域との関係を介して、独自に製品を導入したことが考えられる。あるいは意図的に近畿地方の志向と違うものを入手するような動きがあったかもしれない。

このようにみてくると、当時の日本列島鐙の導入や生産において、近畿地方が必ずしも中心的ないしは主導的な役割を果たしていたとは考えがたい。木心の強度を重視した木心の輪鐙と壺鐙の生産をいち早く開始したとみられる点では先進的であったとしても、それによって日本列島全域における鐙の生産・供給の核とはなりえていない点には注意しなければならない。また、製品の導入を介してみた韓半島各地域との交流についても、近畿地方が決して独占的なイニシアチブをもっていたわけではなく、各地域がそれぞれ独自な交流を行っていた様子も考えられる。

　韓半島・日本列島両地域の馬具文化の実態やその社会的背景の全容に迫るためには、馬具全体に及ぶ総合的な検討が必要であろうが、旧来的な近畿地方中心史観や、高句麗・新羅・百済・加耶という「国家領域」を軸とした考古資料の解釈のみでは知りえない当時の韓半島・日本列島両地域交流の複雑な実態の一端を、鐙という馬具の一部品の検討からうかがうことができるのである。

註
1) 木心を金銅板で覆ったものも少数あるが、この中に含めることにする。
2) 京都大学総合博物館 1997：pp.128 図 178 左の鐙
3) 滋賀県栗東町新開1号墳A例は、肩から上の柄部のみで、それも側板のみであり、前後の板及び輪状部は見当たらない。吊手は上開きで上辺が丸く、長さ9cm、幅上部で4.4cm、下部3.8cmを計る。その外側板は肩先から始まって反対側の肩先に終る一枚板で幅1cmあり、肩先でやや細くなる。輪状部内側上部の鉄板は幅2cmある。木心は側板に附着して僅かに残る。留釘は吊手では4段に横に貫通、肩先では左右それぞれ2本貫通し、輪状部上部中央に下から一本を打つ（西田弘ほか 1961）。
4) 岐阜県池田町中八幡古墳例について、小野山節は全面が鉄板で被われていたと考えていることに対して（小野山節 1990）、千賀久の型式分類によると、鉄板が部分的に覆うもののなかで柄を全面的に覆うa1に含まれている（千賀久 1988a）。
5) 陝川地域の玉田23号墳例は、柄部と輪上半部の側面のみに断面「コ」字状の鉄板を覆った後、鉄釘で固定し、柄の上方には隅丸長方形の孔が開いている。鉄板の太さは0.2cm前後で、鉄板の末端は丸く裁断され、鉄釘は一つの側面から反対側の側面まで至るように打っている。柄部は長さに比べ幅が広く太い方で、柄頭部は若干

丸い。輪部の下半部は鉄板で補強されず、木輪のみと判断される。
6）他に、釜山福泉洞48号墳例と金海大成洞1号墳例もこの類例に含まれる可能性は高いと考えられる。
7）報告された実測図によると、踏込部に鋲の存在が表現されていないので、踏込無鋲型式として考えられる。ただ、破片の幅や鉄板に対する鋲の打ち方などからすべて同一固体と考えるのは難しいかもしれない（清喜裕二1997、pp.72-90）。
8）鉄製輪鐙が主に出土しているのは第Ⅲ期より後であるため、型式別の具体的な分布状況などは今後の機会に検討したい。
9）金海大成洞1号墳例と七観古墳例は、柄部上端部と柄部・輪部接合部前後に張っている鉄板の形がきわめて類似している。ただ、前者の場合、側面の鉄板については判断しにくい。
10）久原1区1号墳例の場合、図面では柄の頭部が直線に復元されている。
11）踏込部に鋲を打つことにより、突起を付け滑り留めとして考え、踏込部に鋲がないものより新しい型式と設定された。
12）ここで鉄というのは鉄板、鉄棒、鋲のことを意味する。
13）陝川玉田67-1号墳、尚州新興里37号墳例などは柄部全体から輪部の上半までの前後面に一連の鉄板を張り、柄部と輪部の側面にも鉄板を張るものである。このような前後面に鉄板がない範囲には側面から鋲を密に打っている。
14）陝川玉田68号墳例は、柄部と輪部の前面に鉄棒を張り、また、側面に鉄板を張って鋲をぎっしりと打っている状況がみられる。
15）韓半島では第Ⅰ期からみられる。
16）長野県宮垣外遺跡64号土壙出土例などがある。
17）踏込部に鋲があるものは、まず、踏込部に鉄板を張り、その上に四角形や円形の大きな鋲で固定する場合が大部分である。
18）木心壺鐙、とくに杓子形と三角錐の分布状況については、時期差や階層差の可能性も否定できないので、ここでは輪鐙の技術が壺鐙にもつながっている可能性を指摘するにとどめ、輪鐙と壺鐙の具体的な関係については今後詳しく検討したい。

第2章　轡にみる韓半島と日本

第1節　韓半島三国時代の轡の地域色
　　　　―とくに立聞用金具を中心として―

1　研究の流れ

　轡は、乗手の意志を馬に伝達するという、馬具の中でももっとも肝要な機能をもった部品である。その構成要素を細かくみると、馬の口の中に入れてかませる銜、銜の両端と手綱との間に介在する引手、および銜の両端に取付けてその脱落を防ぎ、かつ面繋に連結するための鏡板（鑣）などがある。機能的にはこれだけで乗馬は可能であり、それだけに、馬具の各要素のなかでもっとも基本的な機能をもった重要な部分と位置づけられる。

　轡は、主として鏡板の様態によって、大きく鑣轡と鏡板付轡とに分けられる。まず、鑣轡は銜両端に環をつくり（外環）そこにⅠ字形、Ｓ字形などの棒状部品を挿入したものである（鈴木治 1958）。この棒状の部品を「鑣」という。鑣は通常、有機質製（骨製・角製・木製など）であるが、青銅や鉄などの金属製鑣も使われている（図14　ただし、鑣は有機質のため残存しておらず、図中には表現されていない）。次に、鏡板付轡は、鏡板が板状のものと環状のものとに大別される。さらに、板状の鏡板付轡はその外形や意匠からいくつもの型式に分けられ、その形態上の多様性からとくに多くの研究が行われている。

　轡の考古学的研究における初期の業績として重要なのが金基雄の論考である。金基雄は韓半島各地の轡の鏡板と鑣を検討し、高句麗は細長い棒状、Ｓ字棒状、素環状の3形式、新羅と加耶は板状と環状の2形式（金基雄 1972）、百済のものについては、環形鑣馬銜とＳ字形鑣馬銜の2形式を設定した（金基雄 1985ｂ）。

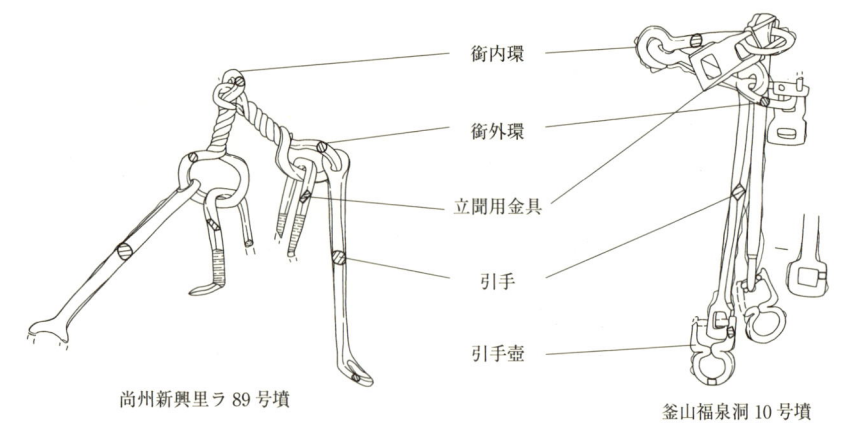

図中ラベル：銜内環／銜外環／立聞用金具／引手／引手壺
尚州新興里ラ89号墳　　釜山福泉洞10号墳
図14　鑣轡の部分名称

その上で、これらの各形式を再整理して、「棒形・S字形鑣馬銜」、「円環鑣馬銜」、「鑞馬銜」の3大形式にまとめた（金基雄 1987）。このうち、現状において鏡板がみられない「棒形・S字形鑣馬銜」については、残された鉸具形金具とU字形金具から、本来は木あるいは鹿角などの有機物で作り、銜の両末端の外環に挿入した棒形・S字形などの鏡板（鑣）があったと推定した。

この研究を基にしながら、金斗喆は轡の構造的・機能的側面に重点を置いた新しい分類案を示し、その系統を考察した。「鑣轡」、「板轡」、「環板轡」、「円環轡」の4形式に分類したが（金斗喆 1991）、このうち「鑣轡」は金基雄の「棒状・S字形鑣馬銜」、「円環鑣馬銜Ⅰ・Ⅱ型式」に、また金基雄の「円環鑣馬銜Ⅰ型式」と「鑞馬銜」は「板轡」に、「円環鑣馬銜Ⅱ型式」は「環板轡」、「円環轡」にそれぞれ該当する。

金斗喆の研究は、とくに機能への着目から、鏡板と引手の形態、銜と鏡板および引手の連結方法などに注目した点で高く評価されよう。しかし、彼自身も認めるように、この分類はあくまでも外形による分類であり、それぞれの形式内部での時間的変遷や地域色を追うには、技術的側面も考慮したより細かな形式分類を試みる必要があろう。

いっぽう、李尚律は、嶺南地域の三韓時代鑣轡を対象として、とくに銜と鑣

第1節　韓半島三国時代の轡の地域色　47

との結合構造に注目し、その系統を明らかにするために鉄製鑣轡の製作技法を考察した（李尚律 1996）。その結果、嶺南地域において三韓時代の鑣轡は漢式鑣轡よりも戦国式鑣轡に近いものであり、おおむね紀元前1世紀以降、中国東北地方から韓半島北部地域を経て、韓半島南部地域へと影響が及んだと想定している。ただしこれは、細かい分類を目的にしたものではなく、大きな系統関係の流れとその歴史的背景をつかもうとした研究である。

　以上のように、轡の研究は、その分類と編年ということからすれば、もっぱら鏡板の外形に注目が集まってきたといえる。結果として、現状で鏡板の存在しない鑣轡については、実用性の高さが指摘されるのみで、本格的な分類や編年作業が行われているとはいいがたい。しかし、鑣轡は、これまでに出土した轡のうち半数以上を占めるほど数が多く、また早い時期から出現しているので、その作業の結果次第では馬具研究に大きな前進をもたらすものと期待できよう。また、通常の鏡板付轡に比べて装飾性が低い鑣轡は、それだけに純粋に技術的な側面の系統関係をより確かに読み取るのに適した材料でもある。さらに、鑣轡は、新しい情報による表面的な模倣よりも、身体から身体への情報伝達を主体とした部分が、形態に対するより大きな比重を占めていると推測される。それゆえに、この鑣轡の分析によって、工人相互の系統や影響関係をさらに鮮やかに描き出すことができよう。

　ただし、鑣轡は、本体に当たる鑣自体の形態を分類と編年の対象にすべきであるにもかかわらず、その部品は有機質であることが多いために、腐蝕して形をとどめていないのが普通である。また、金属製の場合も意匠性に乏しいものが多く、狭義の鏡板付轡のような外形に基づく詳細な型式分類は行いがたい。そこで、残るのが立聞用金具である[1]。立聞用金具は、鏡板に当たる有機質製鑣と面繋の革紐とを連結する機能をもつ部品で、狭義の鏡板付轡の立聞に相当するものである（図14参照）。その片方の端には面繋の革紐端がつなぎ留められ、もう片端は銜の外環をまたぎつつ、有機物製の鑣に固着される。このように、立聞用金具は、乗手の意志と馬の動きとが交錯する3つの部位（銜、鑣、面繋）を連結する、機能上きわめて重要な部品であり、機能上の工夫や技術の

系統が最も如実に反映された要素といっても過言ではない。

2　鑣轡の分類と編年

(1)　立聞用金具の型式とその変遷

　伊藤秋男が、韓半島の鑣轡の検討を通じて、有機質製の鑣を銜の外環に差し込み、それをU字形あるいは双脚形の金具により固定したものが存在することを指摘した（伊藤秋男 1974）。この金具が立聞用金具である。また、千賀久は立聞用金具の分類を行い、そのなかでは伊藤が最初に指摘した、Ω形あるいはU字形のものをa式、上半部が板状で方形の孔をもつものをb式として、後者を、後に続く鏡板轡の立聞に通じる金具として、年代的に新しく位置づけた（千賀久 1988a）。また、金斗喆は4大別案を示している（李蘭暎・金斗喆 1999）。すなわち、長方形の孔がある方形板と2脚の鉸針部とが結合したもの(1)、U字形金具の両端が内側あるいは外側に折れたもの(2)、鉸具形(3)、およびその他(4)である（図15）。金斗喆は出土数の少なさから、これを編年の要素として用いることはなかったが、その後出土数が増え、編年や地域性の分析の材料として有効と期待される段階に至っている。

　その作業の前提として、金斗喆の分類を参考にしつつ、まず、全体の形状に基づいて立聞用金具を大きく板状と棒状とに分類し、さらに、面繋の革紐の装着方法をもとにそれぞれを二つずつに細分し、四つの型式に分ける（図16）。各形式内での細かな形態の差異を抽出し、その時間的な変化をみることとする。

a　板状鋲留式

　全体形が板状をなし、面繋の革紐を鋲で留めるものである。1枚の鉄板の上半部が長方形あるいは方形をなし、下半部が双脚状となった形である。そのうち、長方形の上半部分が面繋の革紐を鋲によって装着する部位であり、双脚状の下半部分は銜外環をまたぎ、両端を有機質製の鑣に刺して固着するための鉸針である。

　現在、3例が知られている。それらのうち、まず、釜山福泉洞69号墳例をみると、長方形の板部と鉸針部とが一体につくられ、面繋の革紐を鋲で留める

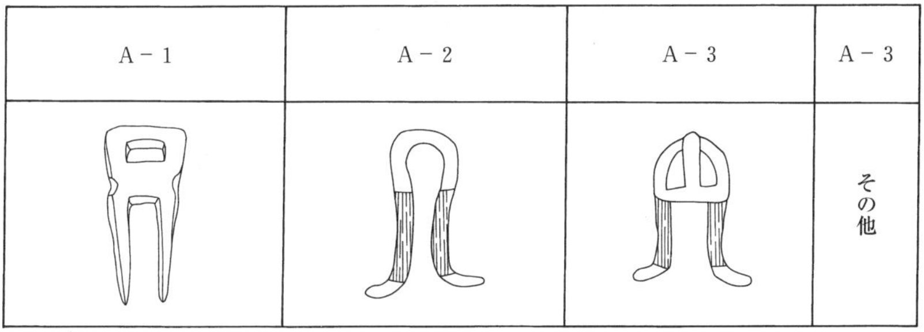

第1節　韓半島三国時代の轡の地域色　49

A-1	A-2	A-3	A-3
			その他

図15　立聞用金具の分類（李蘭暎・金斗喆 1999）

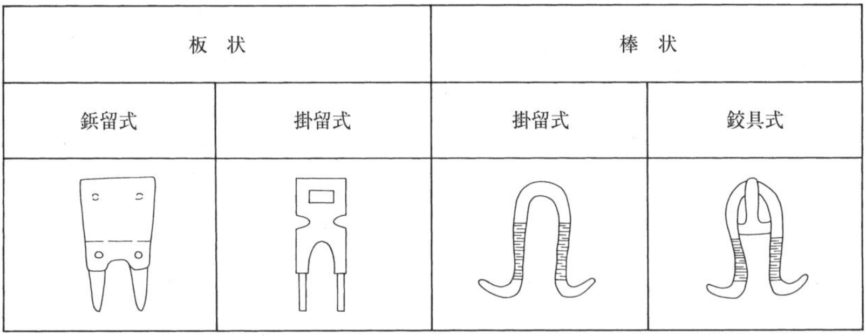

板　状		棒　状	
鋲留式	掛留式	掛留式	鉸具式

図16　立聞用金具の分類

　際に、押さえとして長方形の小鉄板を用いている[2]。残り2例は、清州新鳳洞A地区4号墳・同80号墳の出土品である。これらは、福泉洞69号墳例と比べて全体のプロポーションが長く、長方形の板部と双脚部との境界は両側からの抉りによって明確に画されている。

　福泉洞69号墳の出土例と、清州新鳳洞A地区4号墳・同80号墳の出土例とについて、それぞれの共伴遺物を比較してみると、前者は縦長板革綴冑、鉄製縦長板短甲[3]、炉形土器などがあげられる。それに対して後2者は、全体を鉄板で覆った木心輪鐙と陶質土器などが伴っている。したがって、福泉洞69号墳の方が他の2例より古く位置づけられよう[4]。これは、それぞれに共伴した土器の編年からも裏付けられる[5]。福泉洞69号墳例が古いとすると、出土例

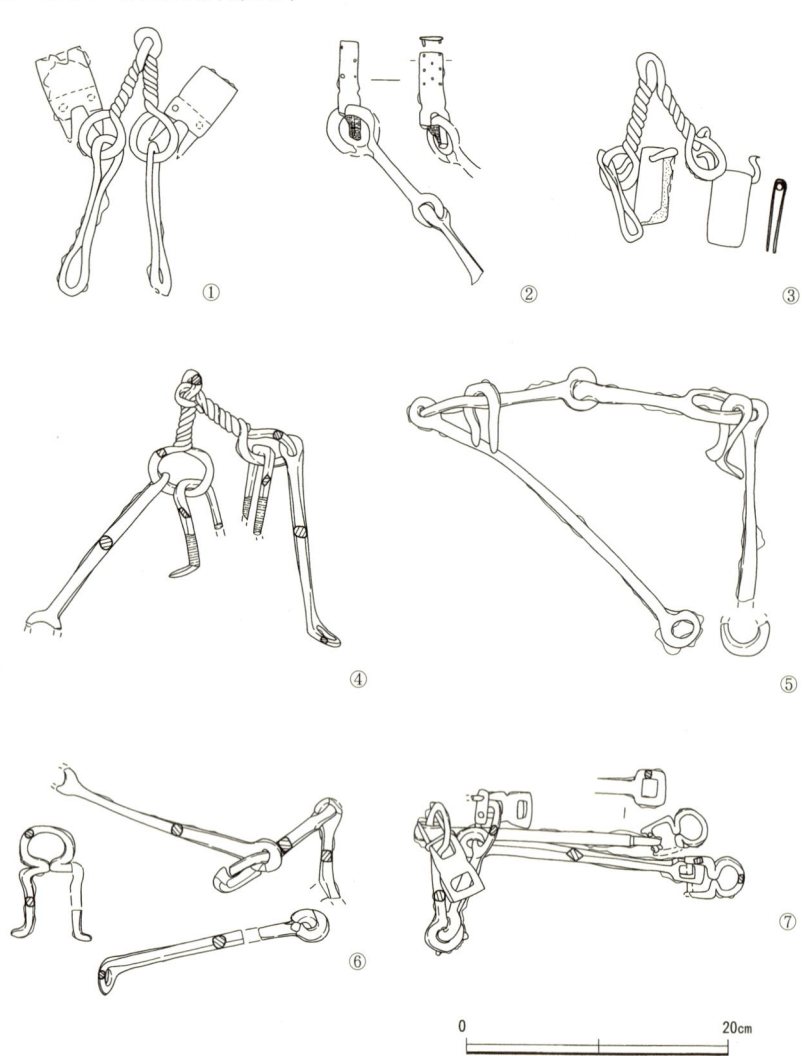

図17 立聞用金具の種類

①・②板状鋲留式（釜山福泉洞69号墳、清州新鳳洞80号墳）、③棒状掛留式a類（釜山福泉洞71号墳）、④・⑤棒状掛留式b類（尚州新興里ラ89号墳、同カ28号墳）、⑥棒状掛留式c類（尚州新興里ラ28号墳）、⑦板状掛留式（釜山福泉洞10号墳）

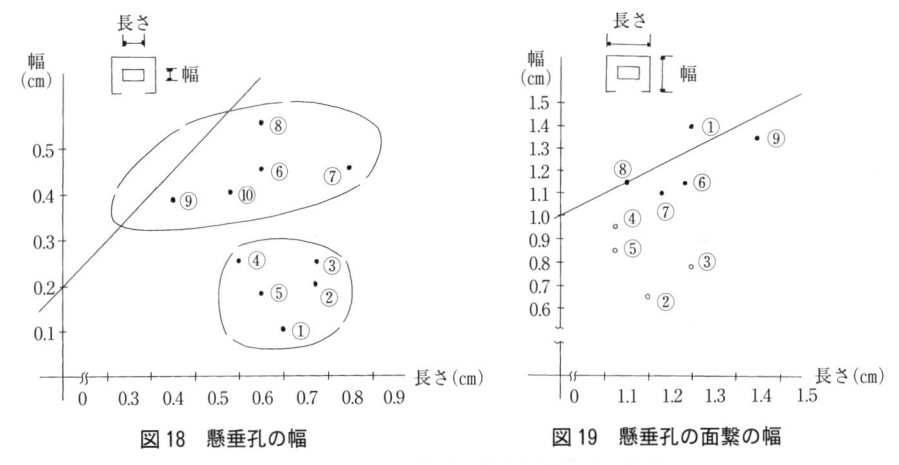

第1節　韓半島三国時代の轡の地域色　51

図18　懸垂孔の幅

図19　懸垂孔の面繋の幅

①慶州舎羅里31号墳　②清州新鳳洞71号墳　③清州新鳳洞74号墳
④清州新鳳洞97-1号墳　⑤清州新鳳洞83年採集品　⑥尚州新興里ラ28号墳
⑦清州新鳳洞66号墳　⑧釜山福泉洞10号墳　⑨・⑩昌寧校洞3号墳

は少ないが、この型式は、新しくなるにつれて全体のプロポーションが長くなり、板部、双脚部分の抉りが明確になるという変化をたどる可能性が高い。

　b　板状掛留式

　全体形が板状をなし、面繋の革紐を孔に掛けて留めるものである。板状鋲留式と同じ外形をもつが、上半部の長方形の部分に孔があり、それに面繋の革紐を掛けて留める。なお、この型式のなかに、脚部の中間に細い横板をわたすものがあるが、良好な例は少ない[6]。

　板部に穿たれた長方形の孔の形に着目してみると、形が細長いものと幅広いものとがある。この点に注目して変化の傾向を調べてみよう。まず、孔の横の長さをX軸，幅をY軸にしてグラフで表してみると（図18）、二つのグループ、すなわち、長さと幅の比率が4：3前後の比較的幅広の長方形のものと、3：1よりも細長いものとに分けることができる。また、これらの孔の形態とそれが穿たれた長方形板部部分の外形との関係をみるために、板状部分の幅を縦軸に、長さを横軸にとったグラフを作成し、孔の形態との相互関係を調べてみると（図19）、板状部分外形にも、長さと幅の比率が1：1前後の正方形に近い

幅広の長方形のものと、5：3前後の比較的細長いものがあることが知られる。そして、孔の形態が比較的幅広のもの（図19黒丸）は外形も幅広であり、細長い孔（白丸）は外形もまた比較的細長いことがみて取れる。

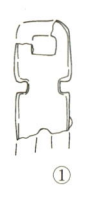

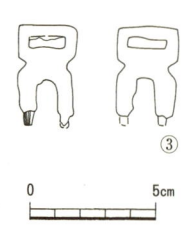

図20　板状掛留式の類型
①昌寧校洞3号墳　②尚州新興里ラ28号墳
③清州新鳳洞71号墳

　このように、この型式においては、孔の形は面繋の革紐の厚さと関連する可能性も考えられる[7]。しかし、現時点では、孔の形が細長いものから幅広いものへ変化したのか、その逆であるかは確定できない。そこで、それぞれが出土した古墳での共伴遺物の検討から変化の方向を考えてみよう。

　細長い孔のものが出土した古墳としては、慶州舎羅里31号墳、清州新鳳洞71号墳、同74号墳、同97－1号墳などがあげられる。また、幅広い孔の形が出土した古墳としては、釜山福泉洞10号墳、昌寧校洞3号墳、清州新鳳洞66号墳、尚州新興里ラ28号墳などがあげられる。これらのうち、細長い孔のものが出土した清州新鳳洞97－1号墳と、幅広い孔のものが出土した釜山福泉洞10号墳とにそれぞれ共伴する木心輪鐙を比較すると、鉄板を全体に張った前者がやや新しい（張允禎 2001）。さらに、細長いものが出土した慶州舎羅里31号墳の土器は、幅広いものが出土した釜山福泉洞10号墳より新しいとされる（嶺南文化財研究所 1999）。このように、幅広いものにはより古い型式の遺物が伴うことが知られよう。ただし、一つの古墳群内でもっとも多くの資料が出た清州新鳳洞古墳群については、成正鏞の編年によると、細長いものが出土した71号墳、74号墳、97－1号墳と幅広いものが出土した66号墳とは同じ段階に位置づけられており、時期差は認識されていない（成正鏞 1998）。このことから、出現は幅広いものの方がより古い可能性は高いが、細長いものが出現したのちは両者が共存すると考えたほうが妥当のようである。さらに、それが時期差よりもむしろ地域差を反映する可能性があるが、それについては後で

詳しく検討してみたい。

　c　棒状掛留式

　全体形が棒状をなし、面繋の革紐を屈曲部に掛けて留めるものである。1本の鉄棒をΩ字形に曲げ、両下端部は銜外環をまたいで有機質製の鑣に刺して固着し、中央の屈曲部に面繋の革紐をつなぐものである[8]。これは面繋の掛け方により三つの類型に区分できる。第一は、鉄棒の中央の屈曲部に面繋の革紐をつなぐ際に、折り曲げた鉄板を介在させるものである[9]。これをa類と呼ぶ。第二は、一般的なΩ字形である。これをb類と呼ぶ。第三は、鉄棒の中央の屈曲部を二重にして、奥に環をつくり、その環に面繋の革紐をつなぐものである。これをc類と呼ぶ。

　上記ではa類、b類、c類の三つに分けたが、全体のプロポーションや屈曲部の長さおよび大きさにおいて違いが認められる。まず、a類は介在する鉄板を除いて棒状の部分をみると、ほぼU字状に屈曲する形態をみせており、寸法も小さく細い。b類もU字状に曲げており、寸法は小形のものから大形のものまでさまざまである。c類はU字状の中央に二重の屈曲を作るという最も複雑な形態をとり、寸法はいずれも大きい。すなわち、a類、b類、c類の順に、形状は複雑化し、寸法は大形化していることがうかがえる。そこで、この複雑化と大形化の流れが、時間的変遷の順序として妥当かどうかを確認してみよう。

　まず、a類は最古式の板状鋲留式を出土した釜山福泉洞69号墳よりやや新しい段階とみられる同71号墳から出土しており、土器の型式からみても、古く位置づけられる可能性が高い。

　次に、b類は先述のように大形のものと小形のものがあり、詳細な検討が必要であるが、実際の使用時の寸法を考慮に入れ、鑣の有機質痕が残っている例を対象として検討してみる[10]。中央の屈曲部の長さ、すなわち、銜外環にまたがる部分（有機質痕が付着した部分の手前まで）の長さを基準にして短いもの→長いものの順に並べると二つのグループに分けられる。短いもの（2.1cm未満）には、(ア)釜山福泉洞21号墳、金海大成洞11号墳などの例があり、長いもの（2.1cm以上）には、(イ)尚州新興里タ7号墳、尚州新興里ラ89号墳、大邱

飛山洞37号墳第1石槨・第2石槨等などの例がある。これらのうち、(ア)グループの金海大成洞11号墳は木槨墓で、防牌、青銅製虎形帯鉤、筒形銅器、鉄鏃、挂甲、陶質土器などが出土している。(イ)グループの尚州新興里タ7号墳とラ89号墳は石槨墓で、陶質土器が主流である。また、大邱飛山洞37号墳第1石槨・第2石槨では、陶質土器や三葉環頭大刀、鉄製輪鐙、杏葉などが共伴している。

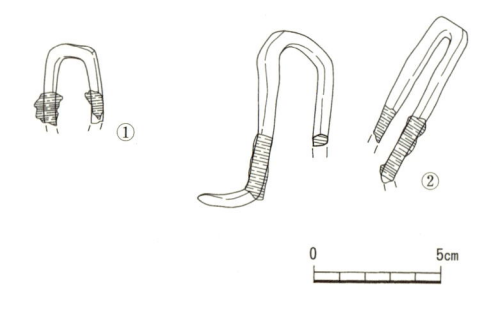

図21 棒状掛留式の類型
①釜山福泉洞21号墳 ②尚州新興里ラ89号墳

　以上のように、二つのグループの共伴遺物をみると、(ア)の方が古く位置づけられる。したがって、b類は(ア)→(イ)の順、すなわち、中央の屈曲部の長さが短いものから長いものへ変化したと想定できるので、(ア)グループを古式、(イ)グループを新式と呼びたい。

　このように、b類のなかで小形から大形への変化があとづけられることは、棒状掛留式全体が大形化の流れを示すというさきの想定を支持しよう。さらに、大形品で占められ、形態がもっとも複雑なc類をみると、慶州月城路カ1号墳で、鉄製輪鐙のなかでも新出と考えられる踏込部が3条に分かれた型式のものが伴っており、共伴遺物からもc類がもっとも新しいことが知られる。以上のように、棒状掛留式について、a類→b類→c類という変遷の序列を考えることができよう。

　d　棒状鉸具式

　全体形が棒状をなし、面繋の革紐を鉸具によって留めるものである。棒状掛留式のΩ字形の内側に刺金（T字形の部品）を掛け、鉸具状にしたものである。この鉸具によって、面繋の革紐を留める。

　なお、この他にも以上の分類に当てはまらない変則的な例が認められるが、それぞれ現状で点数はわずかであり、本論では型式設定を行わない。

第1節　韓半島三国時代の轡の地域色　55

現在、慶州皇吾里14号墳、大邱内唐洞55号墳の2例が知られているのみなので、型式序列はまだ検討の対象としがたい。ただし、慶州皇吾里14号墳では、木心輪鐙が踏込部に鋲があり、柄部と輪部全体に鉄板を張っているもの、大邱内唐洞55号墳の鉄製輪鐙などから立聞用金具全体の存続期間のうちでは次節で示す編年案の第Ⅱ期から出現するのは明らかである。

(2)　型式相互の時間的関係

次に、以上で検討した各型式内部の新古の序列をもとにして、4型式全体の時間的関係について考え、立聞用金具の編年体系を示したい。

まず、複数の型式が共伴する例を調べてみると、現時点では、尚州新興里ラ28号墳の棒状掛留式と板状掛留式とが共伴する1例のみである。よって複数形式の共伴例のみから型式間の時間的関係を判断するのは難しい。そこで、他の共伴遺物や土器をもとにした古墳の相対編年を用いて、各型式間の関係を整理すると表2のようになる。

この時期区分は、これまでに用いたものと同様であるが、さらに説明すると、第Ⅰ期には、鉄製縦長板短甲・縦長板革綴冑（釜山福泉洞69号墳）、縦細長板革綴冑・腰甲（同21号墳）、防牌・青銅製虎形帯鉤・筒形銅器（金海大成洞11号墳）、および釜山福泉洞21号墳の鉄鏃は、頸部がまだ細長化していない鉄鏃などを共伴するもので、おおむね4世紀代〜5世紀初頭に遡るといわれる。

第Ⅱ期は、釜山福泉洞古墳群と陜川玉田古墳群からみると、縦細長板革綴冑、踏込部に鋲があり、鉄板を部分的に張った木心輪鐙（陜川玉田8号墳、釜山福泉洞10号墳）、鉄製縦長板短甲、馬冑（釜山福泉洞10号墳）、および釜山福泉洞10号墳の鉄鏃は、頸部が細長化した鉄鏃が現れる段階で、5世紀前半〜中葉とされる。

第Ⅲ期は、装飾付の大刀や馬具が盛行する時期で、5世紀後半以降に当たると考えられる。

いっぽう、これらとは別に、古墳群ごとに埋葬施設の構造、副葬品、土器などから、築造順序が推測されている例がある。まず、慶州地域の積石木槨墳の

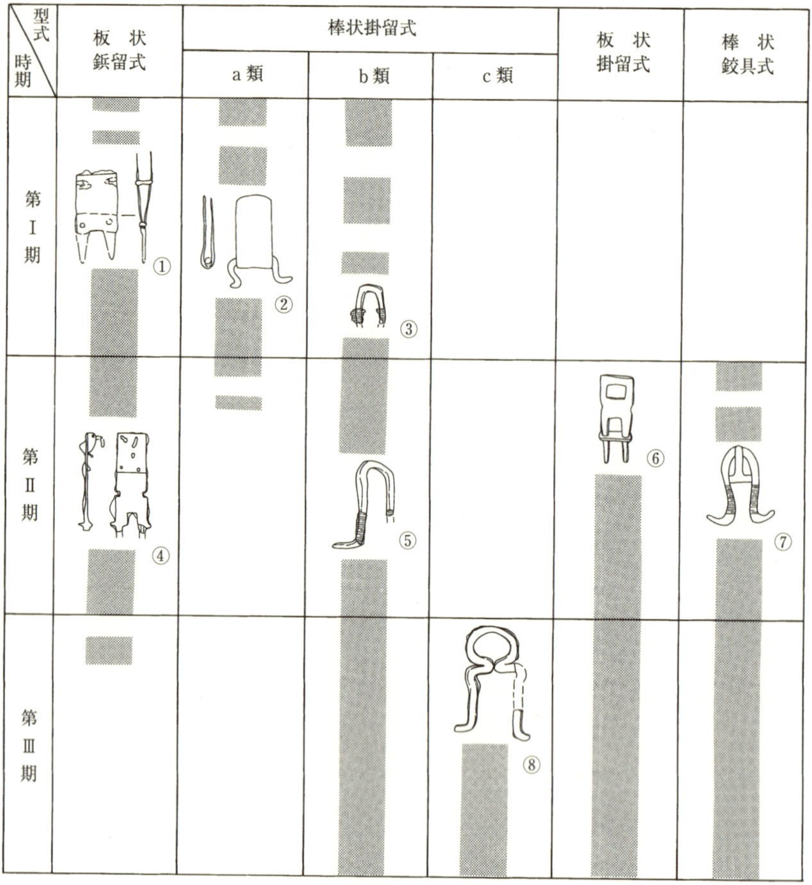

図 22　立聞用金具の編年

①釜山福泉洞69号墳　②釜山福泉洞71号墳　③釜山福泉洞21号墳
④清州新鳳洞A地区4号墳　⑤尚州新興里ラ89号墳　⑥釜山福泉洞10号墳
⑦慶州皇吾里14号墳　⑧尚州新興里ラ28号墳

場合、崔秉鉉は墓槨と土器、耳飾りなどの検討から、皇南洞109号墳3・4槨、皇南洞110号墳、皇吾里14号墳1・2槨→皇南大塚南墳→皇南大塚北墳→金冠塚、天馬塚、飾履塚、銀鈴塚という築造順序を想定している（崔秉鉉 1992）。

この崔秉鉉の新羅古墳の編年案と筆者の立聞用金具の編年案を比較すると、表2では、第Ⅰ期に皇南洞109号墳3・4槨、第Ⅱ期に皇吾里14号墳を置いて

表3　立聞用金具の編年

	板状・鋲留式	棒状・掛留式			板状・掛留式	棒状・鉸具式
		a類	b類	c類		
Ⅰ期	釜山福泉洞69号墳	釜山福泉洞71号墳	釜山福泉洞21号墳、慶州皇南洞109号墳4槨、金海大成洞11号墳			
Ⅱ期	清州新鳳洞A地区4号墳、同80号墳		清州新鳳洞8号墳、尚州新興夕7号墳、同ラ89号墳、大邱飛山洞37-1号墳、同37-2号墳、慶山林堂E16号墳		陝川玉田8号墳、釜山福泉洞10号墳、清州新鳳洞71号墳、同74号墳、同97-1号墳、清原主城里2号土壙墓、昌寧校洞3号墳	慶州皇吾里14号墳
Ⅲ期			尚州新興里ラ111号墳	尚州新興里ラ20号墳、同28号墳、慶州月城路カ1号墳	尚州新興里ラ28号墳、清州新鳳洞B地区1号墳、咸平新徳古墳	大邱内唐洞55号墳

いるので、矛盾はない。

　また、釜山福泉洞古墳群については、申敬澈が、69号墳→71号墳→21・22号墳→10・11号墳という順序を考えているが、上記の筆者の編年では69・71・21号墳を第Ⅰ期に、10号墳を第Ⅱ期に置いており、これも適合している。

3　立聞用金具の変遷と地域色

(1)　立聞用金具の展開過程

a　立聞用金具の出現前段階（図23-①）

　韓半島では、有機質製の鑣轡（立聞用金具）以外に、青銅製あるいは鉄製の鑣の出土例が知られている。その分布をみると、いままで報告された資料によるかぎり、金海・昌原といった地域と洛東江以東に集中し、釜山地域では未だその例が知られないという地域的偏りがある。

　これらの存在する時期については、共伴遺物の検討および中国の例との比較によって、紀元後3世紀代以前の三韓時代にさかのぼるものと考えられている

(李尚律 1996)。すなわち、ここで取り扱っている有機質製の鑣轡（立聞用金具を伴うもの）よりは、大部分が古く位置づけられる可能性が高い。したがって、巨視的にみれば、韓半島南部地域では有機質製の鑣轡（立聞用金具）を使用する以前に、これらの金属製の鑣が多用された段階があったと推測される。

ただし、その一部は、有機質製の鑣轡（立聞用金具を伴うもの）と共存していた可能性がある[11]。たとえば、青銅製鑣轡である慶州内南面塔里の出土品は、ねじりが認められる2連式銜の両端にある円環部に、一端が魚尾形を呈したS字形棒状の鑣を貫入したのち、U字形の板金具をこれにかしめて、銜の端環に固定したものである。U字形の板金具の上端は欠損しているらしく、元来はここに長方形の貫孔があって、これが鑣轡の場合と同じく、立聞として用いられたと考えられている（伊藤秋男 1974）。この例は時期が判明する共伴遺物がないので、正確な前後関係は確言できないが、立聞の形状や、銜外環に別の環が挿入される要素などから、4世紀代以降あるいは6世紀代と考えられている（李尚律 1996、李蘭暎・金斗喆 1999）。したがって、金属製鑣から有機質製鑣へという大まかな変遷をたどりつつ、その過渡期に一時両者が共存する時期があったとみるのが妥当であろう。

　b　第Ⅰ期（図23-②）

第Ⅰ期には、立聞用金具のうち、板状鋲留式と、棒状掛留式のa類およびb類古式が存在する[12]。そのなかで、板状鋲留式と棒状掛留式a類の共通点は、面繋の革紐を挟んで鋲を利用して留めるという技法にあり、この両型式は釜山地域に分布する。また、棒状掛留式b類の古式は釜山地域と、金海を含めて洛東江以西に散在している[13]。さらに、前段階に金属製鑣轡が出土した慶州地域でも棒状掛留式b類が現れる。

出土例が少なく、やや不確実であるが、この分布状況は、さきに述べた前段階における金属製の鑣の分布状況（図23-①）と対照的である。すなわち、洛東江を挟んで東には金属製の鑣が、西では有機質製の鑣轡（立聞用金具）が主として分布するようである。これはさきに述べたように、巨視的には時期差を反映している可能性もあるが、鑣轡の系統に関わる大きな地域色の存在を示

しているると考えることもできよう。つまり、洛東江以東では主として金属製の鑣を、西では有機質製鑣轡（立聞用金具）を使用するという大きな違いがあったと推測されるのである。そうであるとすれば、この時期には洛東江の東と西とでは、材質へのこだわりの違い、すなわち、技術の系統差という地域色が存在したことになろう。

　c　第Ⅱ期（図23-③）

　第Ⅱ期には、立聞用金具に多様な型式が共存する[14]。前段階の板状鋲留式は継続して存在している。しかし、棒状掛留式 a 類はこの時期には衰退しており、b 類の新式がそれに取って代わる。また、板状掛留式と棒状鉸具式という新型式が登場する。

　まず、板状掛留式であるが、そのなかでも、孔の幅が広く、板状部分の形態が方形のグループが洛東江以東では大部分を占める。また、棒状鉸具式がこの段階からみられるが、現在知られている2例のいずれもこの地域から出土している。このように、前段階に金属製の鑣が主に使用された洛東江以東でも、数型式の有機質製の鑣轡（立聞用金具）が認められる。

　洛東江以東の状況をさらに詳しくみると、前段階に多様な型式がみられた釜山地域では、板状掛留式の1例のみとなっており、鑣轡自体がこの地域では下火となった様子がうかがえる。これに対して、韓半島の中部の清州地域・尚州地域では、立聞用金具の分布が増加し、鑣轡の利用が盛んになった状況が推測できる。

　まず、清州地域では、板状鋲留式、板状掛留式、棒状掛留式などの多様な形式が存在している。そのうち、板状鋲留式のなかに、板状掛留式に類似する平面形をもつものが認められる。すなわち、板状掛留式のもつ長方形に双脚が結合した特有の平面形と、面繋を鋲留により固着する技法が融合した型式である。現在のところ、長方形の板と双脚が結合した形の板状掛留式の初現例がより古いとみられるので[15]、この融合のプロセスとしては、板状掛留式の「かたち」（平面的な外形）がまず成立しており、それが面繋を鋲留で固着する技法をもつ製作集団に取り入れられたという経緯が想定できよう。この融合がどこで生

60　第2章　轡にみる韓半島と日本

・　金属製鑣轡
□　板状　掛留式
■　板状　鋲留式
△　棒状　掛留式
▲　棒状　鉸具式

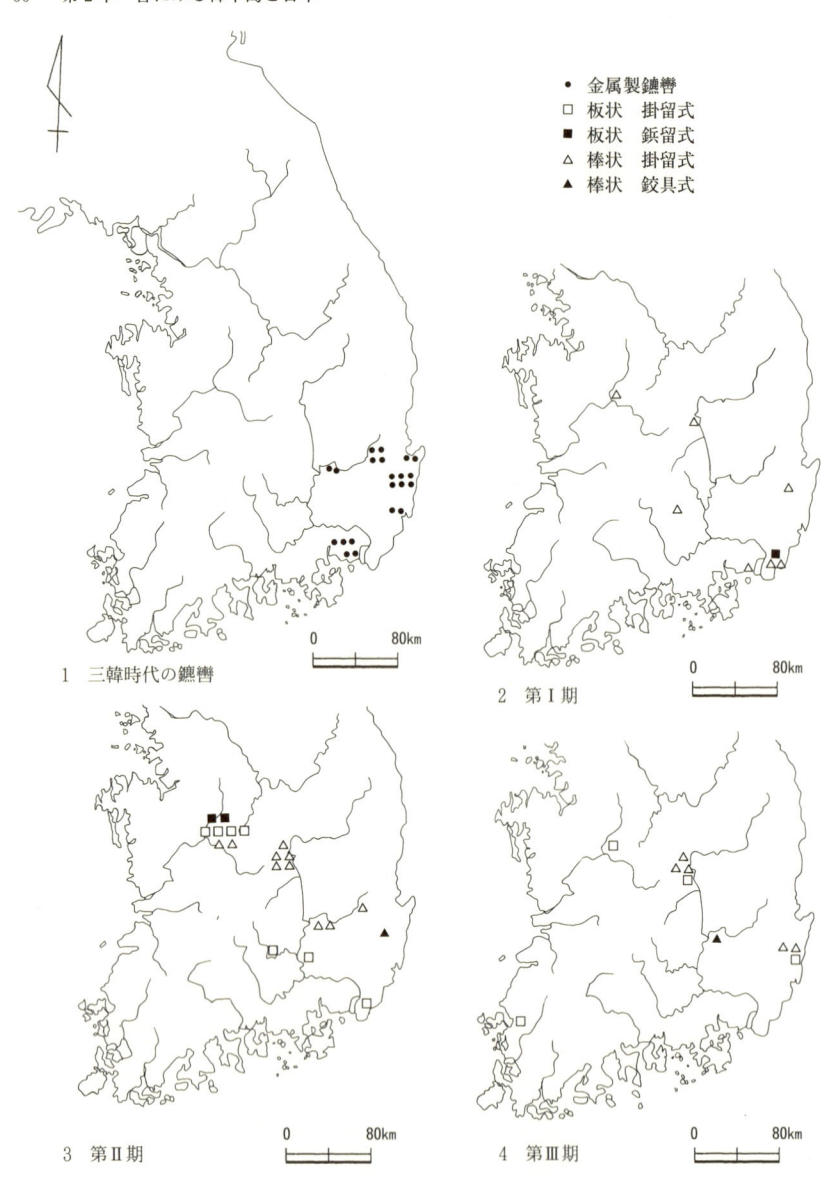

1　三韓時代の鑣轡

2　第Ⅰ期

3　第Ⅱ期

4　第Ⅲ期

図23　立聞用金具の分布と変遷

じたかについては、すでに第Ⅰ期の段階で面繋を鋲で留める技法が成立していることから、釜山地域の可能性がまず考えられる。しかし、釜山地域では、前述のように、この段階では鑣轡自体が下火となっており、融合して生み出された型式の実例も認められない。したがって、釜山地域よりも、当型式の実例が多く残っている清州地域のほうがこれを生み出した地域としては想定しやすい。ただし、現在板状鋲留式は3例しか知られていないので、製作地の推定には無理なところが多く、今後の検討を要する。

表4　棒状掛留式と遊環の共伴関係

地域	遺跡名	遊環
金海	大成洞11号墳	×
釜山	福泉洞21号墳	×
慶州	皇南洞109号墳3・4槨	×
	舍羅里33号墳	×
	月城路カ1号墳	×
大邱	飛山洞37-1号墳	×
	飛山洞37-2号墳	×
陝川	玉田42号墳	×
尚州	新興里ナ9号墳	×
	新興里カ28号墳	×
	新興里カ29号墳	×
	新興里カ30号墳	×
	新興里タ7号墳	×
	新興里ラ20号墳	×
	新興里ラ28号墳	×
	新興里ラ89号墳	×
	新興里ラ111号墳	×
清州	新鳳洞91号墳	×
	新鳳洞3号墳	○
	新鳳洞8号墳	○
	新鳳洞72号墳	○

いっぽう、板状掛留式をみると、清州地域では、面繋を掛ける孔の形が細く、板状部分の形態が長方形を呈するものが圧倒的に多く、正方形に近いものが多い洛東江以東とは対照的な特徴をみせている。さらに、清州地域では、轡に伴う遊環のあり方にも特色がある。すでに金斗喆は、遊環の存在について百済あるいは大加耶地域の影響を考えている（金斗喆 1991）。ここで注目したいのは、一般的に遊環は板状掛留式に伴い、棒状掛留式には伴わないことが多いが、清州地域に限ってみると、後者にもしばしば遊環が伴う。前の第Ⅰ期の棒状掛留式には遊環が伴わなかったことも考え合わせると、この第Ⅱ期において、清州地域の工人集団は、本来板状掛留式に使われていた遊環を棒状掛留式にも適用したものと考えられる。

　以上のように、この時期の清州地域では、さまざまな型式に由来する技術系統が共存し、新たな型式を生み出したり、各型式間に相互の影響が生じるなど

の活発な動きがみてとれる。それぞれ他の製作集団のデザインや技術も積極的に取り入れながら、自らの新しい技術伝統を形成していったと考えられる。

　清州地域のこうした状況とは逆に、尚州地域には、もっぱら棒状掛留式が集中している。ほとんどはｂ類の新式であるが、有機質の痕跡がなく、古式・新式のいずれであるかが明らかでないものも多い。いっぽう、板状掛留式は、この段階の尚州地域には見当たらない。このように、尚州地域では棒状掛留式という単一の型式が中心になっており、型式の混交や創出の動きが清州地域に比べて乏しい。これは、他地域あるいは他の工人集団との技術的交流が、この地域では盛んでなかったことを反映すると考えられる。

d　第Ⅲ期（図23-④）

　前段階に比べ、立聞用金具の数が減少し、新たな型式として棒状掛留式ｃ類が登場する[16]。尚州地域で主流となるのは、依然として棒状掛留式であるが、前段階のｂ類も残しつつ、新たな型式のｃ類が中心となっている。この棒状掛留式ｃ類は、板状掛留式にみられる面繋を掛けるための孔を棒の屈曲加工によって表現した形といえる。この時期の尚州地域にその「手本」というべき板状掛留式が初めて現れていることは、その可能性を支持するだろう。このように、面繋の装着技法に関する新しいアイデアや形を他の型式から取り入れつつも、それを棒の屈曲加工という自らの伝統的な技法を固守しながら実現しているところに、依然として、尚州地域の個性ないしは保守性をみてとることが可能であろう。

　ただし、洛東江以東、とくに慶州地域にも棒状掛留式ｃ類が分布するので、両地域の間には何らかの交流があったと考えられる。

　全体の分布をみると、清州地域では、減少が目立つ。とくに、前段階に盛行した板状掛留式は、1例確認されるのみである。そのほかには、韓半島西南部の咸平新徳古墳で板状掛留式1例が見られる程度である。また、前段階に多かった棒状掛留式は、この段階には減少するようである。

(2) 立聞用金具にみる地域間関係

次に、轡、とりわけ立聞用金具に反映された工人の諸系統と、韓半島諸地域間の交流関係を復元してみたい。

まず、立聞用金具の出現前段階、いわゆる三韓時代には、金属製鑣轡が洛東江以東を中心とした地域に分布し、鑣轡におけるひとつの系統が広がっていた状況が推測される。ただし、これら金属製鑣轡の細かい特徴は一様ではなく、比較的簡素で装飾性の低いものが多いいっぽうで、鑣の両端に渦巻文を付加するなどの装飾性が高いものも認められる。これら両者の系統関係については今後の課題としておきたい。

これらに加えて、主として慶州地域を中心に、環状鏡板付轡（皇南洞109号墳3・4槨）、板状鏡板付轡（月城路カ13号墳）などの別形式も出現し、全体として多様な形態の轡が併存する状況がみてとれる。立聞用金具を用いる有機質製鑣轡は、その多様な轡の一つとして登場してくる。その特徴は、上述のような諸形式の轡に比べると、簡単で、実用的であり、とくに装飾性が高い鏡板付轡とは対照的といえる。

有機質製鑣轡の分布のさらに詳しい状況を立聞用金具によってみると、出現期である第Ⅰ期には、棒状掛留式が、洛東江以西を中心として韓半島の南部地域に点在しており、釜山、慶州、金海、清州、尚州、陜川といった地域などにその例をみることができる。すなわちこの段階には、韓半島全体に同じ特徴をもつ鑣轡が広がっていると捉えられる。その起源の特定は今後の解明を待たなければならないが、おそらく、ほぼ単一の起源から韓半島全体に同じ有機質製鑣轡の技術系統が、この時期になって拡散したことの反映である可能性が高い。

第Ⅱ期になると、それまでほぼ一つであった有機質製鑣轡の技術系統が、清州地域、尚州地域、洛東江以東という三つの地域色を示すようになる。まず、清州地域では、釜山地域に前段階から存在していた面繋の鋲留技術と、長方形に双脚を付けた平面形とを融合したものである板状鋲留式を主体とする。これは、前段階の伝統をひきつつも、製品の分布をみる限りでは、清州地域を核として製作されていた可能性が高い。清州地域では、この型式以外にも板状掛留

式、棒状掛留式など多様な型式が、技術要素を相互に交換しながら盛んに副葬されている。それらの製作地の推定は難しく、他地域から入手された可能性もあるが、さまざまな有機質製鑣轡が存在し、使用されたことから、有機質製鑣轡の一つの技術的中心をなしていた状況がうかがわれる。

有機質製鑣轡のもうひとつの技術系統は、尚州地域を中心としてみられる。ただし、その型式はほぼ棒状掛留式に限られており、この形態と技術とが墨守された状況が認められる。同じように有機質製鑣轡を盛んに生産しながら、他地域との技術交流によって多彩に展開した清州地域のあり方とは対照的に、尚州地域ではきわめて保守的・閉鎖的な性質をみてとることができよう。

いっぽう、清州、尚州の2地域に比べると、洛東江以東では、鑣轡の分布はより散在的である。立聞用金具の型式は多様であるが、型式ごとの製品数が少ないことから、少数の特定型式を集中的に製作したのではなく、多様な型式をそれぞれ個別に製作する、分散的な生産体制が想定できる[17]。

以上のような、第Ⅱ期における有機質製鑣轡の技術系統の分化や特化の背景には、地理的位置に連動する政治的環境の違いを、まず推測することができよう。すなわち、有機質製鑣轡が盛んに使用されたとみられる清州地域と尚州地域は、地理的にみて、当時南下の圧力をみせていた高句麗との関係を軸として、韓半島諸国家の勢力範囲が相拮抗していたと考えられる地域である。すなわち、清州地域は高句麗・百済・新羅三国間の境界という立地上、そして尚州地域は新羅－高句麗、および新羅－百済の主要ルートが交差する交通の要衝地として、軍事上きわめて重要な立地を占めていた状況が考えられる。これらの地域の軍事的な緊張が高かったであろうことは、山城が多く存在している点からも支持されよう。こうした場所で、もっとも実用的な形態の轡である有機質製鑣轡が必要とされたのは、やはりそれらが戦場での騎馬と密接な関係をもっていたためである可能性が高い。これに対して、第Ⅰ期に鑣轡が盛んだった釜山地域や洛東江以東で鑣轡の生産が低調であったり集中性に欠けたりするのは、前述した二つの地域に比べて、実際の戦場における乗馬具の需要が高くなかったためであろう。

第Ⅲ期になると、清州地域でもっとも活発に展開していた有機質製鑣轡の技術系統が読み取りにくくなる。そのいっぽう、尚州地域および洛東江以東では第Ⅱ期と変わらない程度に鑣轡の展開がみられるので、相対的には韓半島のなかでその使用がもっとも盛んに行われているように見て取れる。この両地域は、棒状掛留式 c 類の共存にみられるように、相互に情報交換が可能な関係を保っていたと考えられる。ただし、洛東江以東とくに慶州地域では、鑣轡とともに、装飾性に富んだ鏡板付轡も多い。それらの副葬形態をみると、鑣轡あるいは複数の鏡板付轡が一つの埋葬に共伴する事例が多く、前者は実際の戦場での使用品、後者は被葬者の身分を表示する飾り馬具という役割分担の違いがあった可能性が考えられる。これに対して、尚州地域では棒状掛留式 c 類を中心として棒を加工する伝統的な技術により、もっぱら実戦的といえる鑣轡を集中的に副葬している。

　このように、第Ⅲ期における鑣轡の分布の変化に関して、清州、尚州、慶州の3地域を対比してみると、きわめて鮮やかな差異が描き出せる。すなわち、清州地域では、おそらく475年の高句麗の南下によってその版図内に吸収され、境界地域としての政治的・軍事的重要性が低下したために鑣轡の使用の頻度が下がり、副葬も低調となったのであろう。また、慶州地域では、馬具を実戦で扱いながら身分表象としても用いるという、複合的な馬具の文化が顕在化し、その背後には新羅の国家体制確立に向けて首長間の身分秩序が形成されていく核になったという社会的な背景が想定される。さらに、尚州地域は、いまだ諸勢力間の接触地域として軍事的緊張の中にあったためにもっぱら実戦的な鑣轡の生産が続いたと推測される。

註
1) 立聞用金具という用語は金斗喆が使用している（李蘭暎・金斗喆 1999：99 - 100、116）。
2) 長さが違う長方形の板状鉄板2枚を利用して、その鉄板の間に面繋をはさむ。面繋の革紐は、長方形の上部は革で縫い、下部は鋲で留めている。2枚の鉄板のなかで、1枚は長方形であり、ほかの1枚は長方形に鉸針部が付いた形になっている。

鉸針部には木質が残っているので、銜外環にこの金具を固定するとき木材が利用されたと考えられる。当時釜山広域市立福泉博物館長故宋桂鉉先生のご配慮により実見した。
3) 縦長板短甲は蒙古鉢形冑とともに4世紀代に主流となり、釜山福泉洞10号墳出土品以降は生産してないとの解釈がある（申敬澈 1997）。
4) 鉄板で全面を覆った木心輪鐙は新しい（張允禎 2001）。
5) 申敬澈 1997 前掲論文では、釜山福泉洞69号墳は4世紀第2四半世紀である。また、安在晧は、釜山福泉洞69号墳を4世紀中葉に設定している（安在晧 1997）。
6) 清州新鳳洞74号墳、釜山福泉洞10号墳などがある。
7) 面繋の革紐を中間金具（鉤金具）に当たる鉄板に鋲で留めた後、この中間金具（鉤金具）が長方形あるいは方形の孔に掛けられる例もある。
8) 鞍橋の附属具である鉸具と間違いやすいが、残っている木質痕の方向を参考に、木質痕の方向が金具の長軸に対して横になっている（直交している）場合は轡の金具、縦になっているものを鞍の金具と想定した。尚州新興里古墳群では、轡と一緒に出土した例が8点あり、立聞用金具であることが確実であるが、いずれも木質痕が金具長軸に直交しているからである。このほかにも出土状況から立聞用金具と考えてよい例が5点あり、いずれも木質痕は金具長軸に直交する。また、木質痕が残っていない例もある。
9) 現在、釜山福泉洞71号墳例のみである。革紐の先端と、鉄棒の両下端部が鑣につながっていたのか不明である。
10) ここでは述べていないが、慶州皇南洞109号墳4槨出土品も木質が残っている（斎藤忠 1937、図版21(4)）。また、木質痕が残っていないのは尚州新興里カ28号墳・同カ29号墳・同カ30号墳、陜川玉田42号墳などがある。
11) 申敬澈は、金海大成洞古墳群と釜山福泉洞古墳群を中心に、土器の編年を基づいて馬具の編年案を作成した。そのなかには、鑣が金属製のものと有機質製のもの（立聞用金具を伴うもの）が共存している。しかし申敬澈は、鑣の材質や立聞用金具の形態などの差より複条引手の形態に注目し、鮮卑との関連性を強調した（申敬澈 1994）。
12) 表2に含まれていなく、棒状掛留式のなかで有機質製が残っていない例として、陜川玉田42号墳、尚州新興里ナ9号墳、清州新鳳洞91号墳などがある。
13) 棒状掛留式b類の古式の中には、木質が残っていなくても、時期を3つに分けた時、第Ⅰ期に当たるものも含まれている。
14) 表3に含まれず、棒状掛留式のなかで有機質製が残っていない例には、尚州新興里カ28号墳、同カ29号墳、同カ30号墳、清州新鳳洞72号墳などがある。
15) 成正鏞の新鳳洞古墳群に対する編年案によると、新鳳洞古墳群のなかで、90-A-4号（板状鋲留式）が板状掛留式（92-74号、92-71号、92-97-1号）と一つ

の時期に位置づけられ、大きな時期差はないと考えられている。しかし、陝川玉田8号墳あるいは釜山福泉洞10号墳の例が相対的に少し古い段階に位置づけられると考えられる。

16) 表3に含まれず、棒状掛留式のなかで、有機質製が残っていない例には、慶州舎羅里33号墳などがある。また、板状掛留式には慶州舎羅里31号墳などがこの段階に属すると考えられる。

17) また、三韓時代からみられる材質についての「こだわり」に、この有機質製の鑣轡が合わなかった余地もあろう。

第2節　日・韓両地域における鑣轡の展開と地域色
　　　　―おもに引手と銜の組み合わせから―

1　これまでの研究と課題

　日本列島に馬具がもたらされたのは、4世紀後半にさかのぼると考えられている。その根拠として、福岡県の老司古墳や池の上6号墳などで出土した轡があげられる。これらの最初期の轡は、いずれも金属製の鏡板をもたず、鹿角などの有機質製の棒状部品を鏡板に代わるものとして銜の両外環に装着した「鑣轡」とよばれる形式であることが注目される。鑣轡は、その後5世紀に入っても、北部九州のほか、近畿・瀬戸内、および中部高地などに、かなり濃い分布をみせ、日本の馬具の初現期において相当の比重をもっていたことがうかがえる。しかし、類例が少なく、造りも比較的簡単であることから、外形や装飾の内容・技法を主体としてとり扱ってきたこれまでの馬具研究においては、あまり注目されてこなかった。

　1974年、伊藤秋男は、韓半島の鑣轡を検討し、その特徴として次の6点を指摘した（伊藤秋男 1974）。第一に、鏡板をもたないこと。第二として、銜の外端が径5㎝前後の、かなり大きな円環で終わること。つまり円環は銜と一体で、銜の一部をなしており、この円環に引手が直接連結されること。第三に、銜の両外端円環に、それぞれ1個のU字形あるいは双脚形の金具が円環の一部を挟み込んだ状態で錆着していること。この金具は、第1節でとりあげた立聞用金具のことである。第四として、その金具の両脚はきわめて長大で、あたかも鞍に装着される鞍に似ていること。これは、第1節でみた立聞用金具のうち棒状掛留式のことである。第五として、その金具の両脚端がほぼ直角に外側または内側に折り曲げられていること。第六に、その金具の脚部に幅約1～2㎝にわたって木質ないしは骨質の残痕が認められるか、または両脚に橋渡しした状態で棒状の木片ないしは骨片が遺存する場合があること。伊藤は、このように、とくに本節でいう立聞用金具に注目し、有機質製の部材を銜の外環に差

し込んで、その金具により固定したものと考えたのである。

このような伊藤による鑣轡の定義以来、鑣轡に対する評価はあまり変わっていない。そのなかで、1985年、坂本美夫は、伊藤が設定した鑣轡を、銜の両外端に付けられる鏡板の形態に着目して、取付式鏡板付轡、固定式環状鏡板付轡、f字形棒状鏡板付轡に分類した（坂本美夫 1985）。取付式鏡板付轡は、有機質の鏡板に、立聞に当たる機能を併せもつΩないしU字形の金具によって銜外環に取り付けられるものである。固定式環状鏡板付轡は、銜先環が大きく造られ、鏡板の機能を兼ねるものである[1]。f字形棒状鏡板付轡は、鉄棒をf字形に曲げ、中央に鉸具の付く立聞を鍛接した鏡板をもつものである。

同年、大谷猛は、日本列島における鑣轡の出土例の特徴を検討し、5世紀前半～7世紀後半の鑣轡の概要を明らかにした（大谷猛 1985）。そのなかで、鑣を骨（角）製のものと金属製のものとに分類・整理し、日本列島の鑣轡は、韓半島の鑣轡の変化に対応して推移すると考えた。そのうち、骨製の場合、両地域に銜・引手の相違がみられることや、立聞などの差から時期差の可能性を想定した。

坂本や大谷の仕事は、鑣轡の材質と鑣の取り付けに主眼をおいたものであったが、近年、桃崎祐輔は、全体的な構造から鑣轡を分類し、銜のみで引手のないもの、銜外端の環に引手を直接装着するもの、銜外端の環と引手との間に遊環を介するものの3種に大別した（桃崎祐輔 1999）。

それまでの研究者が注目したところで止まっていた、有機質製の鑣を固定するための金具（立聞用金具）を分類したのが千賀久である。彼は、伊藤が最初に指摘した、Ω形あるいはU字形のものをa式、上半部が板状で方形の孔をもつものをb式として、後者を、後に続く鏡板付轡の立聞に通じる金具として、年代的に新しく位置づけた（千賀久 1991）。これは、鑣轡の各例について、はじめて本格的に年代的な序列を検討した研究といえよう。

鑣轡についての研究には以上のような積み重ねはあるが、大まかな構造に主眼をおくもの、部品の細部の形態を検討するものなど、その作業のレベルはさまざまであり、鑣轡の形状全体を体系的にとらえて本格的な型式学的・技術的

な考察を行うことは、課題として残されているといえよう。本書では、前節で行った立聞用金具の分類・編年の成果を踏まえつつ、とくに有機質製の鑣をもつ鑣轡を対象として、引手と銜の全体形状や組み合わせの構造というより大きな観点での検討を行い、韓半島・日本列島両地域の鑣轡の展開と相互関係について考えてみたい。

2　鑣轡の引手および銜の分類

　銜は馬の口にくわえさせる部分であり、引手はその両端に取り付いて騎者の意志を馬に伝える部品である。まず、金属製引手が残っていないものと、引手本体が1条の鉄棒をなすもの[2]（単条引手）と、1本の鉄棒を折り曲げて本体をつくり、2条以上となるもの（複条引手）とに区分する。次に、銜は、銜本体をなす鉄棒がねじられているもの[3]（捩銜）とねじられていないもの（直銜）とに分ける。

　なお、前節で検討した立聞用金具に関しても、その伴う型式に注目することとし、板状鋲留式、板状掛留式、棒状掛留式、棒状鉸具式という前節の4型式区分をここでも用いたい。

　以上のように分類した引手と銜の諸型式の組み合わせみると、次のようになる[4]（図24）。

A　複条引手＋直銜

　日本列島では未だ知られていない。韓半島では清州鳳鳴洞C-31号墳、義城塔里古墳第5墓槨の例などがある。

B　複条引手＋捩銜

　日本列島では福岡県筑後市瑞王寺古墳[5]、奈良県橿原市南山4号墳、長野県飯田市物見塚古墳[6]など、管見で3例があげられる。韓半島では釜山・金海・陝川・尚州・清州など広い地域に分布する。韓半島に主体のある組み合わせといえよう。

C　単条引手＋直銜

　日本列島では、宮崎県宮崎市下北方5号地下式横穴墓、同えびの市久見迫B

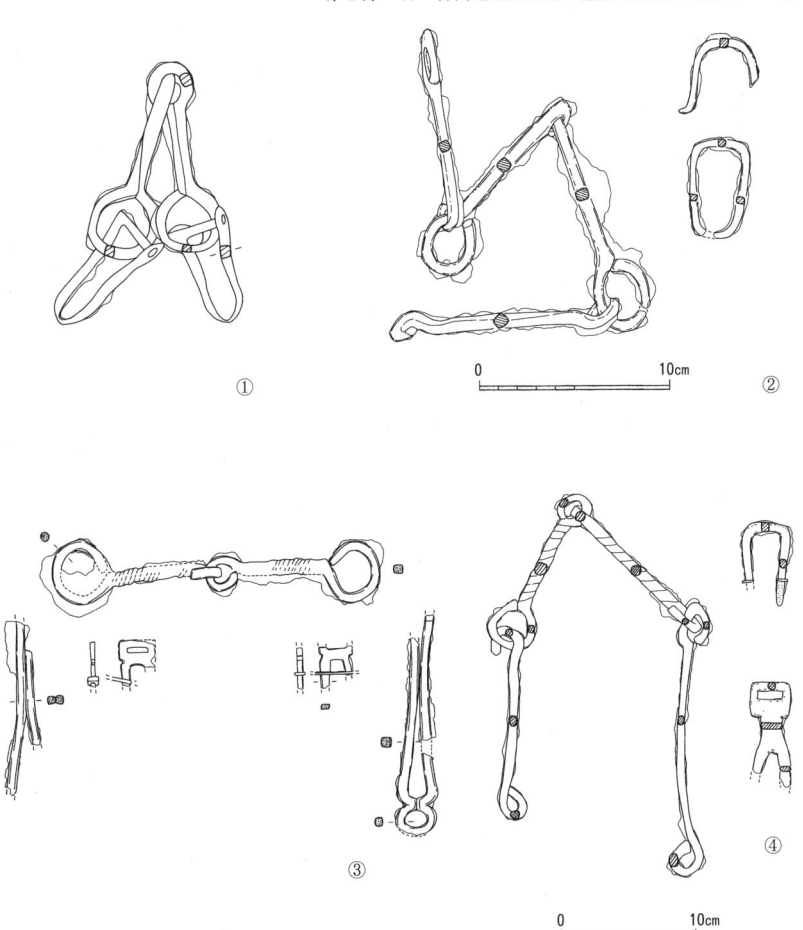

第2節　日・韓両地域における鑣轡の展開と地域色　71

図24　引手と銜の諸型式
①複條引手＋直銜（韓半島、清州鳳鳴洞C－31号墳）
②単條引手＋直銜（岡山県津山市長畝山北3号墳）
③複條引手＋捩銜（福岡県筑後市瑞王寺古墳）
④単條引手＋捩銜（岡山県津山市一貫西3号墳）
　　（縮尺①・②、③・④同一）

-SK110土壙、岡山県総社市随庵古墳、同津山市長畝山北3号墳、長野県飯田市高岡4号墳など、管見で5例があげられる。韓半島でも、広い範囲に多数が分布する。韓半島・日本列島両地域において、多数の例が知られる普遍的な組み合わせである。

D　単条引手+捩銜

日本列島では、岡山県津山市一貫西3号墳、兵庫県姫路市宮山古墳第2主体・同第3主体、同加古川市池尻2号墳、奈良県宇陀市後出3号墳、長野県長野市上池の平5号墳、群馬県甘楽町西大山1号墳、静岡県藤枝市西宮1号墳例など、管見で8例が認められる。単条引手+直銜の組み合わせと同じく、韓半島・日本列島両地域で普遍的な組み合わせである。

いっぽう、無引手のものには捩銜が伴う場合が多く[7]、福岡県朝倉市池の上6号墳、兵庫県加古川市行者塚古墳（3号轡）などの例が知られている。

3　組み合わせの変遷と地域色

(1)　組み合わせの変遷

次に、以上のような組み合わせが時期的にどのように変化するかを見ていきたい（表5）。

時期区分については、これまでに準じて、須恵器型式のTK73段階より前を第Ⅰ期、それ以降を第Ⅱ期にする。また、TK23段階以降を第Ⅲ期とする[8]。第Ⅰ期は4世紀代、第Ⅱ期は5世紀前半〜中葉、第Ⅲ期は5世紀後半以降にあたる。

a　第Ⅰ期

まず、第Ⅰ期には、引手と銜とが組み合わさる例は韓半島のみで知られ、日本列島には知られていない。韓半島では複条引手+捩銜の組み合わせがもっとも多く、主流である。釜山・金海・陝川・尚州・清州といった地域に広く分布している。また、少数ではあるが、複条引手+直銜という組み合わせが清州地域でみられる。銜の形態に関係なく、複条引手がみられるのは清州地域である。

表5　引手と銜の組み合わせの変遷

	引手	銜	韓半島	日本列島
第Ⅰ期	無	直銜		
		揺銜	金海大成洞39号墳	福岡県朝倉市池の上6号墳 兵庫県加古川市行者塚古墳
	複条	直銜	清州鳳鳴洞C－31号墳	
		揺銜	釜山福泉洞69号墳・同71号墳 金海大成洞11号墳、陝川玉田42号墳 清州新鳳洞91号墳 尚州新興里ナ9号墳	
	単条	直銜	釜山福泉洞21号墳	
		揺銜	清州鳳鳴洞A－72号墳	
第Ⅱ期	複条	直銜		
		揺銜		奈良県橿原市南山4号墳 福岡県筑後市瑞王寺古墳 長野県飯田市物見塚古墳
	単条	直銜	釜山福泉洞10号墳、昌寧校洞3号墳 慶州舎羅里31号墳・同33号墳 大邱飛山洞37－1号墳 慶山林堂E16号墳、陝川玉田8号墳 清州新鳳洞66号墳・同71号墳・同74号墳・同80号墳 尚州新興里カ28号墳・同カ29号墳・同カ30号墳・同タ7号墳	長野県飯田市高岡4号墳
		揺銜	慶州皇吾里14号墳 大邱飛山洞37－2号墳 清州新鳳洞8号墳・同72号墳・同97－1号墳 ・同A地区4号墳 尚州新興里ラ89号墳	兵庫県姫路市宮山古墳第2主体・同第3主体 静岡県藤枝市西宮1号墳
第Ⅲ期	複条	直銜	義城塔里古墳第5墓槨	
		揺銜		
	単条	直銜	清州新鳳洞B地区1号墳 尚州新興里ラ20号墳・同ラ28号墳・同ラ111号墳	宮崎県宮崎市下北方5号地下式横穴墓 ・同えびの市久見迫B－SK110土壙 岡山県津山市長畝山北3号墳 ・同総社市随庵古墳
		揺銜	慶州月城路カ1号墳 大邱内唐洞55号墳 咸平新徳古墳	岡山県津山市一貫西3号墳 兵庫県加古川市池尻2号墳 奈良県宇陀市後出3号墳 群馬県甘楽町西大山1号墳 長野県長野市上池の平5号墳

さらに、この清州地域では複条引手以外の単条にも捩銜が伴っている。これに対して、釜山地域でも複条・単条両引手がみられるが、そのなかで複条引手には捩銜、単条引手には直銜が伴っている。

いっぽう、先述のように、この時期の日本列島には銜のみで引手のないもののみが近畿地方と北部九州地域に認められる。日本列島ではまだ、銜と引手という組み合わせは確立していなかった[9]。なお、日本列島と同様に銜のみで引手のない例は、韓半島では金海地域に認められる[10]。

b 第Ⅱ期

第Ⅱ期になると、韓半島では複条引手が姿を消して単条引手が主流となり[11]、それと直銜が組み合わさる場合と、捩銜が組み合わさる場合とがある。

捩銜と直銜の分布には地域色がみられ、前段階に捩銜・直銜の両者が存在した釜山地域と、捩銜が主流を占めた陝川地域では、この段階には直銜しかみられなくなるのに対し、尚州・清州の各地域では、両者がともに存在するようになる。

日本列島も、第Ⅱ期には韓半島と同じように単条引手が主流となり、捩銜・直銜の両者ともが共存するが、前者が多い。また、引手の形態に関係なく、捩銜が圧倒的に多い。

c 第Ⅲ期

第Ⅲ期には、韓半島では、前段階に続いて単条引手が主流で、前時期と同じように、直銜が組み合わさる場合と、捩銜が組み合わさる場合とがある。

いっぽう、日本列島では前段階の複条引手の例がなくなり、韓半島と同じく単条引手が主流になる。直銜・捩銜の両者が伴う。

(2) 組み合わせの地域色

銜と引手の形態およびその組み合わせに注目して、まず、韓半島・日本列島の鑣轡の時期的展開をみた。これを踏まえて、前節で検討した立聞用金具や遊環の共存状況にも着目しながら、日本列島出土の類例をより詳しく検討し、韓半島の鑣轡とのより細かい関係と、それが反映する韓半島・日本列島両地域間

の馬具技術の交流について迫ってみよう。

　a　第Ⅰ期

　まず、第Ⅰ期には、先述のように、日本列島では銜のみで引手がつかないという特徴がある（図25）。銜のみが認められるのは、福岡県朝倉市池の上6号墳と兵庫県加古川市行者塚古墳の2例であり[12]、いずれも捩銜である。捩銜のみで鉄製の引手がつかないものは韓半島にもあり、金海大成洞39号墳例など、金海地域で出土例が知られているが、行者塚古墳例はそれらに似る。いっぽう、池の上6号墳例には、棒状掛留式の立聞用金具と考えられるものが伴う[13]。このような組み合わせは現在韓半島では見当たらないが、この立聞用金具の類品自体は、釜山・金海・慶州・陝川・尚州・清州といった地域に広く分布している。

　少ない類例ではあるが、第Ⅰ期の日本列島の轡は以上のような地域の轡との関係が考えられ、とくに行者塚古墳・池の上6号墳の両例とも関係のある金海地域とのつながりが注目されよう。

　b　第Ⅱ期

　第Ⅱ期になると、韓半島では現在知られている鑣轡の類例のなかで複条引手がみえないが、他種類の轡には複条引手が認められるので、日本列島と同じように複条引手の存在が考えられる。日本列島では複条引手をもつのが、福岡県筑後市瑞王寺古墳、奈良県橿原市南山4号墳、長野県飯田市物見塚古墳例などが知られ、すべてが捩銜と組み合わさる（図26）。

　まず、南山4号墳例と韓半島で前段階に流行した複条引手の例とを比べてみると、韓半島の諸例は捩銜やシャベル状引手を伴うことが多いが、南山4号墳例や物見塚古墳例は、一本の鉄棒を折り曲げて引手の両環をつくった少数派の形態で、同様のものは釜山地域に認められる[14]。また、韓半島の前段階において複条引手の多くは通有の棒状掛留式を伴い、釜山・金海・陝川・清州・尚州といった地域に広く分布しているが、南山4号墳例の立聞用金具は、中間に鉄製横軸をもつ特異な棒状掛留式である。同じものは、韓半島では清州新鳳洞60号墳例にみられるが、この轡は単条引手＋直銜という異なった組み合わせ

76　第2章　轡にみる韓半島と日本

図25　引手・銜・立聞用金具の組み合わせ

第Ⅰ期

△　複条引手、直銜
▲　〃　　、捩銜
□　単条引手、直銜
■　〃　　、捩銜
●　無引手、捩銜

で、遊環を伴うという点が異なる。

　また、瑞王寺古墳例の引手は鉄棒を折り曲げて複条にしたものであるが、中央の屈曲を二段にして奥に環をつくり、そこに革紐をつなぐ構造である。同様の例は、韓半島では鑣轡以外の轡の引手としてみられ、釜山福泉洞10号墳、陜川玉田67-B号墳などに認められる。釜山福泉洞10号墳は環状鏡板に捩銜と別の引手壺を伴い、陜川玉田67-B号墳も環状鏡板に捩銜が組み合わさる[15]。さらに、瑞王寺古墳例の立聞用金具は板状掛留式であるが、同じものは釜山福泉洞10号墳の鑣轡の例にも認められる。

　単条引手＋捩銜の例としては、岡山県津山市一貫西3号墳、兵庫県姫路市宮山古墳第2主体・同第3主体、静岡県藤枝市西宮1号墳などの例があげられる。

これらの例を伴う立聞用金具や遊環の有無からさらに分けてみると、まず、一貫西3号墳、宮山古墳第3主体[16]、西宮1号墳の例には、棒状掛留式の立聞用金具が伴う。同じ組み合わせの例は、韓半島では、大邱飛山洞37－2号墳、尚州新興里ラ－89号墳、清州新鳳洞8号墳・同72号墳など、大邱・尚州・清州といった地域に分布している。そのうち、西宮1号墳例は有機質製の鑣と銜外環が立聞用金具である棒状掛留式に固定されるところで鑣に薄い鉄板が被せられている[17]。このような類例は韓半島では見当たらない。また、清州地域の例は遊環という、日本列島の上記の例にはみられない要素をもつことを考えると、列島の諸例ととくに近いのは大邱および尚州のものということができよう。

いっぽう、板状掛留式を伴う例は、宮山古墳第2主体などが知られている。これらの類例は、韓半島では清州新鳳洞97－1号墳など、清州地域にみられる。ただ、清州地域では、単条引手＋直銜の組み合わせが多く、上記の諸例のように、単条引手＋捩銜という組み合わせは稀である。また、そのうち宮山古墳第2主体例は、立聞用金具である板状の双脚の上部と下部に薄い鉄板をおいて鑣部分を補強している。これに対して、韓半島では有機質製鑣と銜外環に接して立聞用金具で固定するところに薄い鉄板を被せた例は陜川玉田8号墳[18]、原州法泉里1号墳[19]などでみられる。また、韓半島では板状の双脚に鉄製横軸をもつ特徴があり、釜山福泉洞10号墳、清州新鳳洞74号墳など、釜山・清州といった地域から出土している。

さらに、宮山古墳第2主体の立聞用金具には鉤金具があり[20]、遊環を伴うが、こうした特別な要素が重なる類例は、韓半島では陜川玉田8号墳、清州新鳳洞B地区1号墳など、陜川・清州地域に認められる。このように、宮山古墳第2主体の例がもついくつかの特徴的な要素は、清州地域の諸例にしばしば認めることができる[21]。

最後に、単条引手＋直銜の例は少なく、長野県飯田市高岡4号墳などが知られているにすぎない。これには棒状掛留式が伴い、同じ組み合わせの類例は、韓半島では大邱飛山洞37－1号墳、慶山林堂E16号墳、尚州新興里カ28号墳・カ29号墳・カ30号墳・タ7号墳、清州新鳳洞3号墳など、大邱・慶山・尚州・

清州といった地域でみられ、とくに尚州地域に集中している。

c 第Ⅲ期

　第Ⅲ期になると、韓半島・日本列島ともに単条引手が主流で、直銜と捩銜の両方が組み合わさる（図27）。まず、単条引手＋捩銜には、岡山県津山市一貫西3号墳、兵庫県加古川市池尻2号墳、奈良県宇陀市後出3号墳、長野県長野市上池の平5号墳、群馬県甘楽町西大山1号墳などの例が知られている。そのうち、棒状掛留式を伴うのは、後出3号墳、上池の平5号墳などである。韓半島では、この段階にまったく同じ組み合わせの例は知られていない。単条引手＋捩銜という組み合わせは、韓半島では慶州月城路カ1号墳、大邱内唐洞55号墳でみられるが、前者は3連式の銜、後者は棒状鉸具式の立聞用金具という異なる要素が認められる。

　また、単条引手＋捩銜で板状掛留式を伴う例として、池尻2号墳、西大山1号墳例などがある。そのうち、西大山1号墳例は木質の鑣と銜外環に接して立聞用金具で固定する部分に薄い鉄板を被せている。この段階には韓半島では類例が知られていない。ただ、咸平新徳古墳では、3連式の捩銜という異なる要素があるが、板状掛留式を伴うという点は類似している。

　きわめて特異なのが一貫西3号墳例であり、これは立聞用金具の型式が左右で異なるものがセットになっている。すなわち、棒状掛留式と板状掛留式とが同一の轡に共伴しているのであるが、このような組み合わせは韓半島では類例が認められない。棒状の脚には骨質、板状には木質の有機質が各々残っているので、元々は別の個体であったと考えられなくもないが、この例が二次的に部品を寄せ集めて構成した可能性も推定される。そのことは、この両引手の長さが違うことからも支持されよう[22]。

　いっぽう、単条引手＋直銜の組み合わせは、日本列島では第Ⅱ期までは少なかったが、この第Ⅲ期に主流を占めるようになる。伴う立聞用金具は棒状掛留式が多く、類例としては宮崎県宮崎市下北方5号地下式横穴墓、同えびの市久見迫B－ＳＫ110土壙、岡山県津山市長畝山北3号墳などの例が知られている。まず、下北方5号横穴墓の例は、実測図には遊環があるように表現されている

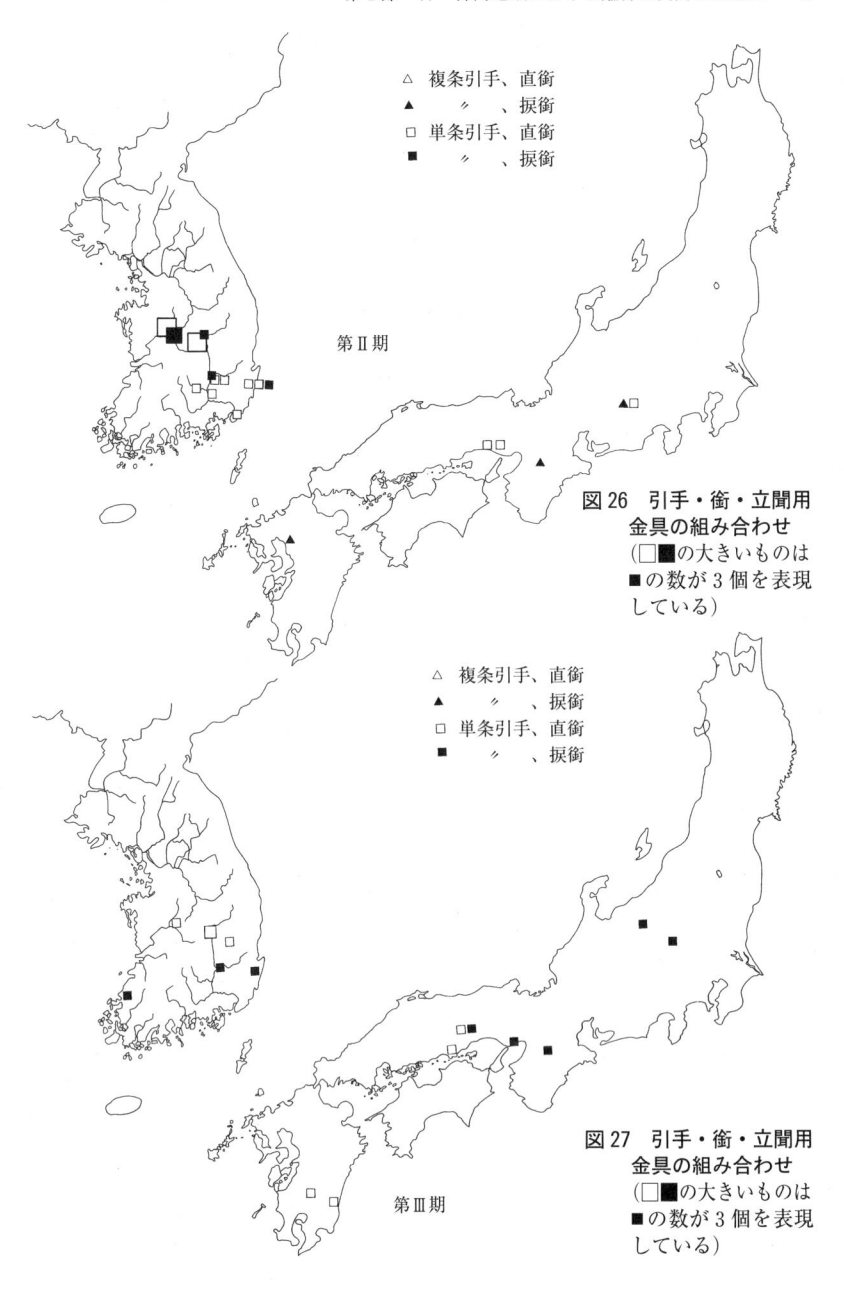

第2節 日・韓両地域における鑷鑵の展開と地域色　79

△ 複条引手、直衙
▲ 〃　　、捩衙
□ 単条引手、直衙
■ 〃　　、捩衙

第Ⅱ期

図26 引手・衙・立聞用
金具の組み合わせ
(□■の大きいものは
■の数が3個を表現
している)

△ 複条引手、直衙
▲ 〃　　、捩衙
□ 単条引手、直衙
■ 〃　　、捩衙

第Ⅲ期

図27 引手・衙・立聞用
金具の組み合わせ
(□■の大きいものは
■の数が3個を表現
している)

が、これは遊環ではなく、銜の外環と推測される。また、鑣を固定する脚の部分が不明確なところがあるが、立聞用金具は基本的にΩ形で、鉄棒の中央の屈曲部を二重にして奥に環をつくり、その環に面繫の革紐をつなぐもの、すなわち棒状掛留式 c 類と考えられる。同様な類例は、韓半島では慶州月城路カ 1 号墳、尚州新興里ラ 20 号墳・ラ 28 号墳など、慶州や尚州などの地域でみられる。また、久見迫 B-S K110 号墳例には遊環があり、立聞用金具に直径が約 2 cm の骨製の部分が残っており、韓半島の類例は清州新鳳洞 3 号墳例などでみられる。清州地域は、前節で検討したように、遊環をもつ例が多いが、このように単条引手＋直銜という組み合わせは稀である。さらに、長畝山北 3 号墳例は、立聞用金具が棒状掛留式であるが、両側の形態に差があり、一つはΩ形、もう一つは梯形に近い四角形になっている。このような異なった立聞用金具が組み合わさる例は韓半島では知られておらず、さきの一貫西 3 号墳例と同じように、部品の二次的な寄せ集めの可能性がある。地域もまた一貫西 3 号と同じ岡山県津山盆地であることは興味深い。

　単条引手＋直銜で板状掛留式を伴う例は、岡山県総社市随庵古墳の 1 例のみである。これは銜に遊環を介して引手と連結している。引手の端は欠損しているが、端の環状部の断片が 1 個ある。銜の環には面繫の革条をとりつけたと考えられる小さな鉄板（立聞用金具）が残っている。その全形は欠損しているので確かでないが、短冊形の板状鉄板に孔をあけていると推定される。この類例は、韓半島では、慶州舎羅里 31 号墳、陝川玉田 8 号墳、清州新鳳洞 66 号墳・71 号墳・74 号墳など、慶州・陝川・清州といった地域で認められ、とくに清州地域に集中している。

4　鑣轡からみた韓日諸地域間の関係

　韓半島・日本列島両地域の鑣轡の展開を、立聞用金具や遊環との組み合わせ状況もみながら、やや詳しくみてきた。本節では、地域色の検討を加味しながら、それを整理することによって、韓半島・日本列島両地域の鑣轡が、具体的にどのような地域間の関係のもとで展開しているかを読みとりたい。とくに銜

第2節　日・韓両地域における鑣轡の展開と地域色　81

の形態、すなわち、捩銜と直銜の分布に注目したい。

　まず、第Ⅰ期は、前述したように、韓半島・日本列島両地域では、引手の有無に関係なく、捩銜の出土例が多いので、この時期は捩銜が主流であることをまず指摘しておきたい。そのうち、韓半島では複条引手と棒状掛留式を伴うことが多いのに対し、日本列島は出土数が少ないが、金属製の引手がつかない例のみが知られている。立聞用金具も棒状掛留式しかみられない。これらは福岡県と兵庫県で認められる。この段階に韓半島で、金属製の引手がつかない轡は金海地域の類例がある。

　本節で対象にした有機質製の鑣をもつ轡は金属製の引手との組み合わせが多いが、金属製の鑣を伴う轡には金属製の引手がつかないことが多い[23]。とくに韓半島南部地域の金属製鑣轡は金属製の引手をもたず、捩銜と組み合わさることが多い。この金属製鑣轡は、韓半島では有機質製鑣轡、すなわち立聞用金具を伴う鑣轡より古い段階にあたる三韓時代から類例が知られている。すると、この時期には韓半島・日本列島両地域では捩銜の伝統が続いているといえるだろう。

　日本列島で第Ⅰ期に当たる例は、金属製の引手がつかないことと、捩銜が存在することから、まず、大きな流れからみると、韓半島の金属製鑣轡がもつ古い要素がみられる。また二つの要素は、韓半島南部地域、とくに金海地域を中心とする金属製鑣轡が盛行した地域との関係が想定される。ただ、韓半島では立聞に面繋を鋲で固定する型式が、立聞に面繋を掛ける型式よりは先行して知られていることは前節で述べた通りであるが、日本列島では前者の類例はみられない。

　次の第Ⅱ期になると、韓半島ではさきに検討したように、清州・尚州・洛東江以東という地域を核として鑣轡の出土数が急増し、単条引手が主流となる。また、立聞用金具の型式を問わず、捩銜は清州地域で、直銜は洛東江以東地域でやや出土例が多くなる。さらに、前節でみた通り、立聞用金具は清州地域では多様な型式が存在するが、尚州地域はもっぱら棒状掛留式のみである。

　日本列島の状況をこれと比べてみると、まず、前段階に韓半島全体でみられ

た複条引手が知られ、それは近畿地方と福岡県・長野県という列島全体に広く分布している。また、これらはすべて捩銜を伴い、三韓時代の伝統が続いている。そのうち、近畿地方と福岡県では前段階の捩銜が続き、長野県では新しく登場する。さらに、単条引手は類例が少ないが、近畿地方と静岡県に捩銜が集中し、長野県には直銜が分布している。そのうち、近畿地方と静岡県に多い単条引手に捩銜は、韓半島ではさきにみたように、大邱・尚州・清州といった地域にあり、とくに集中するのは清州地域である。清州地域によくみられる遊環という要素が認められない点に多少問題を残すが、宮山古墳第2主体例に強く認められた清州地域との関連を考えると、やはりこの地域と清州地域とのつながりを推測しておくべきであろう。

いっぽう、長野県での単条引手＋直銜の組み合わせは、韓半島のなかで尚州および洛東江以東地域に普遍的にみられるタイプとして両地域の関係が想定される。

以上のことを整理すると、この段階の日本列島の鑣銜、とくに銜の形態に注目するなら、捩銜の近畿地方と福岡県・静岡県は清州地域と、捩銜・直銜両方が現れる長野県は大邱・尚州・清州などの地域との関係が浮かび上がってくる。そのうち、長野県の直銜は韓半島のなかで尚州および洛東江以東地域との関係も無視できない。

このように銜と引手の組み合わせからみた韓半島と日本列島の交流関係は、ほかの遺物、たとえば垂飾付耳飾からみると（高田寛太 1998）、渡来人が主体となって製作・流通に関与し、自らの意志で日本列島へ持ち込んだ地域は近畿や北部九州地域が中心である。また、韓半島に対する日本列島への流通経路として、日本列島内の各地域の首長が韓半島との政治的・経済的つながりを示すために韓半島の政治権力やヤマト政権との交渉を通じて入手に努めたパターンも認められる。このパターンは、ヤマト政権を中心とした畿内地域の他、北部九州地域、若狭湾沿岸地域など韓半島と密接な交渉がうかがえる地域とその周辺域の資料が該当する。

上記のような交流を検討するとき、日本列島における鑣銜の製作開始の時期

や体制の問題が生じてくる。鑣轡のなかで、捩銜が多い近畿地方でも同じ板状掛留式をもつものが2例しかないことや、引手と立聞用金具の組み合わせは多様なことから、日本列島内で製作していたとしても、部品の種類や組み合わせなどにもう少し規格性がみえてもよいのではないだろうかと考えられる。

　第Ⅲ期になると、韓半島では、捩銜が洛東江以東地域と栄山江流域でみられ、直銜は尚州・清州といった地域で主に認められる。これに対し、日本列島では出土例が少ないが、前段階とは分布の様相が異なる。まず、近畿地方は依然として捩銜が出土し、同じ傾向は岡山県・長野県・群馬県でも認められる。例数が少ないが、近畿地方と岡山県・長野県・群馬県では捩銜という古い伝統が有機質製鑣轡に残っている。また、岡山県と宮崎県に多い直銜は、韓半島では尚州および清州地域に多く、それに伴う立聞用金具の類例も、尚州・清州地域によく認められる。近畿地方や岡山県・長野県・群馬県のものは、韓半島では慶州地域や栄山江流域に類例がたどれるが、いずれも例数が少なく、確かなことはいいがたい。宮崎県では、地下式横穴墓という独特な墓制にも馬具が埋葬されるようになる。

　以上のような分布状況や地域色の検討を通じて指摘されるのは、第Ⅱ・Ⅲ期を通じて近畿地方に分布が少なく、岡山県・長野県・群馬県や宮崎県といった地域の分布数が、古墳の数に比べて多いという状況である。岡山県の場合、捩銜と直銜が共存し、立聞用金具も板状や棒状掛留式を伴って、組み合わせに多様性がみられる。また、一貫西3号墳例のように、両側の引手の長さが違うことと、一体の轡に異なる立聞用金具が使用されるなど、部品の二次的な転用かとみられる例も認められる。このことは、日本列島社会における鑣轡の独自な性格と関係する可能性があろう。前節で検討したように韓半島では、馬具、とくに鑣轡が集中して副葬される地域は、戦争を含む緊張感が高まった場所であると想定した。その前提には、鑣轡を実戦的な馬具とみなし、それをもつ集団を騎馬戦団と推定する考えがあった。しかし、日本列島では、まず出土数が少ないこと、および長野県・群馬県において周溝内の土壙や古墳の周溝などから出土したこと[24]、さらに、共伴する遺物などから、馬匹生産にかかわる渡来人

との関連が考えられている。そうだとすれば、日本列島においては、鑣轡は、出土した地域の社会的・政治的な環境を反映するより、出土した墓の被葬者の性格あるいは職掌を表わす可能性を考えるべきだろう。

このように、日本列島の鑣轡と韓半島の類例との比較によって、ある程度の地域間関係の具体相に迫ることはできるが、日本列島内部の地域色や分布状況には、韓半島諸地域とのつながり以上に、列島内部の渡来人の分布など特別な状況が反映されている可能性があり、単純な解釈は危険であろう。

註
1) また、岡山県随庵古墳例にみられる板状の金具については、立聞用金具のみの機能を推測した。衝外環が大きいことからこれに有機質製の鑣を入れて用いたものとして考えられる。
2) 2条以上の鉄棒を捩って1本になったものも含まれる。
3) 鉄棒を巻いて捩り効果を得たものもある。
4) ここでは使われる資料は鑣轡のなかでも立聞用金具が残っている例が中心である。
5) 報告書では直衝として表現されているが、X線写真で捩りがみられる（筑後市教育委員会 1984）。見学に際し、筑後市教育委員会の永見秀徳氏、宮崎県立西都原考古博物館の東憲章氏などのご配慮を得た。
6) 肉眼で実見したときには衝が直線と推定したが、京都大学考古学研究室の諫早直人氏から捩衝という教示を得た。
7) 無引手というのは金属製引手が残っていないものを意味する。
8) 形態変化の比較的明瞭な鉄鏃をみると、大阪府藤井寺市野中古墳の例は近畿地方では長頸式鉄鏃の成立段階に当たり、共伴する陶質土器の形態などから、須恵器型式のTK73～TK216段階と考えられる。また、鉄鏃の型式から鞍塚古墳段階には、短頸鏃の頸部の伸長化が進行し、頸部長5cmをこえる長頸鏃との中間形態と呼べるものがみられる（鈴木一有 2003：49-70）。須恵器編年におけるTK73型式期に相当する。さらに、田中晋作の鉄鏃分類によると、鞍塚古墳は、柳葉形鉄鏃を中心とした無頸・有頸式鉄鏃が大形化し、その主体を占める第Ⅱ期に当たり、七観古墳と同じ段階になる（田中晋作 1991a、2001）。また、甲冑の形態から、鞍塚古墳、七観古墳、野中古墳とともに新開1号墳が第Ⅱ期に含まれている。阪口英毅の甲冑分類によると、鞍塚古墳の鈍角系三角板革綴短甲Ⅲ式の前胴長側1段地板にみられる技術は、長方板革綴短甲Ⅲ式の前胴長側1段にみられる技術と同じ段階のものである。長方板革綴短甲Ⅲ式は七観古墳や新開1号墳などで出土している（阪口英毅

1998：1-39)。以上の事実を整理すると、長頸鏃を伴う福泉洞10号墳は日本列島のなかでは野中古墳の段階に属すことになる。そうすると、日本列島での踏込部に鋲を有する木心輪鐙の出現が韓半島より古く、第Ⅱ段階の始まりが早くなるので、このような考え方は成立しがたい。また、韓半島では長頸鏃の成立が日本列島より古い可能性が高いことについて考えてみたい。水野敏典によると、野中古墳では鏃身がナデ関で別造りの片腸抉をもつ長頸鏃も新形式として登場している。日本出土のものは鏃身がナデ関から角関もしくは小さく逆刺のつく形態へ、なおかつ別造りの片腸抉が浅くなっていく傾向にある。韓半島南部でも同様の変化が確認でき、鏃身部に小さい腸抉か、角関を陝川玉田28号墳、清州新鳳洞9号墳出土例から別造りの片腸抉が浅くなった陝川玉田M3号墳例がある（水野敏典 2003：71-86）。ここに触れている玉田28号墳と福泉洞10号墳の先後関係を検討するために白井克也の土器編年をみると、前者は高霊ⅠB期で430年以降、後者は新羅ⅠB期で430年以前に相当する（白井克也 2003：1-42）。実年代は別として、相対的に福泉洞10号墳が古い段階に含まれる。したがって、福泉洞10号墳は野中古墳よりは古く、新開1号墳と同じＴＫ73型式期として考えられる。このように考えると、韓半島の方が長頸鏃の出現が早いと言えるだろう。このことを基準として、有鋲踏込の木心輪鐙がまだ出現していない段階すなわちＴＫ73併行期より前を第Ⅰ期、それ以降を第Ⅱ期とする。また、第Ⅱ期の有鋲踏込のものには輪部の幅と同じものと、輪部の幅より広いものがあり、踏込部の工夫によると、前者は古式、後者は新式に分けられる。古式には陝川玉田8号墳と釜山福泉洞10号墳の例など、新式には陝川玉田20号墳・M1号墳の例などが挙げられる。さらに、木心輪鐙のなかではa-④型式、f字形鏡板付轡などがみられる段階を第Ⅲ期にする。この第Ⅲ期にあたる陝川玉田M3号墳例のように踏込部に鋲があり、その幅が輪部より広がるものの類例として長持山古墳出土例がある。そのうち、長持山古墳段階は通有の長頸鏃には両刃と片刃があり、甲冑出土古墳には独立片逆刺鏃を含めた三種の長頸鏃が多く認められる（鈴木一有 2003：49-70）。新相を示す鋲留甲冑や挂甲とともにｆ字形鏡板付轡や内湾楕円形鏡板付轡、剣菱形杏葉など、新式の馬具が共伴する事例が多い。また、玉田M3号墳ではｆ字形鏡板付轡、剣菱形杏葉がセットで出土していることから、長持山古墳とともに第Ⅲ期の基準として設定したい。それに基づいて長持山古墳以降、すなわち須恵器型式のＴＫ208段階（あるいはＴＫ23段階）以降～ＴＫ47型式期までを第Ⅲ期とする。ただ、須恵器型式の段階区分については研究者により差がみられ、ここでは境界として長持山古墳を利用したい。

9) 有機質製の引手が使われた可能性は排除できない。
10) 金海地域で出土した轡（鏡板をもつもの）には複条引手＋銜、単条引手＋銜という組み合わせがみられる。また、桃崎祐輔によると、清州鳳鳴洞A-35号出土品も無引手鑣轡として考えている（桃崎祐輔 2004）。鳳鳴洞A-35号墳例は銜の内

環と外環が1本の鉄棒を捩った後、端を曲げてつくられている。このような類例は金海良洞里78号墳にみられ、これには複条引手が伴っている（東義大学校博物館2000：93）。さらに、良洞里78号墳例は第I期に含まれると考えられるが、この段階に属する無引手の銜はほとんど2条以上の鉄棒を捩っている。

11) 本論では鑣轡を対象にしているが、他形式の轡には複条引手がみられる。たとえば、釜山福泉洞10号墳の環状鏡板付轡がある。
12) 行者塚古墳では、この鑣轡以外に鏡板付轡2個があり、両者いずれも捩銜を伴う。
13) 中山清隆は、立聞の機能は鑣に直接結ぶΩの脚でもたせた可能性があり、銜外環の大きさから、ここに鹿角などの鑣をさしこむのが難しく、環の外に出ていたと推測している（中山清隆 2001：52）。中山の考えのとおりであると、面繋が通る幅が必要であり、その状態では立聞用金具としての機能が十分でない。それゆえに、銜外環の幅をすべて使って鑣を差し込んで、立聞用金具には面繋あるいは革類の引手がつながる形を取るのではないだろうか。
14) 同様な引手は釜山福泉洞69号墳・71号墳などにみられる。また桃崎祐輔は、4世紀中葉〜後半代の福泉洞69号墳・71号墳の例と酷似する鑣轡が奈良県橿原市南山4号墳で出土し、共伴した陶質土器の高杯・連口壺・馬形角杯台・鉄鑣・雁又鏃は馬山周辺から舶載された5世紀前葉の製品と考えている（桃崎祐輔 2004：99）。さらに、南山4号墳の長脚高杯は馬山や咸安の4世紀の土器様相を留め久米田方墳より古い可能性があると考えている。しかし、同じ鑣轡であるが、南山4号墳例と福泉洞69号墳例・71号墳例の立聞用金具の型式には差異がみられる。前節の立聞用金具の型式分類によると、福泉洞69号墳例・71号墳例が南山4号墳例より古く位置づけられると考えられる（桃崎祐輔 1999：373）。
15) 報告書では幅0.3cm前後の鉄棒を巻いていると表現しているが、1本捩りとして考えられる（慶尚大学校博物館 2000）。
16) 実見した際には、立聞用金具の形態は把握できなかった。しかし、千賀久によると立聞用金具がa式であり（千賀久 1988）、筆者のいう棒状掛留式にあたる。
17) 長い単条引手や蕨手状の引手外環、細長い立聞用金具などから中期中葉新段階（4期）の事例と考えられている（鈴木一有 2004：1〜14）。
18) 報告書の図面復元で無くなった鑣に被せたように表現している（慶尚南道・慶尚大学校 1988）。慶尚大学校博物館の柳昌煥氏のご配慮で実見したときにも確認できた。
19) 報告書では鑣の存在や鑣の被せについて言及がないが、実測図と写真から判断した（韓国国立中央博物館 2000）。また、第I期にあたる金海大成洞2号墳出土轡のなかで、鑣と立聞用金具が一体化したものとして鑣と銜外環が接する一部を厚さ0.2cmの薄い鉄板で被せている（慶星大学校博物館 2000）。
20) 板状掛留式に鉤金具を伴うものは清原主城里1号石室墳4次棺台でも出土しているが、銜や引手の状態がよくわからない（韓国文化財保護財団・忠清北道開発事業

所 2000)。
21) 清州地域の例のなかでは時期的に遅い方に属するものもある。
22) このような例は、尚州新興里ラ108号墳例があり、これは単条引手に直銜が伴う。
23) とくに韓半島では、三韓時代に含まれる例が多い金属製鑣轡は、金属製の引手の存在はあまり知られていない。
24) 桃崎祐輔によると、馬骨出土古墳の約半分が馬具を共伴し、5世紀の例のなかで群馬県西大塚、長野県高岡4号墳・物見塚、宮崎県六野原馬壙・久見迫B110号土壙例は鑣轡を装備して騎馬風習導入と同時に殉葬が開始されたことを示す。また、従来鑣轡の検出が少なかったのは主体部に納めなかったためであると指摘している（桃崎祐輔 1999：374)。

第3節 「鑣轡」からみた東アジアの馬具の系譜

1 鑣轡の定義

　馬具の発祥地である西アジアから中国・韓半島・日本列島の諸地域を通じて共通して認められるのが轡である。さらに、そのなかでも、銜の両端に棒状の部材を取り付けて馬の口からの脱落を防ぐこしらえをもつ鑣轡は、現状では最古の確実な馬具である西アジアのルリスタン地方の青銅製轡から、伝播の終着といえる日本列島の轡まで、連綿とみることができる。この鑣轡の系統をひとつの道筋として、アジア全体の騎馬技術の展開過程を考えてみよう。

　鑣轡を初期に定義した鈴木治と伊藤秋男とはともに、鑣轡を鹿角製の棒状品（鑣）を銜端に挿入する轡としてとらえている。そのうち、鈴木は、鑣轡の定義の詳細化を試み、銜が2連式で、それぞれの外端の孔中に「鑣」を通して装着するものを鑣轡とし（鈴木治 1958）、銜が1連式で、板状の鏡板の中央に穿った銜孔に銜を通して固定するものを銑轡とした[1]。また、伊藤は、有機質の「鑣」を用いた鑣轡の場合、「鑣」を銜の外環に通したのち、U字形あるいは鉸具形の金具により、その両脚状部分で銜の外環をまたいで先端を「鑣」に貫通させ、銜外環から脱落するのを防いだと考える。そして、金属製の「鑣」を用いた鑣轡の場合は、「鑣」自体に立間部分がつくりつけられており、これに銜の一端を貫通させ、ループ状に折り曲げて固定したとする（伊藤秋男 1974）。

　鈴木と伊藤の研究では、鑣と銜の装着方法を問わず、銜の外環に、鏡板の働きをするものとして棒状の部材（「鑣」）をとりつけた轡を鑣轡とよぶ結果になっている。つまり、鏡板の外形に重点を置いた定義である。しかし、「鑣」と銜との連結方法にはさまざまなものがあり、とくに、別形式の轡とされる板状鏡板付轡、環状鏡板付轡などと同じ連結方法をとるものが存在することなどには注意する必要があろう。この場合、鏡板の外形が異なるのみで、より本質的な技術系統上は同一であるともみなせるからである。外形の類似が過度に強調さ

第3節 「鑣轡」からみた東アジアの馬具の系譜　89

れ、技術的系譜をより正確に物語るであろう連結方法の違いを軽視した定義であるように思う。

2　銜と鑣（鏡板）との連結方法からみた鑣轡の分類

　現在、鑣轡という用語は銜との連結方法は問わず、単に鏡板部分の外形が棒状を呈する轡という意味で用いられている場合が多い。同じように、板状を呈する鏡板をもつものが板状鏡板付轡または単に鏡板轡であり、環状を呈する鏡板をもつものが環状鏡板付轡とよばれている。これらは、単純に鏡板部分の外形による分類であり、銜との連結方法は考慮されていない。したがって、ここではあくまでも鏡板の外形区分として「板状」、「環状」、「棒状」（「鑣」）の3種類を設けたうえで、これらと銜との連結方法との関係を調べ、新たな分類案を模索したい。まず、連結方法を次の四つに分類する。

　①鏡板の中央に穿たれた孔を銜本体が貫通し、その外側に外環がつくられるものである。これを貫通式とよぶ（図28）。さきほど触れた鈴木の分類による「鐵轡」に当たる。鏡板の外形は、板状が大多数で、ときに棒状があり、その材質はいずれも金属製である。

　②銜外環に直接鏡板をつくりつけたものである。これを一体式とよぶ（図29-①）。鏡板の外形は板状である。

　③鏡板に設けられた孔あるいは環と銜外環とが結合することによって鏡板と連結するものであり、結合式とよぶ（図29-②・③）。鏡板の外形には、棒状、板状、環状のすべてがある。環状鏡板付轡の大多数はこれに属する[2]。

　④これまで鑣轡とよばれていたものの中心的存在で、銜外環に鏡板（鑣）が挿入されるものである。狭義の鑣轡であるが、ここでは挿入式

図28　連結方法（Ⅰ）-
　　貫通式（ルリスタン）

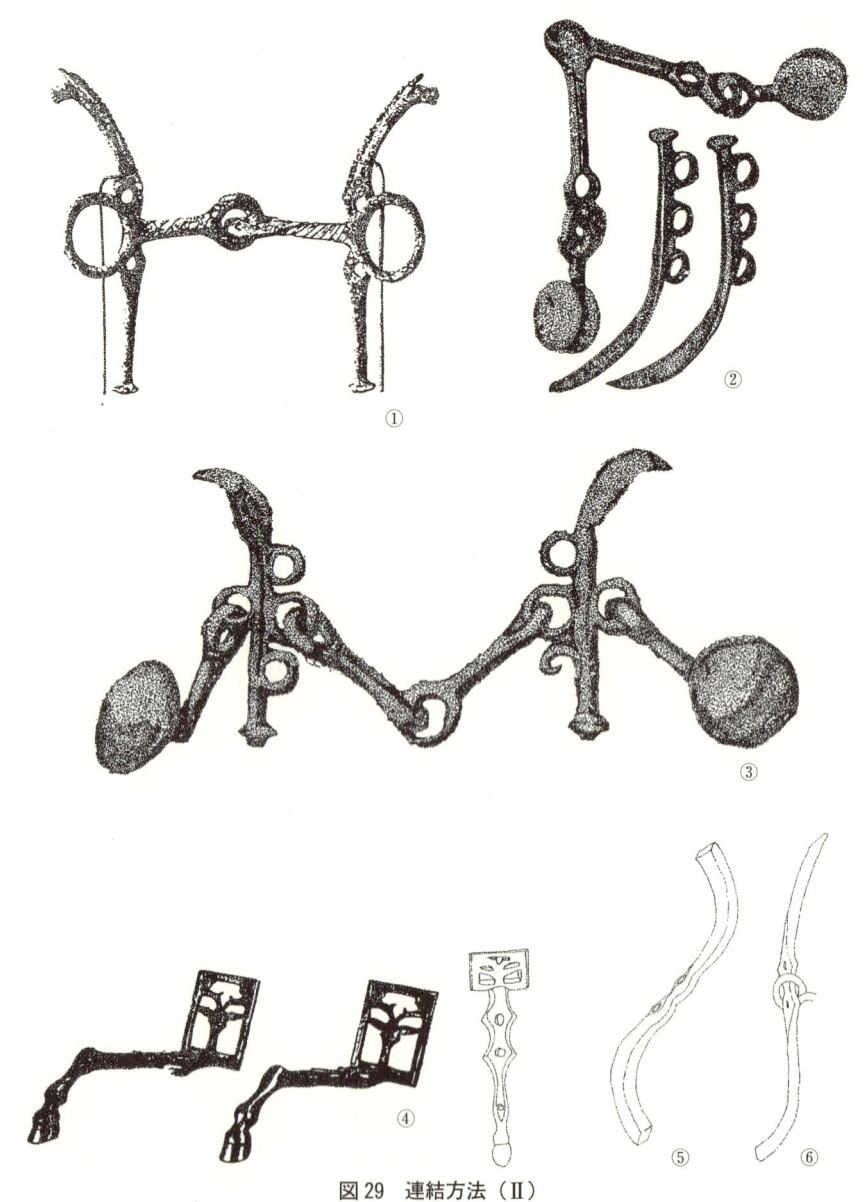

90　第2章　轡にみる韓半島と日本

図29　連結方法（Ⅱ）
①一体式（イラン）　②・③結合式（スキタイ）　④〜⑥挿入式（スキタイ）
縮尺不同

と称する。鏡板の外形はすべて棒状で、金属製と有機質製とがある（図29-④・⑤・⑥）。結合式と挿入式の差は、まず前者は、鏡板の役割をもつものが銜外環の中を通らないことに対して、後者は鏡板の全体が一度銜外環の中を通っている。

表6　鏡板の外形

	板状	環状	棒状
貫通式	◎	×	○
一体式	○	×	○
結合式	◎	◎	◎
挿入式	×	×	◎

◎多い：5個以上　○ある：5個未満　×ない

　以上の4種類の連結方法と鏡板の外形との関係を表5に示した[3]。ちなみに、鑣轡の定義との関連でいえば、棒状鏡板を挿入式により銜と連結するもののみを鑣轡とよぶか、貫通式や結合式のものも含めてそう称するかという点に、混乱が生じていたわけである。

3　各型式の分布と展開

　以上の分類に基づいて、棒状鏡板をもつものを主体に各地域で発見された轡の特徴を中心に検討し、必要に応じて板状や環状の鏡板をもつものにも触れたい。

⑴　西アジア・中央アジア

　まず、現在のイラン、ザグロス山脈西部に位置するルリスタン地域では、紀元前1000年頃のものと考えられる青銅製轡が認められる。鏡板の外形は板状鏡板が多いが、棒状鏡板もあり、いずれも貫通式である。動物の意匠をあしらった板状鏡板の中央部に1孔を穿って銜を通しているものが大部分である（岡山市立オリエント美術館　2002）。そのなかに、棒状に近い鏡板の中央部に1孔を穿って銜を通しているものがある。棒状鏡板の両側には馬の頭を飾っている。これらに取りつく金属製の引手は、いまだ類例が認められない。なお、銜本体が1本の棒からなる1連式はルリスタン地域に多くみられるのに対し、2本をつないだ2連式の銜は、主に中央アジアにかけての地域に多い（岡山市立オリ

エント美術館 2002)。

　また、一体式は銜の外環が鏡板の外側に位置し、鏡板と一体になっていることから、貫通式が簡略化されたものと考えられる。この類例は、ルリスタン地域にあり、棒状で馬の形をしている（馬の博物館 2001、林敏雄ほか 1993）。棒状の中間部分に2つの孔があり、その孔と孔の間に銜外環が入ったような形である。すなわち、鏡板である馬形の棒状と銜外環が同時に鋳造されたと考えられる[4]。したがって、ルリスタン地域に貫通式から変化した一体式が存在していた可能性が考えられよう。

　いっぽう、現在のロシア連邦、カラチャイチェルケス共和国のクバン河流域を中心とする北カフカス地方から、現在のロシア共和国のドニエプル河流域に至るステップ地帯および森林ステップ地帯において多く発見されている一群の銜がある。これらは、主としてスキタイ民族の製作・使用にかかるものと考えられることから、「スキタイ式銜」とよばれて、その年代は前9～4世紀頃に属するものと考えられている（山本忠尚 1972）。

　スキタイ式銜には、結合式と挿入式とが知られている。まず、結合式は、棒状の鏡板をもち、その本体に環あるいは孔が設けられている。これらのうち、孔または環が3個ついた金属製のものが特徴的で、「三環式」「三孔式」とよばれている。これらに、銜の外環が二つずつ連接した、いわゆる2連接の外環をもつ銜が伴う場合もある。この銜との連結方法については、銜と棒状鏡板が直接つながらず、銜外環の内側に棒状鏡板が紐状のものによって連結されると想定されている。そして、銜の外側の外環に引手が装着される。時期的には前9～7世紀に位置づけられ、結合式のなかではもっとも古い段階に属する。また、この2連接環をもつ銜は、このような棒状鏡板を伴う例と鏡板を伴わない例がほぼ同じ比率である。さらに、他形態の銜でも鏡板を伴わない場合が半数を示しており（山本忠尚 1972）、この2点から有機質製の棒状鏡板が存在した可能性が考えられよう。

　鏡板のなかで、3個の孔あるいは環をもつものは、鏡板の中央と両端寄りに等間隔で孔または環を配置するものと、3個を中央に集中させるものとがある。

前者は、現在、ロシア共和国のドン・ドネツ河流域のカミシェヴァフ、イズヨム、ロシア共和国のドニエプル河流域のボルショイベロゼルカなどに、後者は、同じロシア共和国のドニエプル河流域のジャボチン524号墓、スタルシャーヤ墓地1号墓、エミチュカ375号墓などに、類例が知られている。両グループの年代差は考えにくく、時期はいずれも前6世紀頃に属すると考えられている。

次に、挿入式は、棒状鏡板の中央部に2孔をもつもので、孔と孔との間の幅が細くすぼまったものであり、青銅製または鉄製である。そのうち、S字形に湾曲した棒状鏡板の両端に猛禽の足をかたどり、二つの爪が渦巻状に表されている例もある（増田精一 1996）。この棒状鏡板の中央部には孔が2個穿たれている。ロシア共和国のドニエプル河流域のバソフカ497号墓・499号墓、バルズナ1号墓、クレシェフカ452号墓、ポポフカ号墓、キッツィ、ロシアのドン・ドネツ河流域のヴォルコフツィ1号墓などから出土が知られ、それらは前述の結合式より新しい前5～4世紀という年代が与えられている（山本忠尚 1972）。

そのうち、伊藤が指摘した金属製の「鑣」を用いた鑣轡のように、棒状部に立聞がつくりつけられた類例は、中央アジアから東ヨーロッパにかけて広く分布している。紀元前4・3世紀であるドン河下流のドユロフカ9号墳をはじめ中部ウラル山脈西麓のピエルム市のニェヴオリノ48号墳、同じく南部ウラル山脈西麓のウファ市のビルスク2号墳など、前者は6世紀、後者は4～5世紀の例など広範な地域で広く用いられている（伊藤秋男 1974）。

以上のように、西アジア・中央アジアには、東アジアの馬具の起源を考えるときに重要なものとして、ルリスタン、スキタイという二つの古式馬具のグループがあり、いずれもこれまで広く「鑣轡」とよばれてきたものを含むが、衘との連結方法をみると、ルリスタンのものは貫通式（および可能性として一体式）、スキタイのものは結合式および挿入式というはっきりとした違いがあることがわかる。

(2) 中国

まず、西アジア・中央アジアに近い内蒙古や寧夏の地域からみていこう。内

蒙古では寧城県南山根101号墓・102号墓に、前9〜7世紀とされる古式の例がある（東京国立博物館 1997）。101号墓例は、銜と銜留め具が可動式に組み合わされた形で鋳造品である。銜の両端は銜留め具に通されて、外れないように先端が小さな円板状になっている。銜留め具に通された少し内側のところに小さな円柱形の突起がある。銜留め具は十字形を呈し、その各端部は内側へ鉤状に突出している。貫通式が変形されたものと考えられる[5]。また、円形に近い鏡板の内側に小さな鋲状の突起がある点は、エジプトでの発見例と類似している（岡野正男 2000）。さらに、ルリスタン地域でも貫通式の例に多くみられ、たとえば、テル・アル・ハッダド（イラク）、テル・アル・アッジュル（エルサレム）、ガザなどで知られている（Littauer and Crouwel 2002）。銜は2連式である。102号墓例でも、両端が管状になった「く」字形の鏡板を伴うものが発見され、これも銜の外側は小円板となっている。さらに、銜外環と鏡板がT字形を呈し外側に3孔をもつ例は（岡野正男 2000）、一体式の可能性がある。

　寧夏では、寧夏回族自治区中寧県関帝郷、中衛県狼窩子坑、固原県石喇村などから2連接の外環をもった銜が発見されている。この型式の銜は、先述したスキタイのものと同巧である。スキタイ式轡では3環または3孔が付いた棒状鏡板とともに知られている場合が多いのに対し、これら中国の例は鏡板に相当するものが報告されていない。有機質製の棒状鏡板による挿入式の可能性があろう。

　中国の中原地域に目を移すと、湖北省光化五座墳3号木槨墓、洛陽焼溝1038号磚室墓、北京大葆台墓例などが知られている（図30-③・④）。鏡板の外形は棒状であるが、その両端に渦巻文様帯などを付けて、中央部より両端寄りの幅を広くしたものもある。また、棒状鏡板の本体に、スキタイ式轡にみられる孔がない例もある。この棒状鏡板は、銜の外環に挿入される中央部を細く、そこから両外寄りの部分を太くすることで外環からの脱落を防いだものと考えられる。さらに、銜が2連式以外に3連式の例もみられる。このような特徴をもつ轡を、李尚律は、漢代の中原で登場・流行した「漢式鑣轡」と定義している（李尚律 1996）。これらは、紀元前2〜1世紀頃に当たるものとされる。

第3節 「銜轡」からみた東アジアの馬具の系譜　95

　次に、中国北部の河北から東北部の遼寧・吉林の地域からの出土例をみてみよう。より韓半島に近い地域の資料である。まず、河北では、スキタイ系と考えられる2連接の外環をもった銜が河北省懐来県甘子堡、同張家口市所在の土壙墓、山西省渾源県李峪村所在墓から発見されている。そのうち、原平峙峪では、2連接の銜であるが、内側は2環がつながって1孔になった例もある（増田精一　1996）。このような類例は、韓半島と日本列島では確認されていない。また、これらは鏡板の存在が知られていない。

　さらに、北東部の遼寧・吉林地域では、結合式、挿入式が知られている。貫通式の例は発見されていない[6]。

　結合式としては、スキタイの金属製棒状鏡板に近いものがある。ただし、スキタイの棒状鏡板が、三つの環もしくは三つの孔をつけ、環と孔を併用しないのに対し、中国の例では、一つの棒状鏡板の中央部には環、両側には孔を併用して設ける。遼寧省朝陽県県城十二台営子第1号墓、遼寧省錦西烏金塘所在墓の出土例が知られている。十二台営子第1号墓は、細形銅剣が伴出した横穴式石室の墓で、春秋末〜戦国初期すなわち、紀元前6〜5世紀という年代が推定されている[7]。ただし、これらには銜の共伴が知られておらず、増田精一は、棒状金具を頬の両側に着装し、その一端の孔には馬の鼻革に当たる勒を通し、方向を異にする中央の孔には耳の背後を廻る勒、下端の孔には顎の下を通って延長し手綱となる勒を通す、という、銜を用いない復元案を提示している（増田精一　1996）。スキタイの轡の影響下にありながら、中国で独自に変化したものであろうか。このような類例は、韓半島と日本列島では認められない。

　結合式の別の例として、板状鏡板をもつ轡が河南省安陽孝民屯154号墓で知られている（図30-②）。これは立聞を備えた楕円形の鏡板で、金属製の引手が伴う。年代については4世紀代と考えられている。外形上は貫通式に近いが、鏡板の銜留金具に銜外環が掛けられることになるので、結合式の範疇に入る。

　挿入式には、吉林省楡樹老河深1号墓・11号墓・56号墓・103号墓の例などがある（図30-⑤・⑥・⑦）。そのうち、56号墓例は骨製とみられる棒状鏡板である。また、1号墓と103号墓の類例は、スキタイ式轡に似た金属製の棒

96　第2章　轡にみる韓半島と日本

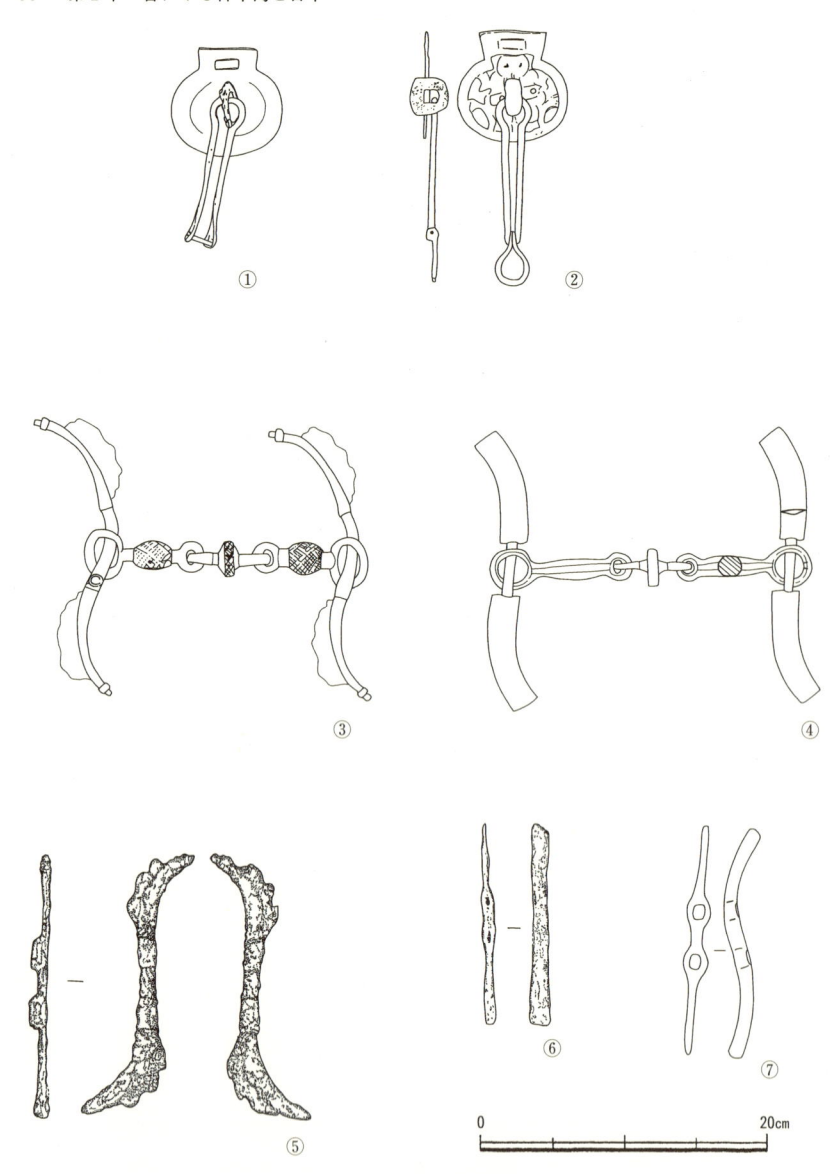

図30　中国の類例
①遼寧省朝陽袁台子墓　②河南省安陽孝民屯154号墓　③・④北京大葆台墓
⑤吉林省楡樹老河深11号墓　⑥吉林省楡樹老河深1号墓　⑦吉林省楡樹老河深103号墓

状鏡板をもち、その中央部に2孔をもつもので、孔と孔との間が細くすぼまっているものである。さらに、11号墓例は、2孔の代りに2環が付く特異な例で、スキタイ式轡には知られていない（図30-⑤）。鮮卑の墓とされ、2世紀という年代が推定されている（穴沢咊光 1990）。

　以上のように、中国では、貫通式、一体式、結合式、挿入式のすべての例が認められる。中国の中央アジア・西アジアに近い北西部では、ルリスタン、スキタイそれぞれの系譜を引くとみられる一体式および変形の貫通式あるいは挿入式、2連接の外環をもつ銜などが発見されている。中原には挿入式が知られ、棒状鏡板の両側に渦巻文様帯などを付けたり、棒状鏡板の中央部を細くするなど、鏡板の形状が多様化しており、銜もまた2連式以外に3連式の例もみられる。東アジアの馬具の淵源とみられる東北部では、挿入式はスキタイの系譜を引くとみられるが、結合式は西アジアや中央アジアのものとは少し異なる外形を呈しており、立聞を備えた楕円形の板状鏡板をもち、金属製の引手を伴う。これは一般に殷周以来中国で伝統的に用いられた「鑣」轡であるとする考えがある（鈴木治 1958）。また、銜の存在が知られていないものと2連接の外環をもつ銜の変形など、西アジア・中央アジアにみられない特徴をもつ。さらに、挿入式は、スキタイ式轡の伝統を続けながら、孔の代りに環を使うという変容の部分も認められる。

　時期や地域の詳細な検討を行えるほどの資料が整備されていないが、西アジアや中央アジアから影響を受けつつ、中国のなかで各種の独自的な馬具の考案や改良が行われていた状況が想定できる。

(2)　韓半島

　韓半島については、中国東北部と接する北部と、南部とに分けてみていきたい。まず、北部では、高句麗の遺跡として知られている中国の吉林省集安万宝汀78号墓で、立聞をそなえた楕円形の板状鏡板をもつ結合式の轡が認められる。年代は5～6世紀に属すると報告されている。また、平壌石巌里9号木槨墓・194号木槨墓・219号木槨墓、平壌大同郡上里、平壌貞柏洞37号木槨墓な

どで、挿入式の例が知られている。いずれも金属製の棒状鏡板をもち、その外形は中国の例と同じように、棒状鏡板の両端に渦巻文様帯などを付けて、中央部より両端寄りの幅を広くしたものと、孔をもたない例として、銜の外環に挿入される中央部を細く、そこから両外寄りの部分を太くしたものとがみられる。そのうち、孔をもつ棒状鏡板は、2孔の例以外に4孔の例も認められる。さらに、平壌石巌里219号木槨墓で有銘漆器、星雲鏡および日光鏡などが伴うことから、紀元前1世紀代と考えられている（楽浪漢墓刊行会 1995、図31-①・②）。

　南部では、貫通式、一体式、結合式、挿入式の4種類が知られている。貫通式のなかには、棒状の鏡板をもつもの、すなわちこれまで「鑣轡」とよばれてきたものの例もあり、義城鶴尾里3号竪穴式石槨出土例が知られている（慶北大学校博物館 2002）。時期的にはいずれも5世紀後半以降に属する。しかし、貫通式の多くは板状鏡板をもつ狭義の鏡板轡で、陜川玉田20号墳の例などが知られている。また、実測図では銜留金具がないように表現されているが[8]、実際の数はあまり多くないと考えられる。たとえば、慶州皇南大塚北墳も実測図や写真などから銜留金具は確認できないが、実物を観察すると、銜留金具があり、結合式に含まれる[9]。

　一体式は慶州舎羅里130号墓の例が知られている（韓国国立中央博物館 1998）。これは鑣（棒状鏡板）の部分が半円形となり、両端には渦巻文様が付いている。棒状鏡板の中央部には銜と考えられるものが一体化されている。また、棒状鏡板の中央部には一つの孔がある。

　結合式には、金属製の棒状鏡板の中央部に孔をもつ例が認められる。これについては、金斗喆が、孔の数に注目して二つのものと一つのものとに分類し、前者から後者への変遷を考えている。2孔の例は、アルタイ地方・東北アジアから韓半島に導入されたものとし、1孔の例はそれが韓半島南部地方で独自に在地化したものであると考えている（李蘭暎・金斗喆 1999）。2孔をもつ例としては、金海良洞里162号木槨墓、昌原茶戸里48号墳・同69号墳・同70号墳、慶州朝陽洞60号墓、慶州舎羅里130号墳、大邱坪里洞出土品、慶山林堂

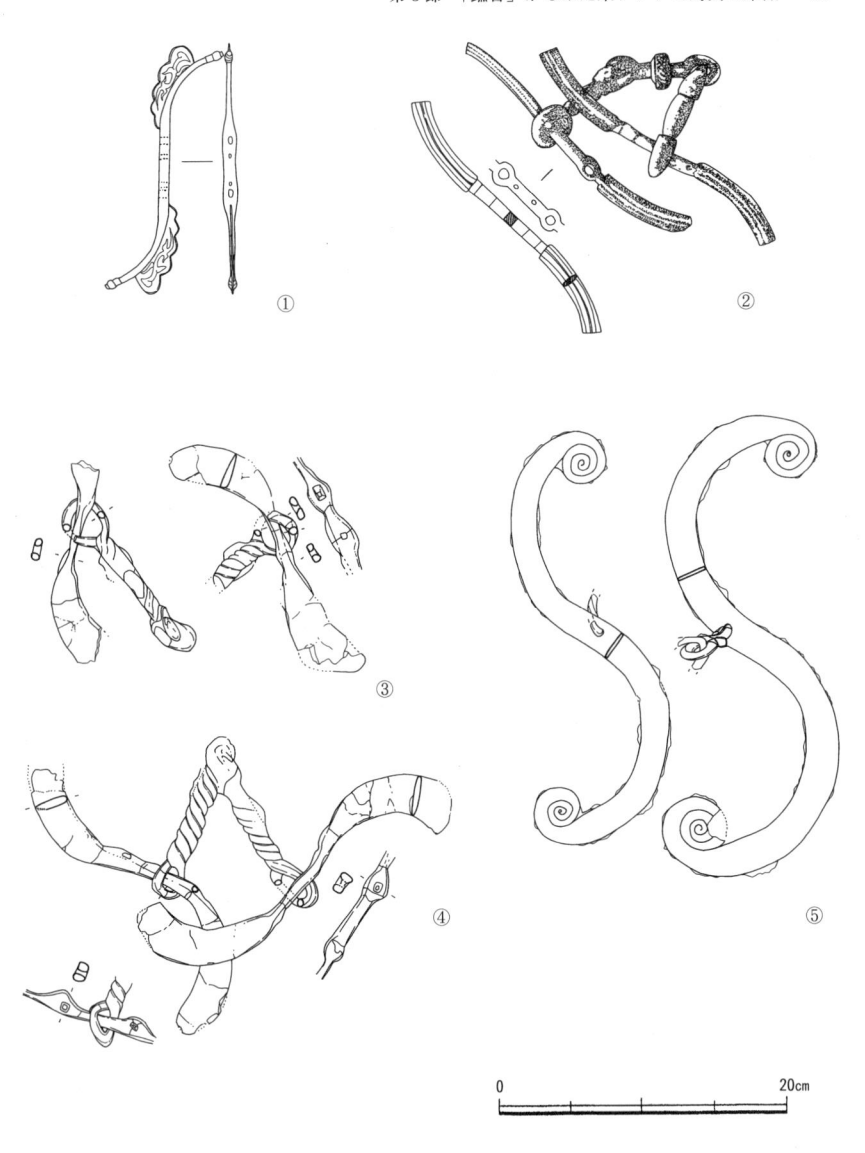

第3節 「鑣轡」からみた東アジアの馬具の系譜　99

図31　韓半島の類例
①平壌石厳里219号木槨墓　②平壌石厳里219号木槨墓　③慶山林堂A-Ⅰ-96号墳
④慶山林堂A-Ⅰ-145号墳　⑤蔚山下垈1号墳

洞A-Ⅰ-96号墳・同A-Ⅰ-139号墳・同A-Ⅰ-140号墳・同A-Ⅰ-145号墳など、のちの新羅と加耶の領域を中心に、多くの出土例が認められている（図31-③・④）。1孔をもつ例としては、慶州隍城洞1号墳・同46号墳、蔚山下垈1号木槨墓・同43号木槨墓、浦項玉城里113号木槨墓などが知られている（図21-5）。年代については、前者は三韓時代の木棺墓で、金海良洞里162号墓段階として3世紀以前、後者は三韓時代の木槨墓の段階で、4世紀代前後と考えている。1孔式の連結方法については、孔に銜が掛かると考えられるが、孔に残っている断片から、孔と銜が別の環で連結されている様子がうかがえる例もある[10]。この例は、スキタイ式轡のなかで棒状鏡板に環が付く例と、中国の例で中央部に環を付けるものと同様に、その環に銜が連結される結合式として捉えられる。しかし、これとまったく同じ形の棒状鏡板は、スキタイにも中国にも実例が発見されていない。これに対し、2孔をもつものは挿入式と考えられるので、後に述べることにする。なお、3孔をもつ例が浦項玉城里115号墳で発見されている。

　結合式の他の例として、板状鏡板をもつ轡が、金海大成洞41号墳、馬山縣洞43号墳、釜山福泉洞95号墳、慶州月城路カ13号墳などで知られている。これらは、立聞を備えた楕円形あるいは四角形の板状鏡板で、その鏡板の銜留金具に銜が掛かって、金属製の引手を備えている。これらは5世紀前葉以降に例が増加する。さらに、板状鏡板には、2連接の外環をもった銜がしばしば伴い、これらも結合式に入る。益山笠店里1号墳、海南月松里造山古墳などの例が知られており、5世紀後半以降に属する。銜の形態自体からは、スキタイに起源をもつ可能性が高そうである。

　挿入式では、金属製の棒状鏡板をもつものと、現存しない有機質製の棒状鏡板が用いられたと考えられるものがある。前者には、いわゆるプロペラ形のものと、渦巻の文様帯が付いたものとがあり、中央部より両側の幅を広くして脱落を防いでいる。孔をもつ例が大部分で、もたないものは少ない。金海良洞里162号墓、昌原茶戸里69号墳・同70号墳、大邱坪里洞出土品、慶山林堂洞A-Ⅰ-96号墳・同A-Ⅰ-139号墳・同A-Ⅰ-145号墳などで類例が知られて

いる。このうち、年代を押さえやすいのは金海良洞里162号墓例で、瓦質台付長頸壺、銅鏡10点（漢鏡2点を含む）、鉄剣、鉄斧、無茎式鏃などから、2世紀後半〜3世紀のものと考えられている（林孝澤 2001）。他の例もおおむねその前後に属すとみてよいだろう。また、先述の金斗喆が注目した2孔をもつ金属製の棒状鏡板も挿入式と考えられ、銜の外環が棒状鏡板の孔と孔との間が細くすぼまっているところに掛けるようになる。この孔は、スキタイあるいは中国の例からみると、面繋と連結するためのものである。しかし、中国と韓半島北部地域の例のなかで、棒状鏡板に孔をもたず、銜の外環に挿入される中央部を細く、そこから両外寄りの部分を太くすることで外環からの脱落を防いだ例と、また、銜の外環に挿入された部分の両側に2環を付けた例、棒状鏡板の中央部に4孔をもつ例があることに注目したい。本来は挿入式にみられる孔が面繋と連結するためにあるのに対し、これらは、棒状鏡板から銜の外環が外れないようにする機能へ変化したと考えられる。たとえば、棒状鏡板の中央部に4孔をもつ例は、二つの孔は銜外環の脱落の防止で、残り二つの孔は面繋との連結で使われたと考えられる。このような機能は、挿入式で、金属製の棒状鏡板をもつものと、立聞と一体もしくは別の環を利用して銜の外環を固定したことと関係があると考えられる。この類例は、先述した中央アジアではみられるが、中国では知られていない。これに対し、韓半島では、同じ挿入式の金属製棒状鏡板で、立聞部分をつくりつけた例として、釜山福泉洞38号墳・同60号墳、金海大成洞2号墳、慶州内南面塔里、天安斗井洞5号墳などの資料が認められる。そのうち、申敬澈は、福泉洞60号墳と大成洞2号墳例のS字形の形態が、中国の吉林省楡樹老河深中層56号墓例と類似していることに注目し、洛東江下流域の初期馬具の直接的な系譜に連なるものとして考えている（申敬澈 1997）。年代は、おおむね4〜6世紀に含まれるが、古い例は4世紀中葉から現れると想定している[11]。

　いっぽう、有機質製の棒状鏡板は立聞用金具がその機能、すなわち、銜の外環を固定することと、面繋の連結という機能を果たしたと考えられる。この有機質製の棒状鏡板による挿入式は、第2章第1節で詳しく検討したように立聞

用金具のみが残存するのが一般的である。伊藤秋男が指摘したように、鹿角製などの棒状鏡板を銜の外環に通したのち、U字形あるいは鉸具形の立聞用金具により、その両脚状部分で銜の外環をまたいで先端を棒状鏡板に貫通させ、銜外環からの脱落を防いだと考えられている（伊藤秋男　1974）。釜山福泉洞69号墳・71号墳などに類例があり、把手付炉形器台、円底壺などから、38号墳は4世紀前葉、60号墳と69号墳は4世紀中葉に属するとされる。

　以上に述べてきたように、韓半島では、中国東北部と接する北部では、同じようにスキタイに系譜をもつと考えられる挿入式が多いとみられるが、資料上の制約もあって詳しくは把握しがたい。南部では、一体式以外の3種類が揃っているが、中国の「鑣銜」の系譜を引くとみられる貫通式の板状鏡板のものがもっとも多い。これまで「鑣銜」と一括されてきた棒状鏡板は、銜との結合方法からみるとさまざまな種類があり、結合式と複数種類の挿入式に分かれ、中国にはないような独自的形態の発展もみられる。

(4)　日本列島

　貫通式、一体式、結合式、挿入式の4種類すべてに、類例が知られている。まず、貫通式の類例としては、群馬県高崎市綿貫観音山古墳の例がある（図32-①）。これは銜が棒状鏡板を貫通し、鏡板に鉸具が付けられて立聞の役割を果たしている。ほかに、板状鏡板で銜留金具がなく、貫通式とみられるものは静岡県掛川市宇洞ヶ谷横穴[12]などがある。これらは、鏡板に立聞が付き、金属製の引手が伴う。

　一体式は、韓半島では認められなかったが、日本列島では、群馬県藤岡市白石二子山古墳の例があり、6世紀後半でも新しく位置づけられる。鏡板の外形は棒状よりf字形に近く、鉄製で一体成形されている（図32-②）。

　結合式は、板状鏡板は多くみられ、方形、楕円形、f字形、花形、ハート形、棘葉形などさまざまな形がある。それぞれの類例をみると、大阪府羽曳野市誉田丸山古墳（方形）、滋賀県栗東町新開1号墳・京都府京都市穀塚古墳（楕円形）、大阪府藤井寺市長持山古墳・和歌山県和歌山市大谷古墳（f字形）、栃木

県河内郡河内町大塚新田古墳・宮崎県児湯郡高鍋町持田56号墳（ハート形）、京都府福知山市奉安塚古墳（棘葉形）などが知られている。このような板状鏡板に2連式の外環をもつ銜は福岡県飯塚市宮脇古墳、長野県飯田市北本城古墳などにみられる。また、韓半島で確認されている棒状鏡板は見当たらない。

また、挿入式のうち最古のものは、福岡県朝倉市池の上6号墳で出土したもので、有機質製の棒状鏡板を挿入したと考えられ、4世紀後葉にさかのぼるものとされる。その後5世紀に入っても、北部九州のほか、近畿・瀬戸内、および中部高地などに、かなり濃い分布をみせ、日本の馬具の初現期において相当の比重をもっていたことがうかがえる。いっぽう、金属製の棒状鏡板をもつ挿入式の例は韓半島とは異なって日本列島では出現が遅く、長野県岡谷市コウモリ塚古墳などで7世紀後半から認められる。これらは鏡板と立聞の脚に当たるところに孔が設けられているが、銜外環の中に鏡板の棒状部分が通っている形である。韓半島の金属製棒状鏡板で、立聞部分をつくりつけた例に準じて挿入式と考えられる。

日本列島では、板状鏡板をもつ狭義の鏡板轡が4世紀後葉～5世紀代に現れるが、このなかで貫通式の例は少なく、6世紀以降にみられる。また、棒状鏡板は、中国にはなく韓半島にみられる貫通式の例や、韓半島では多数の例がみられる結合式の棒状鏡板の例が少ないことは韓半島と対照的である[13]。結局のところ、日本列島の古墳時代においては、「鑣轡」とよばれるものの大多数は有機質製（多くは鹿角製か）の棒状鏡板を挿入式で装着するものであることが特徴的といえよう。また、挿入式として、この棒状部分に鈴が付く形や棒が板状になったようなf字形（結合式）が多いことも目立っている。

4 「鑣轡」の展開過程

前節では、西アジアから日本列島に至る各地域の「鑣轡」の実例を中心に、銜と鏡板との結合方法がどのように展開しているかをみた。本節では、それらを整理する形で、「鑣轡」の技法（銜と鏡板の結合方法）と形態（棒状鏡板）とがどのように関連しながら東方へ伝わったかを復元してみたい。

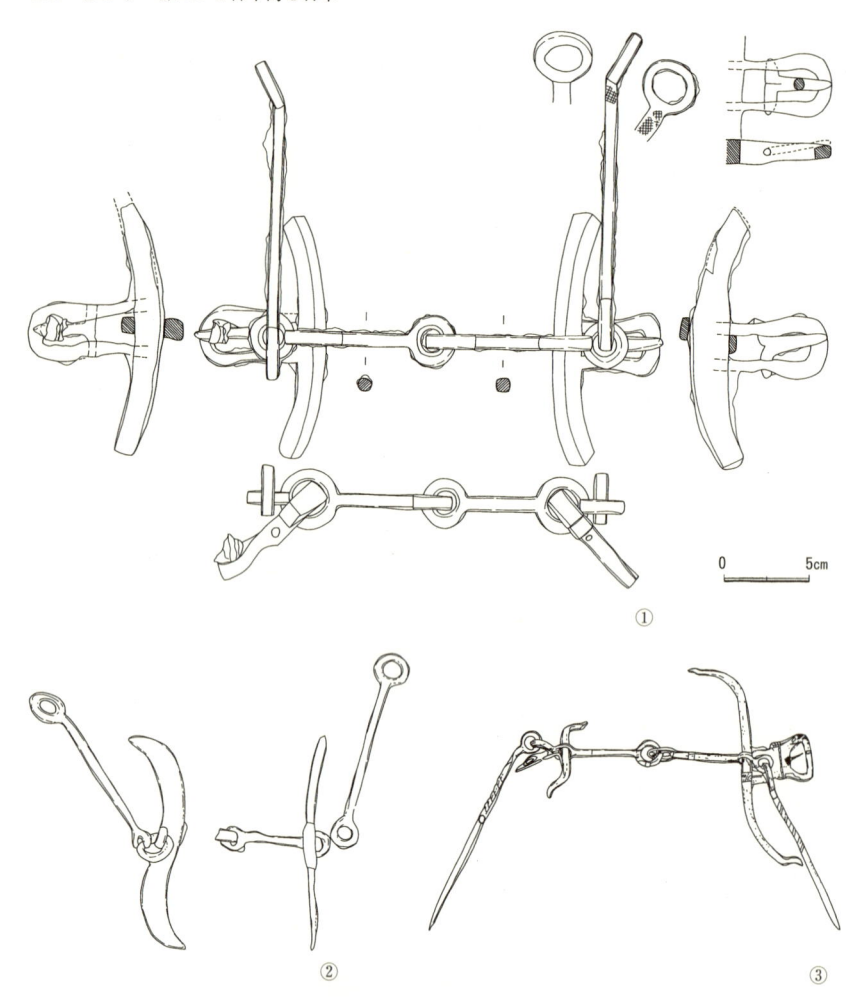

104　第2章　轡にみる韓半島と日本

図32　日本列島の類例
①群馬県綿貫観音山古墳
②群馬県藤岡市白石二子山古墳
③長野県岡谷市コウモリ塚古墳
　　（縮尺不同）

まず、さきにも述べたように、東アジアの馬具の起源地といえるルリスタンとスキタイとでは、結合方法からみて、それぞれまったく別系譜の轡が展開している。ルリスタンは貫通式と一体式、スキタイは結合式と挿入式である鏡板は、ルリスタンでは動物の意匠をこらした板状鏡板が好まれるのに対して、スキタイでは金属製の棒状鏡板が主であり、それに加えて鹿角など有機質製の棒状鏡板が使われた可能性が高い。当初から意識的であったかどうかは不明であるが、鏡板に棒状のものを用いるという志向は、明らかにスキタイにおいて強かったと考えられる。

　中国では、鏡板の形からいうと、殷周時代以来、鑣（ハミイタ）、すなわち板状鏡板に対する志向が伝統的に強かったとされる。ところが、戦国時代から漢代にかけて西方の遊牧諸民族の影響が強まり、鑣（ハミエダ）が盛行するようになったという（鈴木治 1958）。前節での検討によれば、このときに入ってきた「鑣轡」には、中国のなかでも差異が認められる。すなわち、西アジア・中央アジアに近い内蒙古などの地域では、ルリスタンとスキタイの要素が混在している。貫通式と一体式とがそれぞれ存在しているが、それらの故地に典型的な形態ではない。また、スキタイの2連接の外環をもつ銜が金属製の鏡板を伴わないなど、独自の変容や改変のあとがみられる。

　中原地域では、挿入式の棒状鏡板に多様な形態が存在する。スキタイで多くみられるS字状の棒状鏡板をもとにしながら、棒状の両側に装飾を付けたり、棒状の中央部を細くするなどの独自色がみられるほか、スキタイにはない3連式の銜との組み合わせもみられる。これらは、スキタイの影響を受けながら、中国独自の色彩をますます強めたものと評価される。

　いっぽう、中国の東北地域では、結合式の例が、板状鏡板の中央部に孔を穿ち、その部分に把手状の銜留金具を設けて、そこに銜外環を掛けるという結合方法をとる。楕円形の板状鏡板も含め、これは中国独自の考案によるものであろう。いっぽう、この地域の棒状鏡板の多くには結合式が採用され、それはスキタイの棒状鏡板の影響を受けつつ、結合のための環・孔に独自的な細工をみせる。またこれらに銜の存在が認められないことも、スキタイとの違いである。

以上の事実を整理すると、中国では、まず、西アジアと中央アジアの影響をもとに、貫通式と板状鏡板、挿入式・結合式と棒状鏡板という組み合わせの原則が認められる。すなわち、ルリスタンの貫通式、スキタイの挿入式・結合式という連結方法という、両地域で各々おもに用いられた鏡板との組み合わせが保たれているのであり、原形の伝統が残っているといえよう。しかし、鏡板の外形や結合方法の細部には中国独自の変容や改変がみられることや「鑣轡」に棒状鏡板の導入が盛んで、スキタイの原形からさまざまな改変や変容が行われていることもさきに述べた通りである。ただし、スキタイでは有機質製および金属製の棒状鏡板が結合式の主流を占める鏡板の形態として使われたが、中国では結合式には板状鏡板を組み合わせるものが増える。また、2連接の外環をもつ銜に伴う例を中心に、棒状鏡板の材質として金属より有機質製（鹿角など）を用いる割合が高い。これらのことから、中国では、故地の中央アジアでは棒状鏡板に用いた結合方式を板状鏡板に転換した形跡がみられることからもうかがえるように、先学の指摘どおり、全体としては伝統的に板状の鏡板への志向が強く、とくに金属製の棒状鏡板は、少なくとも板状鏡板に比べて高い比重を占めることはなかったようである。

　次に、韓半島の状況をみると、中国と地理的に近接している北部地域では、挿入式・結合式と棒状鏡板という組み合わせが保たれ、鏡板もとくに楕円形の板状が多い点から中国との類似が指摘できる。これに対して、南部地域はやや独自性がみられ、北部地域と同じような挿入式・結合式と棒状鏡板というものもみられるが、貫通式に板状鏡板とともに棒状鏡板の組み合わせも認められる。中国を通じて西アジアや中央アジアの影響を受けながら、さらに独自性を強めていると総括できよう。

　「鑣轡」についていえば、結合式として用いられる金属製の棒状鏡板はスキタイや中国の影響下にあるが、棒状鏡板の中央部に孔を一つだけ設けるという独自の特徴がある。挿入式は、全体として4世紀以前には金属製の棒状鏡板が多く知られ、プロペラ形にしたり渦巻文様を付けたりするなどの独自の意匠を凝らすことから、とくに金属製の棒状鏡板への志向は、現状の出土数やその割

合から判断する限り、中国よりも強い。また、有機質製の棒状鏡板を挿入式として用いる例も5世紀以降に多く、前節で述べたように、それを銜と引手に固定するための立聞用金具には韓半島内でさまざまな工夫や改良が認められることから、これも盛んに使われたと考えられる。このように、韓半島では全体として棒状鏡板に対する志向が根強く保持された状況がうかがえる。ちなみに、現在、板状鏡板に分類されるf字形鏡板の祖形を棒状鏡板に求め、これを韓半島あるいは日本的にアレンジされた金属製「鑣轡」とみなすことも可能であろう。

　日本列島では、ルリスタンの貫通式と一体式、スキタイの結合式と挿入式すべてが存在する。韓半島で知られておらず、中国でも稀な一体式の例が日本列島にあることに注目すべきであるが、今後は韓半島や中国においても類例の増加が予測される。貫通式には板状鏡板を伴う場合が多く、棒状鏡板の例もあることは韓半島と類似している。また、2連接の外環をもつ銜に、立聞を備えた棒状鏡板が挿入式で連結される例があることも、韓半島と共通する。孔あるいは環をもち、結合式によって銜と連結される棒状鏡板の例がみられないことは日本列島の特徴として注目すべきであろう。さらに、板状鏡板に方形、楕円形、f字形、花形、ハート形、棘葉形などさまざまな形がみられ、結合式の鏡板外形の多様性が注目される。

　いっぽう、「鑣轡」は、立聞用金具の出土状況からみても、日本列島においては鹿角などの有機質製棒状鏡板を挿入式で連結するものが「鑣轡」の主体を占めたと考えられる。このように、日本列島では板状鏡板は金属製、棒状鏡板（鑣轡）は有機質製という、鏡板の外形と材質との間のほぼ完全な対応関係が確立していた。また、鏡板の外形と材質との関係は6世紀後葉になると、金属製棒状鏡板の増加や、棒状部に鈴が付く挿入式のものが流行する。また、棒状の形が板状に変わったような「f字形」鏡板の出土数はきわめて多い。これは結合式で5世紀後葉から確認され、6世紀代には日本列島全体に拡散している。ここにおいて、日本列島の「鑣轡」が、他地域以上に板状鏡板轡とは区別される特別な存在になっていた可能性をうかがうことができよう。

以上のことからわかるのは、まず、鏡板と銜との結合方法をみる限り、馬具の技術はその淵源である西アジア・中央アジアから中国を経て韓半島・日本列島まで、ほぼ完全な形で伝わっていることである。そして、その途上において、たとえば、中国・韓半島といった諸地域で、さまざまな技術的工夫や、別系統の技術相互の接触など、多様な動きが認められる。

 また、鏡板の形を棒状にする志向は、発祥地の西アジア・中央アジアから伝播の終点ともいえる日本列島にまで、約1500年の時空を通じて連綿と引きつがれているが、その程度や具体的な内容は、地域や時代によって異なっている。たとえば、中国では、むしろ、とくに戦国時代以前は棒状よりも板状鏡板への志向が強かったのに対し、紀元後4～5世紀の韓半島、とくにその南部地域では、棒状鏡板に対する志向は再び強まっている。また、日本列島では、もっぱら有機質製という材質とほとんど排他的に結びついた特異な形で、棒状鏡板が受け入れられているいっぽう、6世紀代には、金属製棒状鏡板が増加し、棒状部に鈴が付くものがしばしばみられる。

註
1) (鈴木治 1958：107)。鑣は擬声表音文字で、銜と鏡板との触れ合う音響を表せるものとみられる。鑣と異なって、鏡板が銜と触れ合う音響はひときわ著しいものがあり、鑣字はこれを捉えてつくられた文字と考えられている。
2) これは韓半島で主に出土した「逆T字形」や「人字形」などをもつ環状鏡板を示す。
3) 未確認の資料が存在している可能性は否定できない。
4) (高浜秀・林俊雄・雪嶋宏一編 1992)。ここで紹介されているものは、鏡板に当たるものは銜と一体で鋳造されており、動かない (末崎真澄 1993)。
5) これと似ている形はスキタイにもあるが、挿入式と表現されている (Littauer and Crouwel 2002)。したがって、挿入式の可能性も排除できない。
6) 遼寧省朝陽袁台子墓出土例など実測図から銜留金具の存在が確認できないので、貫通式の可能性もある。しかし、写真によると、銜が通る孔の周辺に鋲と思われる痕跡がみられ、銜留金具が存在したようにも考えられ、結合式の可能性もある (遼寧省文物考古研究所編 2002)。
7) 第1号墳では異方向三孔の長さ12cmばかりの棒状金具6点が出土していると表現されている (増田精一 1996：118)。

8) 慶州皇南大塚北墳・天馬塚・飾履塚・金鈴塚・路西洞138号墳・銀鈴塚・皇南洞151号石室墳、昌寧校洞7号墳・11号墳、大邱内唐洞55号墳、南原月山里M1－A号墳など、洛東江以東地域を中心に、多数の例がそれに相当する。
9) これ以外に天馬塚の例も確認できた。実見の機会を国立慶州博物館の鄭盛熙先生に頂いた。
10) 蔚山下垈1号墳出土例があげられる（釜山大学博物館 1997）。
11) 慶州内南面塔里例の年代については、不明確な部分があるので、先学の意見から4～6世紀に属するものと考えられる。
12) 銜外環と銜身の境の相対する二ヵ所に、高さ5㎜ほど突起をつくり出している。
13) 韓半島において主に三韓時代にみられる金属製の棒状鏡板の中央部に孔をもつ例が日本列島ではあまり見当たらない。

第3章　日韓騎馬文化の展開と政治社会の形成

　東アジアの馬具の淵源は、紀元前1000年頃のイランのルリスタン地方ないしは紀元前9～4世紀頃の中央アジア（いわゆるスキタイ系）で流行していた馬具に求めることができる。ルリスタンのものは、単体の棒状の銜両側に動物文様の銜留（鏡板）をつけた轡で、この種の轡は中国にも伝わって用いられたが、戦国時代に入るとスキタイの影響によって鑣轡が使われるようになる。これらはその後、漢代にかけて流行し、さらに、楽浪を通じて韓半島へ流入する（鈴木治 1958）。これが韓半島における馬具の初現で、青銅製あるいは鉄製の鑣（棒状鏡板）を伴う轡として、紀元後3世紀代以前の三韓時代にさかのぼるものと考えられている。その詳しい過程については前章第3節で検討した。いっぽう、紀元後3世紀頃、中国において、鑣の代わりに板状鏡板と引手のついた轡が新たに出現し、さらに4世紀の初頭、乗馬する際の足掛かりとして鐙が考案された（穴沢咊光・馬目順一 1988）。これらも随時韓半島に伝わった。

　3世紀以降の韓半島では、中国全土に統合・征服をめぐる戦争が多発し、その戦闘方式に取り入れられた北方系騎馬文化と在地の農耕・牧畜文化の広大な文化接触地帯をつくりだしたと考えられている（岡野正男 2000）。このような激しい動きのなかで、韓半島の各地においてのちの三国へと発展する政治権力が生み出され、それぞれに異なった馬具技術と騎馬文化が展開した。韓半島の馬具の展開は、このような社会的・政治的激動を背景とした戦闘状況などと関連づけて解釈されることが多い。

　いっぽう、日本列島も、このような大陸の変動と少ながらぬ関係をもつ位置にあった。韓半島の三国時代は、日本列島では古墳時代にあたり、そのなかで主に中期という時期の特徴として扱われる甲冑や馬具などは、渡来文化の要素として意味づけられている。これらは、前方後円（方）墳という特有な墓制や

その他の副葬品とともに、畿内を中心とした各地域や各首長間の政治的関係を物語る資料として扱われている。

　このように、中国および韓半島・日本列島など東アジアの馬具は、各地域がもつ馬具技術の質や水準によってさまざまであるばかりでなく、各地域の社会的・政治的な環境の違いによって、その取り扱いや社会的意味も多様であったと考えられる。本書ではこれまで、馬具のなかでも乗馬に必須の道具と考えられる鐙と轡を中心に製作技法に重点をおいた検討を加えてきたが、以下、それを受けて、東アジア各地域における副葬品としての馬具の扱い方の違いについて論じ、各地域の騎馬や馬具に対する考え方の差異を読み取ることによって、文化的側面としての騎馬の展開過程を描き出してみたい。

1　研究の流れ

　韓半島と日本列島における馬具研究は、各地域の資料の系譜を求めるために中国の資料を利用する場合が多い。このような動きは、1970年代に樋口隆康、穴沢咊光・馬目順一などを中心に進められた。そのうち、樋口は、鐙が乗馬の苦手な中国人によって、馬に乗るときの足掛りとして考案され、最初片側だけにつけられたと考えた（樋口隆康 1972）。これをもとに、穴沢・馬目は、1965年に中国遼寧省北票県西官営子で発見された馮素弗墓出土の鐙に注目し、全長23cmの木心金銅張で一対存在することと、平面形が三角形をした晋代の鐙[1]に似ていて杏葉を伴わないことから、鐙が普及しはじめて間もないころの古式馬具の実例と考えている（穴沢咊光・馬目順一 1984a）。また、この馮素弗墓出土の輪鐙は、柄の張板が二枚造りである点は大阪府堺市七観古墳例に近く、柄の太さは慶州皇南里109号墳第4槨例に類し、柄と輪の基部に三角楔を挿入する点は新開古墳例などに一致しているとされる。さらに、馮素弗墓例のように柄部が短く明確な台形断面をもつものから発展したと推定すれば、短い柄と輪の断面が梯形になる皇南里109号第4槨例や新開古墳例は、七観古墳例のような、やや長い柄で断面長方形をもつものよりも、古い特徴を示すと考えられている（穴沢咊光・馬目順一 1973）。1973～1974年に発掘された河南省安陽孝

民屯154号墓で、長さ27cmの金銅製の輪鐙が1個だけ出土した。これについて穴沢・馬目は、初期の鐙は年代が降るにつれて柄が短くなっていく傾向がみられると述べた。また、孝民屯の鐙が胡族系の墓葬から発見された事実は、鐙がやはり北方騎馬民族の間で発明された可能性を示唆すると考えている（穴沢咊光・馬目順一　1984ｂ）。

　これらの研究は、資料が乏しい状況のなかで、陶俑を含む副葬品に表現された鐙と実物を結びつけることで、馬具の発展過程を説明している。韓半島の馬具研究で、まず、崔秉鉉は、新羅の長柄系・短柄系の鐙を基に、中国晋代の資料との関係を想定した（崔秉鉉　1992）。湖南省長沙金盆嶺21号墓、南京象山7号墓の陶俑資料に表現されている例や、馮素弗墓、孝民屯154号墓、遼寧省朝陽袁台子墓などの実際の出土例と比べて、両地域の鐙の類似点を強調した。さらに、新羅の長柄系鐙の性格を北方胡族的と推測し、この鐙と積石木槨墳の出現を結びつけて考えた。

　また、申敬澈は、金海大成洞古墳群と釜山福泉洞古墳群で出土した初期馬具の資料を利用し、韓半島南部地域において、騎乗文化の移入時期、経路、系譜などについて考察した（申敬澈　1994）。まず、福泉洞69号墳例の複条引手の形態に注目し、中国東北地方の夫余墳墓の可能性がある楡樹老河深中層56号墓例との類似性を指摘し、加耶初期馬具の系譜が夫余の馬具文化にあることを予想した。また、大成洞3号墳の杏葉の製作技法に注目し、中国東北地方との関連性を述べ、さらに、複条引手が19cm程度に長くなるのは高句麗の馬具文化の影響と考えた。このことから、金海・釜山地域の洛東江流域に限って4世紀代に第1次の馬具の波及があり、それは夫余からの影響と述べ、また第2次の波及は高句麗の影響であると想定した。

　さらに、金斗喆は、板状鏡板付轡は、中国の北方の胡族、とくに鮮卑族によって五胡十六国時代に創案されたもので、長い引手を伴うことに注目し、これを東北アジア地域の轡の特徴と考えた（李蘭暎・金斗喆　1999）。孝民屯154号墓と袁台子東晋墓例が4世紀代の胡族系板轡の代表であり、この特徴は高句麗を経て慶州の月城路カ13号墳につながると考えた。また、三国時代の鑣轡の鑣

は、単に板轡の銜留（鏡板）と同じ役割をもつにすぎないと想定した。さらに、これらは漢代の鑣轡から伝わった三韓時代の鑣轡や中央アジアの面繋連結と違い、こうした製作技法および機能の変化は胡族系の板轡からの影響であると述べている。

このような馬具の部品を中心とする研究と異なり、馬装全体に注目し、地域的な範囲も日本列島まで視野に入れて考察したのが千賀久である。千賀は、高句麗の資料を中心に扱い、その馬装の特徴や中国とのかかわりについてふれ、南の古新羅地域にどのような影響を与えたかについて検討した（千賀久 1985）。そのなかで、福岡県八女市岩戸山古墳出土の石馬にみられる馬装法は、日本でなじみの深い雲珠を中心にして革帯を放射状に配する尻繋とは構造的に異なり、中国のなかでも北方民族を中心にとり入れられていた手法であると推測した。

東アジアという地域的に広い範囲全体の状況を数少ない資料で比較するのは難しい。現時点では、類似する遺物の存在によって各地域同士の関係が指摘される段階にとどまっている。馬具の外形に注目し、人と物と情報の移動した結果として各地域間の交流を物語っているのが現状である。しかし、各地域に特定型式の馬具が存在することの意味は、まず地域におけるその馬具の扱い方や意味の違いを検討することから始めなければならないだろう。

2　韓半島の地域別の副葬形態

まず、各地域の馬具の副葬形態について考えるために各地域で発掘・報告された古墳群のなかで、馬具が出土した古墳を中心に具体的な事例を検討したい。

これまでと同様に、〈第Ⅰ期〉釜山福泉洞21・22号墳以前の段階で4世紀代〜5世紀初頭、〈第Ⅱ期〉釜山福泉洞10・11号墳の段階から陝川玉田M1号墳までの5世紀前葉〜中葉、〈第Ⅲ期〉陝川玉田M3号墳以降の段階で5世紀後葉以降とする。

(1) 金海地域

金海地域では、まず、大成洞古墳群において多くの馬具が知られている。馬

具を伴う遺構として、第Ⅰ期には1号墳・2号墳・3号墳・8号墳・11号墳・14号墳・20号墳・24号墳・39号墳・41号墳・42号墳などが知られている。42号墳を除くと、いずれも墓壙の長さが5m以上の大形木槨墓である[2]。そのうち、筒形銅器、巴形銅器、虎形帯鉤などは、1号墳・2号墳・11号墳・39号墳例などにみられる。また、1号墳は主副槨式で、主槨は長さ7.9m・幅4.4mの木槨墓として、筒形銅器8、鉄槍14、鉄斧4、鉄鎌3、鞍金具、木心輪鐙、杏葉2、馬冑、馬骨片などが確認された。副槨は、長さ3.3m・幅4.3mの木槨墓であり、遺物は挂甲、頸甲、腰甲などが出土した。11号墳は、長さ6.7m・幅3.28mの木槨墓であり、遺物は、鑣轡とともに虎形帯鉤1、筒形銅器片1、挂甲、鉄鉾26などが発見された。

　さらに、この地域の伝統的な鉄製武器である鉄製縦細長板革綴冑や挂甲は、1号墳・2号墳・3号墳・10号墳・18号墳・23号墳などに例がある。当時の北方遊牧民族の習俗と考えられている殉葬は、1号墳・3号墳・7号墳・8号墳・11号墳・13号墳・23号墳・24号墳・39号墳などで認められる。

　大成洞古墳群以外に馬具の副葬が知られているのは、良洞里古墳群である（東義大学校博物館 2001）。全体的な現状はよくわからないが、現在知られている資料のなかで、馬具を伴う遺構は78号墳・107号墳・162号墳・196号墳・229号墳・304号墳・321号墳・340号墳・429号墳などにみられる。これらは、土壙木槨墓がほとんどで2世紀後半～3世紀が中心となる。ほかに竪穴式石室があり、4世紀中葉～後半と把握されている。代表的な古墳をみると、まず、78号墳は、長さ4.95m・幅210mの土壙木槨墓で、冑、渦巻文様装飾板甲、頬当て、鉄剣、轡が知られている。そのうち、轡は、複条引手＋捩銜という組み合わせで鏡板が残っていないものである。162号墳は長さ4.94m・幅3.44mの土壙木槨墓で、漢鏡2、良洞式銅鏡8、剣6、矛18、無茎式鏃、金属製鑣轡などがみられる。さらに、304号墳は主副槨式で、主槨は長さ6.15m・幅3.45mの竪穴式石槨墓であり、遺物は、筒形銅器2、環頭大刀2、鉄鏃18などが発見されている。副槨は、長さ4.55m・幅2.4mの土壙木槨墓であり、筒形銅器2、鉄斧3、鉄鎌、轡1などが出土した。

以上のように金海地域では、とくに大成洞・良洞里古墳群を中心に馬具の副葬形態を知ることができる。まず、大成洞古墳群では鉄刀とともに玉類や甲冑の副葬が多く、これらを出土するのはほとんどが大形木槨墓である。そのなかで、馬具が確認されているのは41号墳のみである。また、馬具が出土した他の遺構では鉄刀類を伴うことはあまりなく、鉄剣が2例ほどに限られる。このような状況から同じ大形木槨墓のなかでも被葬者のランクに差がみられ、馬具をもつ遺構が必ずしも最も高い階層を示すものではないと言えるだろう。

　また、良洞里古墳群では大刀と剣が共伴するのが162号墳・200号墳・235号墳・280号墳などで、木槨の長さがほとんど5m以上の大形であり、そこからは板状鉄斧形鉄鋌も出土している。そのなかで馬具が副葬されているのは162号墳であり、大刀のみを伴うのは167号墳・304号墳で、剣のみを伴うのは55号墳・78号墳である。甲冑が刀・剣とともに出土する例は知られていないが、馬具を共伴するのは78号墳・107号墳・340号墳などで、甲冑が馬具を共伴する比率が非常に高い。したがって、馬具が副葬されている遺構は、刀・剣が共伴しているものよりは少し階層が低く、この古墳群のなかの最高ランクとは言えないであろう。

　いっぽう、轡・鐙・杏葉などはそれぞれ単品で出土する場合が多く、馬具としての機能的なセットを必ずしもなしていないことには注目すべきであろう。そのうち、轡は鑣轡や環状鏡板付轡がほとんどであり、馬具の材質で被葬者のランクは付けにくいところがある。さらに、中国東北地域や日本列島からの輸入品と考えられるような長距離を動いた遺物としばしば共伴することから、被葬者は他地域との交渉に関わりをもつ人々として想定される。

(2) 釜山地域

　この地域では、福泉洞古墳群で馬具が多く出土している。第Ⅰ期には、この地域の固有の鉄製縦長板革綴短甲が38号墳と69号墳で、異例の方形板革綴短甲が64号墳で出土している。北方とのつながりが想定される縦長板革綴冑は、短甲を出した69号墳のほかに、42号墳と86号墳から出土している。馬具が

伴う遺構として、22号墳・35号墳・38号墳・42号墳・48号墳・60号墳・69号墳・71号墳・95号墳などが知られている。このなかで、48号墳では木心輪鐙が出土し、それ以外は轡が多い。

第Ⅰ期のなかで、とくに多くの副葬品が出土したことで注目される21・22号墳は、土壙木槨の副槨をもつ竪穴式石室である。そのうち、副槨とされる21号墳は土壙木槨墓であり、遺物は、轡、木心輪鐙などの馬具とともに、頸甲、腰甲、鉄鉾、鉄斧、鉄鎌、鉄鏃などが発見されている。主室とされる22号墳は長さ4.75m・幅1.6mの竪穴式石室で、青銅製七頭鈴、玉類、頸甲、環頭大刀、鉄鉾、鉄鏃などとともに、馬具として鞍金具、轡、木心輪鐙などが知られている。木心輪鐙は1対をなす2個体の形態に違いがある。

第Ⅱ期を代表する10・11号墳は、土壙木槨の副槨をもつ竪穴式石室であり、副槨の10号墳が土壙木槨墓で、主室の11号墳が長さ4.3m・幅1.5mの竪穴式石室である。11号墳の竪穴式石室からは、金銅製冠、金製細環耳飾、鉄製冑、頸甲、環頭大刀、鉄剣などが発見されている。また、副槨からは、鉄製鞍金具、鑣轡・環状鏡板付轡、木心輪鐙、鉄製心葉形杏葉、鈴などの馬具とともに、多量の土器、鉄製縦長板鋲留短甲と鉄製冑、馬冑などが知られている。ほかに、39号墳・53号墳などでは轡が出土している。

第Ⅲ期になると、23号墳からf字形鏡板付轡が発見されている。その他第Ⅲ期の例として、福泉洞古墳群以外に林石古墳群があり、そのうち5号墳では、板状鏡板付轡、鐘形杏葉、雲珠などが発見されている。

このように、福泉洞古墳群からは多量の甲冑が出土し、馬具のなかでは轡、とくに鑣轡の比率が高いが、それとともに環状鏡板付轡、鏡板付轡など多様な轡が存在する。これらを整理すると、まず第Ⅰ期に馬具とともに甲冑・大刀が共伴している例として、21・22号墳・69号墳・71号墳などが知られ、被葬者のランクが最も高いことが想定される。また、この段階に当たるほかの例をみると、馬具のなかではとくに轡を伴うことが多い。これらは鑣轡が主であり、馬具の種類と材質にはあまり差がみられない。さらに、馬具を副葬する遺構のなかで共伴遺物に差がみられることから、階層の分化が想定される。第Ⅱ期に

は、福泉洞古墳群のなかで、馬具の副葬が減少する傾向がみられる。また、類例が少ないが、第Ⅰ期にみられる甲冑、大刀、馬具という組み合わせは続いて確認されている。また、金銅製冠や金製細環耳飾なども共伴し、最も高いランクを示している。さらに、この第Ⅱ期は、新羅からの影響が考えられるが、この地域が新羅に編入されるという事件があったにもかかわらず、馬具の材質や副葬状況にあまり著しい変化が起こらないことは、注目すべきであろう。このことは、この地域における馬具の意味づけが副葬の有無にも関係すると考えられる。第Ⅲ期には、それほど目立つ古墳群が知られておらず、馬具の類例も少なくなる。

(3) 陝川地域

この地域のなかで、馬具を多く出土する古墳群として玉田古墳群がある。まず、第Ⅰ期に属する23号墳は、墓壙が長さ6.85m・幅4.5mの大形木槨墓であり、木棺が納められている。棺内からは、金銅製冠、金製垂飾付耳飾、環頭大刀、剣などが出土している。棺外では、鞍金具、環状鏡板付轡、木心輪鐙、心葉形杏葉などの馬具や馬冑とともに、金銅製冑、頸甲、鉄鏃などが発見されている。馬具が出土する第Ⅰ期の例として、ほかに、67-A号墳・67-B号墳・68号墳などが知られている。そのうち、68号墳では三角板革綴板甲と環頭大刀が、67-A号墳では縦長板革綴冑、67-B号墳では縦長板革綴冑と挂甲が出土している。

第Ⅱ期の代表例として28号墳・M1号墳がある。まず、28号墳は、墓壙が長さ5.9m・幅3mの大形木槨墓で、内部には木棺を安置したと推定されている。遺物は盗掘を受けているが、棺内からは、金製垂飾付耳飾、頸飾、釧、指輪、銀装環頭大刀などが発見されている。棺外では、冑、横長方板鋲留短甲、挂甲、環頭大刀、剣、鉄鏃、鞍金具、環状鏡板付轡、木心輪鐙、雲珠、馬冑、馬甲などが確認されている。また、M1号墳は長さ7.5m・幅1.85mの盟主的な竪穴式石槨墳であり、長方形の平面に隔壁をつくって主槨と副槨とに区分し、各々木棺を設置している。主槨は盗掘を受けて出土位置が不明であるが、ガラ

ス製品、冑、頚甲、挂甲、環頭大刀、剣、鉄鉾および多量の鉄鏃などが発見されている。また、金銅製鞍金具、環状鏡板付轡、木心輪鐙、扁円魚尾形杏葉、雲珠、馬冑、馬甲などがあり、轡と鐙は各々3セット分が確認されている。いっぽう、副槨は土器が主流となっている。第Ⅱ期の馬具出土古墳として、ほかには、M2号墳・20号墳・8号墳・35号墳などの例が知られている。

　第Ⅲ期には、M3号墳が代表的である。これは長さ10.6m・幅2.7mの盟主的な大形竪穴式石槨墳であり、長方形の平面に隔壁をつくって主槨と副槨とに区分し、各々木槨を設置したと推定されている。主槨には金製耳飾、小札冑、金銅装冑、頚甲、挂甲、龍鳳文環頭大刀および大刀類、剣、鉄鉾、鋳造鉄斧、鍛造鉄斧、鉄鏃など多量の遺物が副葬されている。また、金銅製および鉄製鞍金具、鏡板付轡（楕円形・f字形）、木心輪鐙、鉄製輪鐙、剣菱形杏葉、雲珠、馬鈴、蛇行状鉄器、馬冑などもあり、轡と鐙は各々3セット分が知られている。副槨は土器が主体である。この段階の馬具出土古墳として、ほかには、70号墳・82号墳・M6号墳などが知られている。玉田古墳群以外に、磻渓堤カA号墳・同タA号墳から板状鏡板付轡などが出土している。そのなかで磻渓堤カA号墳からは、内冠形金銅製品、耳飾、冑、環頭大刀、鉄鉾とともに、鞍金具、木心輪鐙、雲珠、馬骨などが確認されている。

　この地域では、第1章第1節で考察したように、5世紀代に入ると木心輪鐙の型式が多様に分化・発達する様相がみられ、さまざまな地域との関係が想定される。また、それらに伴う土器は、洛東江以東の昌寧地域や、洛東江以西の高霊地域のものがみられるなど、さまざまな地域とのつながりがうかがえる。

　副葬品のなかに占める馬具の位置づけを具体的にみると、第Ⅰ期に馬具をもつ埋葬は、甲冑と大刀ないし剣を伴うのは先述した釜山地域と似ているが、金銅製冠や耳飾も確認され、最も高いランクとして想定される。また、環状鏡板付轡と木心輪鐙が基本セットとなり、ほかに鞍金具、杏葉、雲珠などを伴うことが多い。そのなかで、鉄地金銅張杏葉がみられ、馬具の材質に差があったと考えられる。第Ⅱ期になると、盟主的なM1号墳で、馬甲・馬冑とともに、轡と鐙が3セット出土している。盗掘を受けてはいるが、甲冑と大刀の副葬量が

多く、鉄鉾、多量の鉄鏃などが伴う。馬具の材質の多様性と多量性から階層の分化が深化されたと想定される。第Ⅲ期の盟主的な古墳であるM3号墳でも3セットの轡と鐙が出土し、やはり甲冑や多量の大刀、小刀および鉄鏃などが伴っている。通常の馬具出土古墳をみると、ほとんどが轡と鐙の1セットをもつのに対し、盟主的な古墳で轡と鐙が複数副葬されるという差異がみられることは、この地域では馬具の副葬量によって被葬者のランク付けがなされた可能性を示している。また、第Ⅰ期から盟主的な古墳には馬甲・馬冑を伴うことが多く、馬の防具にも騎乗者の身分が表現されていたと考えられる。

(4) 高霊地域

池山洞古墳群で、おもに第Ⅱ期以降に馬具の出土が多く知られている。第Ⅱ期の32号墳は、大形石槨と小型石槨が平行して設置され、小型石槨は殉葬者用と考えられている。大形石槨は、長さ5.64m・幅0.9mの竪穴式石室墳であり、内部に木棺あるいは木槨の存在が推定されている。遺物としては、鑣轡、木心輪鐙、青銅製鈴などの馬具とともに、金銅製冠、伏鉢形冑、横矧板鋲留短甲、挂甲、鉄製大刀、鉄鉾、鉄鏃などが知られている。そのうち、木心輪鐙は断面五角形のもので、先学の研究ではこの地域の特徴と考えられている[3]。同じ第Ⅱ期に属する33号墳は、長さ4.5m・幅0.8mの竪穴式石室であり、木棺の存在は考えにくい。遺物には、玉類、大刀、鉄鎌、鉄鏃、鞍金具片、木心輪鐙などが知られている。また、35号墳は、長さ6.6m・幅1mの竪穴式石室である。石室の4分の3以上が盗掘されているが、大刀片、鉄鉾、鞍金具、鏡板付轡、木心輪鐙などが知られている。

第Ⅲ期には、44号墳の例がある。内部構造は、基底面中央部に主室を含む3つの石室と、その周りに配置された32基の小石槨である。中心部にある主石室、西石室、南石室は竪穴式石室である。そのうち主石室は盗掘を受け、出土位置が不明確であるが、遺物は冑、大刀、鉄鉾、鉄鏃などが発見されている。馬具は、鞍金具、鏡板付轡、木心輪鐙、鈴付剣菱形杏葉、雲珠などが知られている。小石槨のなかで、馬具が出土したのは25号石槨である。これは残存状

況から、長さ 2.48m・幅 0.6mで、北短壁から 0.8m地点に 1 枚の板石を立て、副葬槨と遺骸部を区分していることがわかる。副槨部では、多量の土器の上に馬具類が置かれていた。馬具には鞍金具、板状鏡板付轡、木心輪鐙、大小の青銅製馬鈴などがある。また、同じ時期の 45 号墳は、中央に二つの石室を並行して設置し、その周りに 11 基の石槨を円周状に配置している。第 1 号石室は、長さ 7.15m・幅 1.57～1.64mの竪穴式石室である。盗掘を受けて出土位置が不明確であるが、遺物には、金銅製冠形装飾、金製細環耳飾、頸飾、青銅鏡片、挂甲、大刀、鉄鉾、鉄鎌などとともに、鞍金具、環状鏡板付轡、木心輪鐙、心葉形杏葉、雲珠などが知られている。

このように池山洞古墳群では、第Ⅱ期から馬具の副葬がみられるが、鞍金具、轡、木心輪鐙、という組み合わせが確認され、金銅製冠とともに、鉄製大刀、鑣轡（棒状鏡板付轡）などが出土している。第Ⅲ期には、主石室の 44 号墳で板状鏡板付轡と木心輪鐙が出土している。このような組み合わせが周辺に配置された小石槨の 25 号墳にもみられる。そのうち、板状鏡板付轡がもつ装飾的あるいは表象的な意味からみると、池山洞古墳群において、馬具の種類や材質などは被葬者の身分と必ずしも直結していないと考えられる。

(5) 尚州地域

この地域では、馬具を多く出土する古墳群として新興里古墳群がある。第Ⅰ期に属するナ66号墳は、長さ 2.96m・幅 1.08mの土壙墓である。主体部では鉄鉾が発見されている。遺物副葬空間と外槨で若干の土器、鉄斧と轡が出土した。ナ37号墳は、墓壙は長さ 3.01m・幅 1.63mの長方形で、内部には 2 基の埋葬主体部が確認された。北短辺側の 70cm程度の遺物副葬空間からは、鑣轡、木心輪鐙などの馬具とともに、鉄鉾、鉄斧、鉄鎌などが出土した。主体部では鉄刀が発見された。さらに、ナ39号墳は、墓壙の規模が長さ 2.68m・幅 1.6mの土壙墓である。主体部からは、環頭大刀などが発見された。それ以外に、鞍金具、環状鏡板付轡、木心輪鐙などの馬具とともに、頸甲、鉄鉾、鉄鎌などが出土した。

第Ⅱ期に属するカ57号墳は、長さ5.57m・幅2.94mの土壙墓で、内部には長さ4.27m・幅1.57mの木槨が確認された。そこからは、環状鏡板付轡、木心輪鐙などの馬具とともに、鉄斧、鉄鎌、鉄刀子などが出土した。また、タ7号石槨墓は長さ3.7m・幅1.8mの規模である。遺物は、鑣轡、木心輪鐙などの馬具と、鉄刀、鉄鉾、鉄鎌などが知られている。同じ時期のラ89号墳は、長さ3.4m・幅1.66mの墓壙の内部に長さ2.51m・幅0.95mの石槨が設置されている。遺物として、鑣轡、木心輪鐙、鉄鉾、鉄斧、鉄鏃、鉄刀子などが確認されている。

第Ⅲ期には、ラ28号墳の例がある。墓壙が長さ7.2m・幅3.56mで、内部に長さ5.16m、幅1.72mの竪穴系横口式石室が設置され、3回の追葬が想定されている。馬具が出土した層を中心にみると、まず、鞍金具、轡、木心輪鐙、心葉形杏葉などの馬具とともに、金製耳飾、頸飾などがある。ほかの遺物として、鉄剣、鉄鉾、鉄斧、鉄鏃、鉄刀子などが発見されている。同じ第Ⅲ期に当たるラ20号墳は、長さ2.61m・幅0.71mの石槨墓である。遺物として、鑣轡、木心輪鐙、鉄鉾、鉄鏃などが出土した。

この新興里古墳群では、全体的に副葬品の量が少ない。たとえば第Ⅰ期のナ39号墳は馬具と甲冑のほか土器が3点あるのみである。ほかの鉄製武器の副葬量もあまり多くない。馬具においては、鑣轡の比重が高く、木心輪鐙を張った鉄板も多くない。杏葉も第Ⅲ期に現れるが、数少ない。鉄製武器の量などの差による階層の表現は、この地域では著しくなく、馬具の副葬形態もまた被葬者の身分と直結しているとはいいがたいと考えられる。

(6) 清州地域

この地域では、主として新鳳洞古墳群に馬具の副葬が集中している。まず、第Ⅰ期の例として、91号墳がある。長さ2.54m・幅1.34mの土壙墓で、鉄鎌、鉄鏃、鉄刀子、轡などが知られている。

第Ⅱ期の例は多い。71号墳は長さ3.68m・幅1.02mの土壙墓で、鉄斧、鉄鎌、鑣轡などが発見されている。72号墳は長さ1.9m・幅0.7mの土壙墓で、

鉄斧、鉄鎌、鉄鏃、鉄刀子、鑣轡、木心輪鐙などが出土している。74号墳は長さ3.04m・幅1.43mの土壙墓で、多量のガラス玉、鑣轡、鉸具などが知られている。80-2号墳は推定の長さが2.7mの土壙墓で、鉄製大刀、鉄矛、鉄鏃、鑣轡、木心輪鐙などが発見されている。93号墳は木槨墓として長さ2.5m・幅1.6mであり、木棺の存在は確認できなかった。遺物として、鉄製小刀、鉄鏃、鉄鑿、木心輪鐙、鉸具などが出土している。97-1号墳は、墓壙は長さ3.9m・幅1.53mであり、内部には長さ2.1m・幅0.8mの木棺の痕跡が残っている。金製細環耳飾、ガラス玉、鑣轡、木心輪鐙などが確認されている。第Ⅲ期には馬具の副葬が減少し、B地区1号墳の例がある程度となる。

　馬具を副葬した墓は主として小規模な土壙墓群をなしている。馬具はいずれも実用的な鑣轡で、木心輪鐙が伴うが、杏葉などの装飾的な部品はほとんどない。このことから、実戦的な騎馬軍団の墓域であると考えられる。

(7) 慶州地域
　韓半島のなかで、慶州地域の積石木槨墳は墳丘の残存状況がやや良好な方である。この条件を活かし、慶州地域については墳丘の大きさと馬具副葬の関係を軸に、やや詳しく状況を検討したい。
　積石木槨墳は、その墳丘規模が当時の権力を反映していると推定されている。しかし、現在残っている積石木槨墳は封土の多くが流失あるいは人為的に破壊されるなど原状を維持しているものは少ない。したがって、墳丘の大きさのみで分類するには限界があるが、原形ととどめるか径の復元が可能なものを選んで、二つのグループ、すなわち、墳丘の径が25m以下のものと25mを超えるものとに分け、前者を小型墳、後者を大型墳と呼ぶ。小型墳には、皇南洞109号墳・皇南洞第82号墳・皇吾里14号墳・皇吾洞古墳・皇南洞110号墳・金鈴塚・皇吾洞第4号墳・路西里138号墳・壺杆塚・銀鈴塚・皇吾洞第54号墳乙塚・仁旺洞20号墳・皇南洞83号墳・皇吾洞第54号墳甲塚・皇吾里5号墳・味鄒王陵第9区域A号破壊古墳などがある。大型墳には、皇南大塚南墳・北墳・金冠塚・飾履塚・皇吾里第1号墳・西鳳塚・天馬塚・剣塚・路西洞第125号墳

などがある。

　これらのうち、馬具が出土する古墳には特徴的な傾向がみられる。たとえば、冠帽や環頭大刀をともなう例が多く、また、垂飾付耳飾、飾履といった、金や金銅の優美な装飾具を出土することがしばしばある。もちろん、これらの副葬品の組み合わせには時期差があるが、階層的な傾向を反映していることもたしかであろう。そこで、馬具を含めたこれら副葬品の組み合わせと、墳丘の大きさとを時期別にみてみたい。

　第Ⅰ期は、主として小型墳のみからなる。皇南洞109号墳3・4槨（径13m）が代表的である。ここでは鑣轡、環状鏡板付轡、木心輪鐙がみられる。また、同じ時期の慶州月城路カ13号墳では、金製垂飾、瑠璃杯、環頭大刀、板状鏡板付轡などが認められる。

　第Ⅱ期になると、大型墳が出現し、小型墳と共存する。この段階の大型墳には、皇南大塚南墳（径80m）・北墳（径80m）、皇吾里第1号墳（復原径30m）などがあげられ、小型墳には、皇南洞第82号墳（径20.8m）、味鄒王陵第9区域A号破壊古墳（径15〜17m）などが含まれる。この段階の大型墳の馬具は、さまざまな材質と形態が共存し、複数のセットが副葬される現状がみられる。そのうち、皇南大塚南墳の馬具のなかで鐙をみると、透彫金銅板被玉蟲装・金銅板・鉄板の木心輪鐙と青銅製輪鐙など材質に多様性がみられる。また、ほかの轡や杏葉などにもこのような多様性が認められる。同じ大型墳である皇南大塚北墳の轡と杏葉に注目すると、透彫金銅板被玉蟲装、金銅板などを伴い、装飾性が高い。これに対し、小型墳に属する皇南洞第82号墳の馬具は、多くが鉄製であり、鉄製鞍金具、鉄製楕円形鏡板付轡、鉄製輪鐙などが知られている。同じ小型墳の味鄒王陵第9区域A号破壊古墳の馬具も同様の組み合わせである。

　第Ⅲ期には、大型墳として金冠塚（復原径45m）、飾履塚（復原径30m）、天馬塚（径47m）などがあり、小型墳には、金鈴塚（復原径18m）、壺杆塚（復原径16m）、銀鈴塚（復原径16m）などがある。まず、大型墳の金冠塚の馬具をみると、鞍金具には透彫金銅板被玉蟲装、金銅板、銀被などがあり、鐙

も透彫金銅板被玉蟲装、金銅板、鉄製などがみられ、装飾性が高い。杏葉は前段階と同様に、扁円魚尾形と心葉形の2種類があり、材質も多様である。いっぽう、小型墳のなかで、金鈴塚のみは異例に2セット分ほどの馬具があり、材質も大型墳に近い。壺杆塚と銀鈴塚は、1セットの馬具であり、材質も鉄製が主流である。

　上記の事実を整理すると、まず、この地域では、古い段階から、鑣轡とともに、装飾性に富んだ板状鏡板付轡も多い。それらは、第Ⅰ期の段階には、鞍金具、轡、鐙などとセットになることが多く、材質は鉄製が中心である。第Ⅱ期になると、前段階以来の小型墳のほか、大型墳が登場する。馬具も鉄製のセットとともに、透彫、金銅製などの装飾性の高い馬具セットが現れる。大型墳には、馬具セット複数が副葬されることが多く、材質の差による使用法の違いが考えられる。鉄製は実際の戦場での使用品、金銅製は被葬者の身分を表示する飾り馬具という役割分担の違いがあった可能性が考えられる。金銅製の馬具に、冠帽、垂飾付耳飾、飾履、環頭大刀といった、金や金銅の優美な装飾具を伴う例が多いことも、その考えを支持しよう。

(8) 韓半島における馬具副葬形態の地域色

　以上に述べた韓半島の各地域における馬具の扱い方や意味の違いを整理すると次になる。

　まず、金海地域と釜山地域では、轡・鐙・杏葉などがそれぞれ単品で出土する場合が多く、中国東北地域や日本列島との長距離通交による輸入品と考えられる遺物としばしば共伴する。また、釜山地域では、馬具の副葬形態による古墳のランクは甲冑・大刀が共伴していることから最も高いと考えられ、政治領域の変化（新羅への編入）に伴う馬具の材質や種類に変化がなかった。このことから、これらの地域では、馬具は長距離交易によって入手された威信財としての意味が強く、そういう脈絡で有力者の墓に納められていたと考えられる。

　さらに、高霊地域では、馬具副葬の類例が少なく詳細はつかみにくかったが、馬具の種類や材質などからは被葬者の身分と直結していなかった可能性がうか

がえた。

　いっぽう、陝川地域では、木心輪鐙の型式が多様に分化し、第1章第1節で検討したように、そこにはさまざまな地域からの技術的影響のもとでの製作の発展がうかがえることは、それを支持しよう。それらの副葬数が古墳の規模や他の副葬品の質・量と比例していたことから、盛んな馬具生産を統括し、その多量保有や副葬によって威信を示した首長像を想定することができる。金海・釜山・高霊の各地域とは異なった馬具副葬の意味づけがあったと考えられる。

　それに対し、同じ韓半島南部でも、さらに特異な馬具の取り扱いがみられるのは、慶州地域である。ここでは、古墳の墳丘規模と馬具の副葬数に明らかな相関関係があり、大形の古墳には実用馬具のほかに装飾性の高い金銅製などの飾り馬具がみられた。このことは、馬具副葬が、被葬者の身分の表示に用いられる傾向が強かったことを示す。このような馬具の意味づけは新羅という政体の形成に深くかかわるとともに、その内容的な特質を表すものでもあろう。

　いっぽう、のちの百済の領域に当たる清州地域では、韓半島でもっとも特異な馬具の副葬形態がみられる。土壙墓群への実用的な馬具副葬で、実戦的な騎馬戦団の埋葬と考えられている。同じ百済の領域において、社会的により上位の層の埋葬と考えられる積石塚では中国製陶磁器、青銅製容器類、環頭大刀が副葬され、馬具は伴わない。有名な武寧王の墓にも青磁・白磁をはじめとする中国系遺物や石獣、環頭大刀などがみられるが、馬具はない。このような事実から、のちに百済として国家形成がなされる韓半島西部地域では、高句麗や新羅などといった他政治勢力に対する軍事的緊張度が高かった清州地域のような場所で実用的な馬具と、それにより武装した騎馬集団の形成がみられるが、全体としてみてみると、威信財としての交易品、ないしは身分の象徴として馬具が用いられた痕跡が少ない。すなわち、王など有力者階層の権威づけの方法として、馬具副葬という行為は採用されなかったと考えられる。

　なお、尚州地域では、副葬される遺物の量が少ないなかで、鑣轡の比重が高く、木心輪鐙の鉄板の残存量が多いことから、実戦的な性格が強いと判断される。清州地域と類似した馬具の副葬形態と考えられる。

3　日本列島の地域別の副葬形態

それでは、韓半島からの影響のもとに馬具の技術や騎馬文化が展開した日本列島ではどのような状況がみられるだろうか。日本列島の各地域ごとに馬具の具体的な副葬状況をみてみよう。時期区分は韓半島のものと同じである。

(1)　九州地域

第Ⅰ期の例として、福岡県朝倉市池の上6号墳は、円形周溝墓である。鞍金具と銜のほかに、耳環、鉄刀、鉄斧、刀子、捩金具などが知られている。

第Ⅱ期には例が増える。福岡県うきは市月岡古墳は全長80mの前方後円墳で、竪穴式石室に長持形石棺を伴う。金銅製鞍金具、轡、木心輪鐙などの馬具とともに、金銅製帯金具、三角縁二神二獣鏡、多数の刀剣や鉄鏃が共伴している。そのうち、木心輪鐙は断面五角形で、破片であるが、輪部の前後面の半分ぐらいまで鉄板を張ったものと考えられる[4]。佐賀県小城市円山古墳は径46m・高さ6.5mの二段築成の円墳であり、全長5.4mの横穴式石室をもつ。遺物は盗掘を受けているが、馬具が知られている。同みやき町東尾大塚古墳は、径27m・高さ4.2mの円墳であり、玄室の長さ1.8mの横穴式石室から、轡とともに変形五獣鏡、横矧板鋲留短甲、直刀などの出土が知られている。

第Ⅲ期には、馬具の副葬古墳の数はますます増加する。すべてをあげることは困難なほどであるが、代表的なものとして、福岡県久留米市前畑古墳、同田川市セスドノ古墳、同京都郡苅田町番塚古墳、同宗像市津屋崎10号墳、同うきは市塚堂古墳、同嘉穂郡桂川町寿命王塚古墳、佐賀県武雄市潮見古墳、同佐賀市石塚1号墳などがある。そのうち、福岡県朝倉市小田茶臼塚古墳は全長65mの前方後円墳であり、横穴式石室が半壊された。轡、環鈴とともに、ガラス玉、衝角付冑、肩甲、横矧板鋲留短甲、鉄矛、鉄鎌、鉄鏃などが出土している。そのうち、轡のなかで残りが良い例は、直銜と遊環をもつが、鏡板が残っていない。また、番塚古墳、津屋崎10号墳、塚堂古墳、寿命王塚古墳の4古墳が前方後円墳であり、残りは円墳である。この時期の馬具出土例の大多数は、

小型の円墳が占めている。そのほかに、特異なものとして、宮崎県東諸県郡国富町六野原10号地下式横穴墓、同宮崎市下北方5号地下式横穴墓、同えびの市小木原3号地下式横穴墓など、南九州に固有の地下式横穴墓のほか、福岡県宗像市沖ノ島7号祭祀遺跡がある。

　九州の状況をまとめると、第Ⅰ期には、数少ない例であるが、円形周溝墓から馬具の存在が確認されている。墳形は上位階層には含まれないが、馬具が副葬されていない古墳に比べると、やや上位に属すと考えられる。耳飾や鉄刀などを伴うことからもそれが支持されるだろう。第Ⅱ期では、馬具が出土する古墳は前方後円墳と円墳とほぼ同数程度である。同じ前方後円墳のなかで馬具の組み合わせと材質に差異がみられるが、類例も少なく、古墳のランクと副葬馬具の内容が比例するかどうかはっきりとはわからない。第Ⅲ期になると、馬具は、前方後円墳から地下式横穴墓まで広い範囲の墓制に副葬され、馬具が普遍的なものになっている。そのうち、前方後円墳である寿命王塚古墳では追葬が考えられるが、楕円形鏡板付轡2、f字形鏡板付轡1、木心壺鐙、鉄製輪鐙など、複数のセットが共伴する。同じ前方後円墳である番塚古墳では、5種類の小札、鉄刀、鉄矛、多量の鉄鏃、f字形鏡板付轡、木心輪鐙、剣菱形杏葉などが確認されている。やはり前方後円墳には鑣轡よりは板轡が多く種類もさまざまである。また、円墳のセスドノ古墳では、多量の刀剣、鉄鏃とともに、鈴付鏡板轡、鈴付杏葉が伴う。セスドノは円墳といっても首長墳級の規模と内容をもち、副葬馬具の質もやや高いので、円墳のなかでも階層の分化は行われていたと考えられる。それは第Ⅲ期に小型円墳に実用的な馬具が普遍的にみられるようになることからも注目されよう。また、祭祀遺跡として有名な沖ノ島では金銅製の馬具セットが知られ、本来馬に乗るための馬具がもつ機能的な使用法以外の扱い方がみられる。

　いっぽう、南九州固有の地下式横穴墓からも「X字形」環状鏡板付轡やf字形鏡板付轡、鑣轡、木心輪鐙、剣菱形杏葉などが出土しているが、鉄製品が多い。また、南部では大形前方後円墳の調査例がほとんどなく不明な部分が多いが、古墳から出土したものには金銅製も含まれているので、墓制による階層の

差が存在していたと想定される。したがって、九州地域では大きく北部と南部に分けられ、北部では馬具導入の最初段階である第Ⅰ期から馬具の副葬がみられるのに対して、南部では第Ⅲ期のものが大部分である。また、南部における馬具の副葬が北部より遅いのは異なる入手経路をもっていた可能性を示しているかもしれない。それは南部において遅くまで古い形式の前方後円墳が残っていたことと関係がないとはいえないであろう。

(2) 瀬戸内地域

第Ⅰ期の例として、兵庫県加古川市行者塚古墳がある。全長100m弱の前方後円墳である。主な埋葬施設として3基の粘土槨の存在が確認された。これらの粘土槨を納めた墓壙の西壁近くと、中央の2カ所に、副葬品の入った箱が置かれていた。中央の副葬品箱から轡3点が、金銅製龍文帯金具、筒形銅製品、鋳造鉄斧などとともに出土し、西側の副葬品箱には巴形銅器や多量の武器、農工具などが納められていた。

第Ⅱ期には出土例が増える。まず、播磨地域の兵庫県姫路市宮山古墳は径30mの円墳であり、三つの主体部が確認されている。第2主体には組合式箱形木棺が置かれている。遺物の出土位置には不明確な部分があるが、轡をはじめとした馬具、金環、垂飾付耳飾、素環頭および金銀象嵌環頭大刀を含む大刀40点、鉄鏃などが知られている。また、第3主体にも組合式箱形木棺があり、棺内からは画文帯神獣鏡、金製垂飾付耳飾などが出土した。棺外には、甲冑、鉄鏃、U字形鋤先、馬具などが置かれている。

ほかに、第Ⅱ期の例として岡山県津山市一貫西3号墳があり、方墳である。

次に、第Ⅲ期には、瀬戸内中〜西部も含めて、類例が急増する。まず、前方後円墳の兵庫県加古川市池尻2号墳があげられる。長さ4.5m・幅1.8mの竪穴式石室の中に組合式木棺があり、棺内には鉄剣が、棺外には鑣轡、木心輪鐙、杏葉などの馬具とともに、甲冑類、U字形鋤先、鉄鏃などがあった。そのうち、鑣轡は遊環と立聞用金具を伴うもので、木心輪鐙は踏込部無鋲で鉄板を側面のみに張ったものである。岡山県瀬戸内市築山古墳は全長82mの前方後円墳で、

竪穴式石室に家形石棺を蔵する。棺外から王氏作銘神人竜虎画像鏡、鉄剣、鉄鉾、鉄鏃、剣菱形杏葉などが発見されている。岡山県総社市随庵古墳は、全長40mの帆立貝式前方後円墳であり、竪穴式石室には割竹形木棺が残存していた。棺内遺物としては、滑石製臼玉、位至三公鏡などが、棺外からは馬具をはじめ短甲、槍などが知られている。そのうち馬具は、直銜と遊環を伴う鑣轡と、鐙全体を鉄板で覆った木心輪鐙などがみられる。岡山県赤磐市正崎2号墳は径20mの円墳であり、中央部には粘土の上に木棺を据え、合わせ目には粘土の目張りを施している。棺外から、直刀、剣、ｆ字形鏡板付轡、三環鈴などが知られている。広島県三次市三玉大塚古墳は、全長41mの帆立貝式前方後円墳である。竪穴式石室からの出土状況は不明確であるが、遺物は、轡の引手壺のほか、変形文鏡、珠文鏡、滑石製臼玉、筒形銅器、鉄刀などが知られている。

ほかに、第Ⅲ期の代表的な例として、岡山県倉敷市天狗山古墳、同津山市長畝山北3号墳、香川県善通寺市王墓山古墳、同さぬき市川上古墳、同綾川町岡の御堂1号墳などがある。そのうち、天狗山古墳、王墓山古墳などは前方後円墳であり、長畝山北3号墳、川上古墳、岡の御堂1号墳などは円墳である。中小古墳の馬具は、全体として装飾性が低く簡素なものが多い。

瀬戸内地域では、播磨地域に古い例がある。第Ⅰ期には、前方後円墳の行者塚古墳から轡が3点出土し、いずれも鉄製である。それらは第2章第2節で検討したように、韓半島の金海地域との関係が想定される。第Ⅱ期の例は、やはり播磨地域に限られ、馬具の副葬形態をみると、円墳の宮山古墳も盟主的な存在であり、鑣轡を含む馬具には、金環、垂飾付耳飾などの豊富な装飾具、環頭大刀など多量の武器が伴っている。さらに、主体部は「韓半島の加耶地域の竪穴式石室」と関係があり（白石太一郎 1985、亀田修一 1993）、垂飾付耳飾は韓半島からの渡来人によって持ち込まれたと考えられている（高田貫太 1998）。ただしこの地域では、この段階まで鞍金具を含む馬具の一式が揃った例はない。

第Ⅲ期の馬具の副葬形態をみると、同じ前方後円墳のなかでも差異が認められる。たとえば、随庵古墳では鑣轡を伴うのに対し、天狗山古墳ではｆ字形鏡板付轡と剣菱形杏葉がみられる。また、円墳にもｆ字形鏡板付轡を伴い、同じ

墓制のなかでも階層の分化が想定される。九州と同じように、第Ⅲ期以降に実用的な馬具を副葬する小型古墳が増えることが注目されよう。

(3) 近畿地域

　この地域では、第Ⅰ期の例が見当たらず、第Ⅱ期以降、馬具の副葬例が知られている。まず、大阪府堺市七観古墳の例がある。百舌鳥石津丘古墳の後円部側に位置する、陪塚とも考えられている円墳である。馬具は、西槨の棺外から、鞍金具、環状鏡板付轡、木心輪鐙、環鈴などが出土した。共伴遺物には、衝角付冑、三角板革綴短甲、直刀などが知られている。また、大阪府藤井寺市鞍塚古墳がある。直径35mの円墳であり、長さ約4.7m・幅約50mを測る木棺の両小口にのみ粘土塊を置いて木棺を納めている。棺内遺物として、銅鏡、三角板鋲留衝角付冑（三尾鉄を装着）、三角板革綴短甲、刀剣などが出土した。棺外からは鉄製鞍金具、鏡板付轡、木心輪鐙などの馬具と、鉄刀、平根式鉄鏃などが出土している。そのうち、木心輪鐙1対をなす2個体の形態に違いがある。さらに、滋賀県栗東町新開1号墳は径36mの円墳であり、木棺外から鉄製鞍金具、透彫鏡板付轡、木心輪鐙、環鈴、馬鐸などが出土した。共伴遺物には変形神獣画像鏡、眉庇付冑、衝角付冑、短甲、刀剣などがある。鞍塚や新開よりやや新しい大阪府豊中市御獅子塚古墳は、全長55mの前方後円墳であり、主体の粘土槨と、その下部の遺物埋納用箱形木棺が検出された。粘土槨の棺内からの遺物には、小札鋲留衝角付冑、三角板鋲留短甲、鉄剣などがみられる。鞍金具、杏葉、雲珠などの馬具は粘土槨の棺外から出土した。箱形木棺からは、小札鋲留眉庇付冑、三角板革綴短甲、鉄刀、鉄鏃などが知られている。また、大阪府泉南郡岬町西小山古墳は径40mの円墳であり、竪穴式石室から木心輪鐙とともに、小札鋲留眉庇付冑、三角板横矧板併用鋲留短甲、挂甲、直刀24点、多量の鉄鏃などが出土した。

　第Ⅲ期には、馬具の副葬例がいっきに増加する。すべての例について述べるのが難しいので、代表的な例をあげることにする。まず、大阪府藤井寺市唐櫃山古墳は全長53mの前方後円墳であり、長さ3.6m×1.1mの竪穴式石室が設け

られている。家形石棺と石室短側の間の空間から、f字形鏡板付轡、留金具などの馬具と、小札鋲留衝角付冑、三角板鋲留短甲、鉄鏃などが出土した。棺内は盗掘されていたが、多量のガラス小玉が発見された。京都府京都市穀塚古墳は、全長45mの前方後円墳で周濠をもち、長さ5.5m・幅2.7mの竪穴式石室から、1914年の工事の際とその後に数回にわたって遺物が出土している。轡、木心輪鐙、鈴杏葉などの馬具と、画文帯神獣鏡、金銅製帯金具、刀、鉄鏃などが知られている。また、大阪府藤井寺市長持山古墳は、直径40mの円墳であり、竪穴式石室に家形石棺が設置されていた。石室内の石棺北側では、鞍金具、楕円形鏡板付轡、f字形鏡板付轡、木心輪鐙、剣菱形杏葉などの馬具とともに、横矧板鋲留衝角付冑、挂甲、刀、鉄鏃などが発見された。さらに、京都府宇治市二子山古墳南墳は径20mの円墳であり、木棺からはf字形鏡板付轡、木心輪鐙、剣菱形杏葉、三環鈴などの馬具とともに、三角板鋲留短甲、横矧板鋲留短甲・冑、挂甲、鉄刀、鉄剣などが知られている。これ以外に代表的なものとして、大阪府茨木市南塚古墳、同南河内郡河南町寛弘寺75号墳、同堺市塔塚古墳、奈良県大和郡山市額田部狐塚古墳、同桜井市珠城山1号墳・3号墳、同葛城市二塚古墳、同五條市南阿田大塚山古墳、同橿原市新沢千塚166号墳・同510号墳、同生駒郡斑鳩町藤ノ木古墳、同宇陀市後出3号墳などがある。そのうち、南塚古墳、額田部狐塚古墳、珠城山1号墳・3号墳、二塚古墳、南阿田大塚山古墳などは前方後円墳である。また、寛弘寺75号墳、新沢千塚166号墳・510号墳、藤ノ木古墳、後出3号墳などは円墳で、塔塚などは方墳である。ここに列挙しえなかった小円墳も多数ある。

　近畿地域の状況をまとめると、まず指摘できるのは、第Ⅰ期・第Ⅱ期という古い段階に属する馬具副葬の例が、他の地域よりも多いことである。しかも、大形の前方後円墳より、いわゆる陪塚といわれる円墳から出土することが多い。ただし、第Ⅰ期や、第Ⅱ期でも古い段階のものは、鞍金具、轡、鐙という組み合わせはみられるが、轡などは第3章第2節で述べたように、韓半島の事例からみると変則的な諸部品の組み合わせをみせ、その入手先が一定でなく、かつ一つのルートでストレートに入ってきたのでないことをうかがわせる（高橋克

壽 1997)。このことは、初期の馬具の入手が長距離交易を媒介としていたことを示している。また、大形前方後円墳の調査例がほとんどないので、不明であるが、すべての古墳に馬具があるわけではない。

　第Ⅱ期になると、第1章第2節で述べたように、木心輪鐙（a-②型式の第二タイプ）の生産が、この地域において始まったとみられる。しかし、その出土古墳は全体からみると限られており、馬具一式を揃えた例も稀である。この段階の古墳は、多量の甲冑や鉄製武器を伴うことが目立つが、馬具の出土が普遍的とはいえず、やはり内外の交易を介した新奇な品としての扱いがうかがえる。この点では、韓半島の金海・釜山などの地域と同様であるが、前章でみたように、馬具の形態自体、それらの地域とのつながりがうかがえることは興味深い。

　第Ⅲ期には、一転して馬具の副葬が増加し、墳形を問わずさまざまな馬具が副葬される。また、前方後円墳や藤ノ木古墳のようなとくに有力な大形の円墳にはしばしば金銅製馬具をはじめとする複数のセットを伴うのに対し、小円墳には鐙あるいは轡など単品で、しかも装飾性の低いものが副葬される傾向が強い。このことは、被葬者の身分を表す道具の一つとして馬具が扱われた可能性を示す。このような傾向は、九州や瀬戸内地域では十分に読み取ることはできないが、近畿地域では明瞭にみてとることができる。

(4) 中部地域

　この地域では、第Ⅰ期の例が見当たらず、第Ⅱ期以降、馬具の副葬例が知られている。そのうち、岐阜県揖斐郡池田町中八幡古墳は、全長43mの前方後円墳である。工事で主体部が完全に破壊されたが、竪穴式石室があったと推定されている。遺物には鉄製鞍金具、木心輪鐙をはじめ、短甲、鉄刀、鉄剣、鉄鏃などが発見されている。

　第Ⅲ期に属する例は多いが、代表的なものとして、まず、愛知県名古屋市志段味大塚古墳がある。全長31.5mの帆立貝式前方後円墳で、埋葬主体は粘土槨であったらしい。遺物には、楕円形鏡板付轡、木心輪鐙、五鈴杏葉のほか、ベ

ルト状の金銅製金具、多量の挂甲小札や刀、鉄鏃などが知られている。そのうち轡は、青銅製の楕円形鏡板をもち、鏡板は周囲の五つの鈴とともに一体鋳造で、縁部上に鋲を模した突起がある。木心輪鐙は鐙全体に鉄板を覆ったもので、踏込部には鋲をもち、幅は輪部より広くなった型式で、近畿地域にはみられないものである。また、山梨県甲府市甲斐茶塚古墳は墳形・規模などが不明であるが、東西20m・南北25mの円墳と推定されている。全長4.5m・幅1mの竪穴式石室からは、轡、木心輪鐙、三環鈴などの馬具と、帯金具、金銅製小札1点、鉄製小札、鉄矛、鉄鏃などが知られている。轡は、銜と引手の破片、木心輪鐙は鐙全体に鉄板を覆ったもので、踏込部には鋲をもち、幅は輪部とあまり変わらない型式である。さらに、静岡県磐田市瓱塚古墳は径約26mの円墳で、内部主体は玄室の長さ6m・幅3mの横穴式石室に組合式箱形石棺を納めている。遺物として、変形方格規矩鏡、耳環、挂甲、鉄鉾、鉄鏃などとともに、鞍金具、f字形鏡板付轡2種3対、鉄製楕円形鏡板付轡、素環鏡板付轡、木心壺鐙、鉄製輪鐙、三葉文透楕円形杏葉、三鈴付杏葉、剣菱形杏葉などの豊富な馬具が発見されている。ほかに、代表的な例として、福井県若狭町丸山塚古墳、同大谷古墳、石川県能美市和田山2号墳、愛知県名古屋市大須二子山古墳、同茶臼山古墳、岐阜県各務原市大牧1号墳、静岡県静岡市賤機山古墳、同神明4号墳、山梨県甲府市稲荷塚古墳などがある。そのうち、大須二子山古墳、茶臼山古墳の2古墳が前方後円墳であり、残りは円墳である。

　まず、中部地域の状況を概観すると、第Ⅰ期の例があまり知られていなく、第Ⅱ期の例も数少ない。中八幡古墳の木心輪鐙は近畿地域にみられる初期段階のものとよく似ている（内山敏行・岡安光彦 1997）。また、伴う短甲は三角板鋲留短甲として鋲留技術導入期にみられる「特殊短甲」に連なる特質があり、北部九州や韓半島との関連が示唆されている（鈴木一有 2005）。第Ⅲ期になると、前方後円墳とともに円墳の馬具の副葬が目立つようになり、墳形による馬具副葬量の差異のほか、円墳という同じ墳形のなかでも、馬具の副葬量に差異がみられる。また、多量の馬具を伴う古墳のなかでは、鉄製武器の量にも差異が認められる。被葬者はまず、墳形でランク付けられ、甲冑や武器の質・量に

より差異が表示されたと考えられるが、その具体相は明らかでない。むしろ、この地域では、中部高地において、騎馬戦あるいは馬匹生産の専門集団の職業表示が馬具副葬によってなされた可能性があることに最大の注意を払いたい。これは近畿以西にはあまりみられないが、韓半島では清州地域の状況と類似している。

中部地域で注目すべきは、長野県を中心とした中部高地の馬具副葬古墳である。それらの多くは実用的な馬具をもつ小型古墳であり、岡安光彦が指摘したように、実戦的な騎馬軍団の存在を反映すると考えられる（岡安光彦 1986）。あるいは、第2章第2節で述べたように、牧の存在と関係する渡来系の馬匹生産集団であった可能性もある。

(5) 関東地域

この地域では、第Ⅰ期と第Ⅱ期に当たる例がほとんどない。馬具副葬が急増するのは第Ⅲ期以降である。代表的な例をあげると、まず全長120mの前方後円墳である、埼玉県行田市埼玉稲荷山古墳があげられる。後円部墳頂部に礫槨（第1主体）、粘土槨（第2主体）の二つの埋葬施設が設置されている。第1主体の遺物として、金銅製帯金具、挂甲、多数の刀剣、多量の鉄鏃とともに、鞍金具、f字形鏡板付轡、鐙、鈴杏葉などが発見された。第2主体では、挂甲片、鉄刀片などが検出された。群馬県高崎市綿貫観音山古墳は、全長97mの前方後円墳で、内部主体は玄室の長さ8.12m・幅3.95mの横穴式石室である。そこから、金銅製鞍金具、青銅製轡、鉄製轡、鐙、金銅製透彫杏葉、金銅製歩揺付雲珠などが出土した。ほかに、金銅製鈴付大帯、金環、銀環、挂甲、銀装環頭大刀、金銅装頭椎大刀、鉄刀、鉄鉾、鉄鏃などが伴う。前方後円墳の例として、埼玉県羽生市永明寺古墳、同行田市埼玉将軍山古墳・同若王子古墳、千葉県市川市法皇塚古墳、同香取市禅昌寺山古墳・同城山1号墳、同木更津市金鈴塚古墳、群馬県前橋市金冠塚古墳・同大日塚古墳、同伊勢崎市古城稲荷山古墳・同雷電神社古墳、同高崎市八幡町観音塚古墳、同安中市梁瀬二子塚古墳、同藤岡市諏訪神社古墳などがある。また、円墳の例は、埼玉県川越市どうまん塚古墳、

同朝霞市一夜塚古墳、同行田市小針鎧塚古墳、群馬県太田市沢野村 63 号墳、同高崎市山名原口Ⅱ－2 号墳、同藤岡市平井地区 1 号墳などがある。さらに、東京都大田区塚越 14 号横穴墓と、方墳の例として群馬県高崎市下芝古墳・同谷ツ古墳がある。

　この地域では、第Ⅲ期に属する古墳がとくに多い。そのなかでも前方後円墳が占める比率が他地域よりも高い。それらは、甲冑や多量の鉄製武器などとともに、複数の馬具セットのなかで金銅製を含むことが多いが、1 セット分の馬具のみの例もあり、墳形に表示される被葬者の身分と馬具の質・量とは関連しそうであるが、その具体相は不明である。このような現状は円墳あるいは方墳にも当てはまり、多量で複数のセットを伴う例と 1 セット分の例がある。さらに多いのは、轡などの単品の出土例で、これらも中部高地の例と同じように馬に関連する専門集団を反映する可能性があろう。

(6)　日本列島における馬具副葬形態の特質と地域色

　以上に述べたことをもとに、日本列島における馬具副葬の意味づけや馬具の社会的意味について考えてみたい。

　まず、日本列島では、前方後円墳という巨大な建造物を構築することによって、余剰の多くを儀礼的・宗教的活動に投入するという特徴的なイデオロギー体系が創出され（新納泉 1997）、集団の同一性と序列を表す活動が東アジアのどの地域よりも盛んに行われた。このような社会システムのなかで、馬具は、最初の段階には韓半島から交易によって入手した先進的文物として、副葬という形で前述のような儀礼に組み込まれたと考えられる。そのことは、この段階の馬具が完全なセットをなさないことが多い事実や、轡などに起源地の韓半島では認められない変則的な組み合わせが存在することからうかがうことができる。たとえば、岡山県津山市一貫西 3 号墳・長畝山北 3 号墳などがその類例に含まれる。この長距離交易品という脈絡において有力者の副葬に用いるという状況は、さきにも述べたように、韓半島では古い馬具が多い金海・釜山地域の取り扱いとよく似ている。

上のような動きの中心に近畿地域があったことは、第Ⅰ期・第Ⅱ期の古い馬具が集中することから知ることができる。馬具が出現するよりも古い3～4世紀の段階から近畿地域は、前方後円墳の発達の中心になるとともに、威信財として鏡、銅鏃、碧玉製品、甲冑などを使って、政治的な連合体制の中枢を占めようとする戦略をとってきた。金海・釜山あるいは尚州との関係を基軸にした初期馬具の輸入も、そのような政治的戦略の一環として進められた可能性がある。ただ、近畿地域では、それらが大形の前方後円墳より、いわゆる陪塚とされる円墳から出土することが多いが、この地域において大形前方後円墳の調査例がほとんどない点には注意を払う必要がある。

　第Ⅰ期には、上に述べたように大型の前方後円墳に副葬されることより、いわゆる陪塚とされている円墳から出土することが多い。馬具は、鞍金具、轡、鐙という組み合わせがみられるが、金海・釜山あるいは尚州との関係を基軸にしながらも、韓半島における特定の地域との一元的な関係に単純化できない複雑な様相が存在したことがうかがえよう。これに対し、北部九州と瀬戸内地域では、数少ない例であるが、前方後円墳から馬具の副葬が確認され、馬具の位置づけに差異がみられる。

　第Ⅱ期になると、大型前方後円墳を頂点に、中・小型前方後円墳・帆立貝形古墳・方墳・円墳などから出土し、墳形と規模による階層の表示は最高潮になる。威信財としては新たに甲冑などが使用されるが（松木武彦 1996）、馬具はそれほど普遍的でない。

　多量の甲冑および鉄鏃に比べ、鞍金具、轡、鐙、杏葉、雲珠などを揃って副葬されることが少なく、材質の多様性も認められず、その副葬量によって被葬者のランクを表す品として、甲冑のようには定着していないようである。たとえば、代表的な例として、大阪府藤井寺市野中古墳では短甲が10領、刀剣と鉄鏃を含む多量の武器が副葬されているが、馬具は知られていない。

　その一方で、第1章でみたように、この段階からは近畿地域で鐙の生産が始まる。他の部品については不明であるが、この時期に明らかに独自の生産を始めたのは近畿地域のみである。しかし、北部九州・瀬戸内・中部・関東など他

地域には、近畿で製作されたと考えられる製品や近畿に多い型式はあまり入らず、轡と鐙の検討を通して推測したように慶州などを含む近畿とは別のルートによる韓半島諸地域との関係を介して、独自に製品を導入することが盛んであったと考えられる。とくに北部九州や中部地域では、近畿とは対照的に、全体に鉄張りを施す型式の木心輪鐙や鉄製輪鐙といった構造的に鉄を重視する方向性など、馬具に対する近畿とは異質の志向さえ存在した形跡を見てとることができる。ただし、副葬における馬具の扱いが近畿と他の地域あるいはそれら相互で異なっていたかどうかについては、この時期には明らかでない。

　第Ⅲ期になると、轡と鐙で検討したように、近畿地域に分布する型式と、九州や中部以東に分布する型式との差異は、第Ⅱ期に引き続いて明確である。たとえば、第Ⅱ期に属する鉄製輪鐙が出土した久原Ⅰ区１号墳・飯綱社古墳などがあり、第Ⅲ期になると、下北方５号地下式横穴墓、甲斐茶塚古墳などが知られている。また、群馬県剣崎長瀞西遺跡のＸ字形環状鏡板付轡、福井県若狭町西塚古墳に金銅を張った木心輪鐙、福岡県穂波町小正西古墳の有鉄棒木心輪鐙などが確認されている。このことは、少なくとも、列島内における馬具の輸入・生産・流通の体制が一元的なものでなかったことを示している。さらに、副葬形態をみると、列島全体として、群集墳とよばれる小規模な円墳への実用的な馬具の副葬が増える。これは、新納泉が指摘したように（新納泉 1983）、装飾付大刀を副葬する階層を頂点とする軍事的な階層編成を表している可能性が高い。そのことを前提として、さきに述べたように、近畿地域では前方後円墳や上位の大形円墳の副葬馬具はとくに装飾性が高い優品であるなど、身分表象としての馬具の意味合いがとくに強かったと考えられる。このような状況は、韓半島では慶州地域や陝川地域の第Ⅱ期以降のあり方とよく似ている。これに対し、中部高地などでは、清州地域にみられたように、馬に関する専門集団の埋葬表示として、簡素な馬具の副葬が行われるようになっていたと考えられる。

　日本列島の馬具やその副葬状況をもとにいえるのは、近畿地域が必ずしも中心的ないしは主導的な役割を果していたとは考えがたいことである。また、製品の導入を介してみた韓半島各地域との交流についても、近畿地域が決して独

占的なイニシアチブをもっていたわけではなく、東西外寄りの地域がそれぞれ
独自の交流を盛んに行っていた様子も見てとることができる。このことは同じ
日本列島でも、近畿、北部九州、関東などの諸地域によって馬具に対する意識
や取り扱いが異なっていた可能性をうかがわせ、そのことから古墳時代の日本
列島の政治・社会体制の具体的な再考につなげていくことができると考えられ
るが、それについては今後の課題としたい。

4　東アジアにおける馬具の副葬の展開

　中国では、北方騎馬民族との接触によって、早くから騎馬戦団の実践的馬具
が配備され、通常の道具となっており、4～5世紀には墳墓などにあまり副葬
されなくなったとみられる。韓半島のなかで同じような状況が認められるのは
百済地域である。中国との交流を通じてその先進的な思想が流入していたから
であると考えられ、この地域では、すでに馬具を副葬することによって有力者
の権威を表すような段階にはなく、わずかに騎馬集団の墓に副葬される程度で
ある。これに対し、韓半島の南部、とくに金海・釜山を中心とした地域では、
4世紀頃、長距離交易によって入手した遠来の文物として珍重されるという脈
絡から、そのような交易品が首長墓に副葬されるようになる。陝川・慶州地域
では、馬具の製作と騎馬の実用化により、5世紀以降、それらを総括した被葬
者の身分を表すものとして盛んに副葬されるようになる。こうして、第Ⅲ期以
降の6世紀には、被葬者の身分、軍事編成、専乗集団など、各々複雑な埋葬の
表示として意味づけられ、国家的な身分秩序の形成に大きな役割を演じる。日
本列島では、4世紀末から5世紀前半頃、金海・釜山地域の影響のもとに、馬
具の副葬が始まるが、当初はその地域と同じように、珍奇な遠来の器物という
意味合いで、副葬の事例も一般的とはいえない。第Ⅲ期の5世紀後葉以降、よ
うやく韓半島と同じように被葬者の身分や軍事的地位を表す器物として副葬さ
れることが定着する。その後、韓半島では、社会の進化によって、百済地域だ
けでなく他の地域でも、6世紀後半には馬具の副葬が少なくなる。これに対し、
日本列島では6世紀末～7世紀初頭に馬具の副葬はピークを迎えるが、韓半島

に比べ少し遅れて7世紀中葉にいたる頃には馬具の副葬も終わりを告げる。

註
1) 湖南省長沙市金盆嶺の21号晋墓出土騎馬俑は302年、南京市象山7号墓出土陶俑は322年として、各々に鐙が表現されている。
2) 調査遺構の明細表には5世紀前葉と表記されている1号墳・7号墳・11号墳を釜山福泉洞21・22号墳より先行すると指摘している。このことによって、調査遺構の明細表に5世紀前と書かれている遺構は、第Ⅰ期と考えられる(慶星大学校博物館 2000：195〜200)。
3) 公州水村里古墳群からも断面五角形が確認され、この類型が百済地域で発生した可能性を指摘する意見もある(柳昌煥 2004 b c、李勲 2005)。
4) 鉄板を鐙全体に張ったものも存在する可能性は排除できない。

引用・参考文献

（日本語）

秋元陽光・斎藤　弘　1984「芳賀郡二宮町大和田富士山古墳について」『栃木県考古学会誌』8集

穴沢和光　1990「古墳文化と鮮卑文化―楡樹老河深墓地出土冑をめぐって―」『季刊考古学』第33号

穴沢和光・馬目順一　1973「北燕・馮素弗墓の提起する問題―日本・朝鮮考古学との関連性―」『考古学ジャーナル』85号

穴沢和光・馬目順一　1984a「安陽孝民屯晋墓の提議する問題Ⅰ―「現存最古の鐙」を含む馬具をめぐって―」『考古学ジャーナル』227号

穴沢和光・馬目順一　1984b「安陽孝民屯晋墓の提議する問題Ⅱ―「現存最古の鐙」を含む馬具をめぐって―」『考古学ジャーナル』228号

穴沢和光・馬目順一　1988「五　副葬品は語る」『古代を考える―古墳』白石太一郎編　吉川弘文館

穴沢和光・中村五郎　1972「福島県真野寺内20号墳に関する考察」『考古学研究』19-1

天羽利夫　1977「徳島県下における横穴式石室の一様相―その2」『徳島県博物館紀要』8

池田満雄　1954「出雲上島古墳調査報告」『古代学研究』10

諫早直人　2006「付遍　瑞王寺古墳出土馬具再検討」『筑後市内遺跡群Ⅸ』筑後市文化財調査報告書第73集

石野　瑛　1935「横浜市磯子区室の木古墳調査記」『考古学雑誌』25-6

市毛　勲　1971「千葉県山武郡成東町経僧塚古墳の調査」『史観』83　早稲田大学

市原寿文　1953「武蔵田園調布観音塚古墳発掘調査概報」『白山史学』1

伊藤秋男　1974「韓国における三国時代の鑣轡について」『韓』第25号

伊藤秋男　1978「名古屋大須二子山古墳調査報告」『小林知生教授退職記念考古学論文集』

犬塚康博　1990「大須二子山古墳の復原的再検討」『名古屋市博物館研究紀要』Vol.13

入江文敏・森川昌和　1981「獅子塚古墳」『探訪日本の古墳』東日本編　有斐閣

岩崎卓也ほか　1983「有明古墳群の再調査」『信濃』35-11

内山敏行　1982「宇都宮市下欠亀塚古墳の埴輪」『下野考古学』5

内山敏行・岡安光彦 1997「下伊那地方の初期の馬具」『信濃』49-4・5

梅沢重昭　1969「観音山古墳とその遺物」『月刊文化財』1月号

梅沢重昭　1989「普賢寺東古墳」『日本古墳大辞典』

梅原末治　1917「塚原の群集墳と福井の海北塚」『考古学雑誌』8-2

梅原末治・藤田亮策　1947『朝鮮古文化綜覧』養徳社

大谷　猛　1985「日本出土の『鑣轡』について」『論集日本原史』吉川弘文館
大塚初重・梅沢重昭　1965「東京都港区内芝丸山古墳群の調査」『考古学雑誌』51-1
大場磐雄・亀井正道　1951「上総国姉ヶ崎二子塚発掘調査概報」『考古学雑誌』37-3
岡山市立オリエント美術館　2002『特別展　古代イラン秘宝展―山岳に華開いた金属器文化―』
岡野正男　2000『鉄の古代史―騎馬文化』白水社
尾崎喜左雄　1958「群馬県佐波郡上淵名古墳」『日本考古学年報』7、日本考古学協会
小沢　洋　1984「木更津市矢那大原古墳出土の二環鈴」『研究紀要』2、君津郡市文化財センター
小沢　洋　1991「九条塚古墳の再検討」『君津郡市文化財センター研究紀要』Ⅳ
小田富士雄　1963「筑前高倉古墳群調査概要」『九州考古学』17
小田富士雄　1979『九州考古学研究―古墳時代篇』小田富士雄著作集2　学生社
小野山節　1966「日本発見の初期馬具の再考察」『考古学雑誌』52-1
小野山節　1979「鐘形装飾付馬具とその分布」『MUSEUM』339号
小野山節　1983「花形杏葉と光背」『MUSEUM』339号
小野山節・本村豪章　1980「上毛野・伊勢崎市恵下古墳出土のガラス玉と須恵器と馬具」『MUSEUM』357号
小野山節 a　1990『日本馬具大鑑1　古代　上』吉川弘文館
小野山節 b　1990「古墳時代の馬具」『日本馬具大鑑Ⅰ　古代　上』日本中央競馬会・吉川弘文館
鏡山　猛　1959「福岡県粕屋郡古賀町花見古墳」日本考古学年報8
賀川光夫　1962「豊―七双子古墳群」『古代学研究』30
風間栄一　2003「長野市飯綱社古墳出土の鉄族―未報告資料の紹介―」『帝京大学山梨文化財研究所研究報告第11集―古墳時代中期の諸様相―』帝京大学山梨文化財研究所
金井塚良一・小峯啓太郎　1964「東松山市胄塚古墳発掘調査報告」『台地研究』14、台地研究会
加部二生　1994 a　「前二子古墳」『前方後円墳集成』東北・関東編、山川出版社
加部二生　1994 b　「後二子古墳」『前方後円墳集成』東北・関東編、山川出版社
加部二生　1994 c　「塩原塚古墳」『前方後円墳集成』東北・関東編、山川出版社
加部二生　1994 d　「広瀬鶴巻塚古墳」『前方後円墳集成』東北・関東編、山川出版社
加部二生　1994 e　「王山古墳」『前方後円墳集成』東北・関東編、山川出版社
加部二生　1994 f　「王河原山古墳」『前方後円墳集成』東北・関東編、山川出版社
加部二生　1994 g　「穂積稲荷山古墳」『前方後円墳集成』東北・関東編、山川出版社
亀田修一　1993「考古学からみた渡来人」『古文化談叢』第30集
軽部慈恩　1963「山武郡蕪木第5号墳」『日本考古学年報』6

川端真治・金関　恕　1955「摂津豊川村南塚古墳調査概報」『史林』38-5
菊水町教育委員会　1982『シンポジウム江田船山古墳』
木原　光　1988「小丸山古墳発掘調査から」島根考古学会誌5
京都大学総合博物館　1977「長持山古墳」『王者の武装―5世紀の金工技術』
金　基雄　1972「馬具」『韓国の考古学』河出書房新社
久保哲二　1956「下野益子天王塚古墳調査豫報」『古代』18
栗原文蔵・小林重義　1974「行田市須加　大稲荷古墳群について」『埼玉考古』12
黒田恭正　1982「綾部市沢3号墳出土の環鈴」『京都考古』27
桑原邦彦　1980「塔ノ尾古墳と佐波郡後期古墳時代の展開」山口考古13
小板橋良平　1954『九十九史考』九十九村教育委員会
小出義治　1963「埼玉県どうまん塚古墳調査の概要」國學院高等学校紀要4
合田茂伸　1988「五ヶ山古墳群第1号墳および第2号墳出土の馬具」『西宮市立郷土資料館ニュース』3
小林正春　1980「新井原遺跡発見の飾られた馬」『伊那』4月号
小林正春　1989「長野県における横穴式石室の受容」　第10回三県シンポジウム『東日本における横穴式石室の受容』
小林行雄　1951「上代日本における乗馬の風習」『史林』34-3
小林行雄　1961『古墳時代の研究』青木書店
小林行雄　1962a「南塚古墳の調査」『大阪府の文化財』大阪府教育委員会
小林行雄　1962b「青松塚古墳の調査」『大阪府の文化財』大阪府教育委員会
小林行雄　1962c「長持山古墳の調査」『大阪府の文化財』大阪府教育委員会
小林行雄　1963「狐塚・南天平塚古墳の調査」『大阪府の文化財』大阪府教育委員会
小林行雄　1951「上代日本における乗馬の風習」『史林』43-3、史学研究会
近藤義郎　1988「岡山市津島の俗称『おつか』と称する前方後円墳についての調査概要報告」『古代吉備』第10集
崔　秉鉉　1992「新羅鐙子の再考察」『新羅古墳研究』一志社
斎藤　忠　1937『昭和九年度古跡調査報告1―慶州皇南里第百九号墳皇吾里第十四号墳調査報告』朝鮮総督府
斎藤　優　1963「福井県吉田郡松岡町の古墳」『日本考古学年報』6
酒井仁夫　1979『黒部古墳群』玄洋開発株式会社
坂井秀弥　1979「高島郡高島町鴨稲荷山古墳現状実測調査報告」『滋賀文化財だより』No.22
阪口英毅　1998「長方板革綴短甲と三角版革綴短甲―変遷とその特質」『史林』81-5
坂本美夫　1971「寺の前古墳出土遺物集成図」『甲斐考古』8-1、山梨県考古学資料館
坂本美夫　1985a『馬具』考古学ライブラリー34、ニュー・サイエンス社
坂本美夫　1985b「4-5世紀の馬具」『考古学ジャーナル』No.257

佐藤敬美　1983「輪鐙に関する一考察―日本・朝鮮出土の鉄製輪鐙を中心として」『史
　　　　　艸』24
柴田稔　1983「横穴式木芯粘土室の基礎的研究」『考古学雑誌』68-4
白井克也　2003a「馬具と短甲による日韓交差編年の平行関係と暦年代―」『土曜考古』
　　　　　27、土曜考古学研究会
白井克也　2003b「新羅土器の型式・分布変化と年代観―日韓古墳編年の平行関係と暦
　　　　　年代」『朝鮮古代研究』4、朝鮮古代研究刊行会
白石太一郎　1985『古墳の基礎Ⅰ―墳丘と内部構造』東京美術
白石太一郎　1988「伊那谷の横穴式石室(一)」『信濃』40-7
白石太一郎・杉山晋作　1987「千葉県成東町駄ノ塚古墳の調査―東国の終末期大型方墳
　　　　　をめぐって」日本考古学協会第53回総会研究発表要旨
末永雅雄　1969「東大寺山古墳群の調査」奈良県観光154　奈良県観光新聞社
末永雅雄編1991『盾塚　鞍塚　珠金塚古墳』由良大和古代文化研究協会
杉崎茂樹　1986「行田市若王子古墳について」『古代』82号
杉山晋作・大久保奈奈・荻　悦久　1987「佐原市禅昌寺山古墳出土遺物の再検討」『古
　　　　　代』83号、早稲田大学考古学会
須坂市立博物館　1986『須坂市の古墳文化』
鈴木治　1958「朝鮮半島出土の轡について(附)鑣考」『朝鮮学報』第13輯
鈴木一有　2003「中期古墳における副葬族の特質」『帝京大学山梨文化財研究所研究報
　　　　　告第11集―古墳時代中期の諸様相―』帝京大学山梨文化財研究所
鈴木一有　2004「中ノ郷古墳出土遺物の検討」『三河考古』第17集
清喜祐二　1997「福井県西塚古墳出土調査報告」『書陵部紀要』第49号、宮内庁書陵部
関孝一　1972「東信濃鳥羽山洞穴における古代祭祀遺跡」『考古学雑誌』52―3
関義則・宮代英一　1987「県内出土の古墳時代の馬具」『埼玉県立博物館紀要』14
高井健司　1986「長原七ノ坪古墳とその馬具」『葦火』1（財）大阪市文化財協会
高田寛太　1998「垂飾付耳飾をめぐる地域間交渉」『古代文化談叢』第41集、九州古文
　　　　　化研究会
高橋克壽　1997「5世紀の日本とアジア」『王者の武装―5世紀の金工技術』京都大学
　　　　　総合博物館
高橋健自　1917「下野国足利町助戸の古墳及発掘遺物」『考古学雑誌』3-6
高橋鏻吉　1899「下野国河内郡豊郷村宮下ノ古墳」『東京人類学会雑誌』158号
高浜秀・林俊雄・雪嶋宏一　1992『図録　スキタイ黄金美術展』日本放送協会・NHK
　　　　　プロモーション
田島桂男　1971「高崎市若田古墳群」『まえあし』7　東国古文化研究所
田中茂　1974「えびの市小木原地下式横穴3号出土品について」研究紀要第2輯、宮
　　　　　崎県総合博物館

田中新史　1980「東日本終末期古墳出土の馬具」『古代探叢』早稲田大学出版社
田中晋作　1991a「百舌鳥・古市古墳群の鉄鏃」末永雅雄編『盾塚　鞍塚　珠金塚古墳』由良大和古代文化研究協会
田中晋作　1991b「武具」『古墳時代の研究』雄山閣
田中晋作　2001『百舌鳥・古市古墳群の研究』学生社
千賀　久　1988a「日本出土初期馬具の系譜」『奈良県立橿原考古学研究所論集』8、吉川弘文館
千賀　久　1988b「古墳時代の壺鐙の系譜と変遷―杓子形壺鐙を中心に―」森浩一編『考古学と技術』同志社大学考古学シリーズⅣ、同志社大学考古学シリーズ刊行会
千賀　久　1991「馬具」石野博信・岩崎卓也・河上邦彦・白石太一郎編『古墳時代の研究　古墳Ⅱ　副葬品』第8巻、雄山閣
千賀　久　1994「日本出土初期馬具の系譜2-5世紀後半の馬装具を中心に―」奈良県立橿原考古学研究所『橿原考古学研究所論集』第12　吉川弘文館
千賀　久　1977「奈良市南京終町野神古墳出土の馬具」『古代学研究』82
千賀　久　1985『高句麗の馬具と馬装　考古学と移住・移動』同志社大学考古学シリーズⅡ、同志社大学考古学シリーズ刊行会
筑後市教育委員会　1984『瑞王寺古墳』筑後市文化財調査報告書第3集
寺西典子　1983「南山大学所蔵の馬具について」『南山大学人類学博物館館報』第11号
東京国立博物館　1997『特別展　大草原の騎馬民族―中国北方の青銅器』
東義大学校博物館　2001『金海良洞里古墳文化（日本語版）』大阪朝鮮考古学研究会
利根川章彦　1993「若王子古墳」『甲冑出土古墳にみる武器・武具の変遷』埋蔵文化財研究会
中村恵次・沼沢豊・田中新史　1975『古墳時代研究Ⅱ―千葉県市原市六孫王原古墳の調査―』古墳時代研究会
中村徹也　1970「宇治市二子山南墳出土の短甲と挂甲」『考古学雑誌』55-4
中村　浩　1987「山城・穀塚古墳出土須恵器について」『MUSEUM』431
中山清隆　1983「装飾付大刀と古墳時代後期の兵制」『考古学研究3-30
中山清隆　2001「馬具の種類と変遷」『季刊考古学』第76号
奈良県立橿原考古学研究所　2003『特別展　古墳時代の馬との出会い―馬と馬具の考古学』
新納　泉　1984「関東地方における前方後円墳の終末年代」『日本古代文化研究』創刊号、古墳文化研究会
新納　泉　1997「地域間ヒエラルヒーの形成メカニズム―複合化社会形成過程の理論的研究（1）『岡山大学文学部紀要』第28号
日本馬具大鑑編集委員会　1992『日本馬具大鑑』第1巻、古代上、日本中央競馬会

野上丈助　1969「北天平塚古墳」『摂津の古墳』古美術鑑賞社
橋本博文　1994「東矢島観音山古墳（九合村50号墳）」『前方後円墳集成』東北・関東編、山川出版社
橋本博文　1994「割地山古墳（九合村51号墳）」『前方後円墳集成』東北・関東編、山川出版社
八賀　晋　1982『富雄丸山古墳・西宮山古墳出土遺物』京都国立博物館
服部聰志　1991「木心鉄板張輪鐙の分類と二、三の問題」末永雅雄編『盾塚　鞍塚　珠金塚古墳』由良大和古代文化研究協会
樋口隆康　1972「鐙の発生」『青陵』19
樋口隆康・岡崎敬・宮川　徒　1961「和泉国七観古墳発掘報告」『古代学研究』27
樋口隆康・西谷真治・小野山節　1985『増補大谷古墳』同朋舎出版
廣田典夫　1972「高知県南国市小蓮古墳」『古代学研究』65
廣田典夫　1984「高知県土佐山田町大塚古墳」『古代学研究』103
藤井保夫　1987「井辺前山古墳群とその関連遺跡」和歌山県教育委員会
藤田　等・本村豪章　1963「竹原周辺の考古学的考察」『竹原市史』2
間壁忠彦ほか　1974「王墓山遺跡群」『倉敷考古館集報』10
増田精一　1971「鐙考」『史学研究』81号、東京教育大学文学部
増田精一　1964「スキタイ系文化の銜留金具」『MUSEUM』159
増田精一　1996『日本馬事文化の源流』芙蓉書房出版
松井一明　1994「遠江・駿河における初期群集墳の成立と展開について」『向坂鋼二先生還暦記念論集―地域と考古学』向坂鋼二先生還暦記念論集刊行会
松木武彦　1996「日本列島の国家形成」『国家の形成―人類学・考古学からのアプローチ―』三一書店
三重大学歴史研究会原始古代史部会　1965「伊勢市高倉山巨石墳」『ふびと』24
三木文雄　1971「妻鳥陵墓参考地東宮山古墳の遺物と遺構について」書陵部紀要23
水野敏典　2003「古墳時代中期における日韓鉄鏃の様一相」『帝京大学山梨文化財研究所研究報告第11集―古墳時代中期の諸様相―』帝京大学山梨文化財研究所
宮坂光昭　1973「茅野市大塚古墳について」『長野県考古学会誌』7
村井嵓雄　1972「岡山県天狗山古墳出土の遺物」『MUSEUM』250号
本村豪章　1977「後期古墳の一様相―安芸・御年代古墳を中心として」考古論集―慶祝松崎寿和先生六十三歳論文集、松崎寿和先生退官記念事業会
本村豪章　1991「古墳時代の基礎的研究稿　資料編（Ⅱ）」『東京国立博物館紀要』第26号
桃崎祐輔　1999「日本列島における騎馬文化の受容と拡散―殺馬儀礼と初期馬具の拡散に視る慕容鮮卑・朝鮮三国加邪の影響―」『渡来文化の受容と展開―5世紀における政治的・社会的具体相(2)』
森　浩一・田中英夫　1960「大阪府堺市塔塚調査報告」日本考古学協会発表要旨

森貞次郎　1968『竹原古墳』中央公論美術出版
山口欣次・市川和男　1951「三方原瓢箪塚古墳発掘概報」『上代文化』20輯
山本忠尚　1972「スキタイ式轡の系譜」『史林』55-5
吉岡伸夫・松井一明　1988「愛野向山遺跡」『静岡の原像をさぐる』静岡埋蔵文化財調査研究所
米田文孝　1987「群馬県藤岡市出土馬具考―鐘形杏葉を中心に―」横田健一先生古稀記念会編『文化史論叢』上
林　孝澤　2001「金海良洞古墳群の調査とその成果」『金海良洞里古墳文化（日本語版）』6、東義大学校博物館
脇坂光彦　1977「福山市駅家町二塚古墳について」『芸備』5

（韓国語）
東　潮（高田貫太訳）　2003「中国東北地域と高句麗文物の比較研究」『高句麗考古学の諸問題』第27回韓国考古学全国大会、韓国考古学会
伊藤秋男　1979「公州宋山里古墳出土の馬具」『百済文化』第12輯、公州師範大学附設百済文化研究所
裵　基同　1975「新羅・加耶出土鐙子考」『文理大学報』通巻29号、ソウル大学校文理科大学学報編纂委員会
岡内三眞　1978「韓国古代の馬車」『震檀学報』46・47、震檀学会
神谷正弘　2002「日本・韓国・中国出土の馬冑・馬甲について」『古代　咸安の社会と文化』国立昌原文化財研究所2002年度学術大会、国立昌原文化財研究所・咸安郡
神谷正弘（李柱憲ほか訳）　2002「日本・韓国出土馬冑・馬甲」『咸安馬甲塚』学術調査報告第15輯、国立昌原文化財研究所
韓国国立中央博物館　1998「考古遺物からみた韓国古代国家の形成」『特別展　韓国古代国家形成』
韓国国立中央博物館　2000『法泉里』
韓国文化財保護財団　1998『慶山林堂遺跡（Ⅰ）A～B地区古墳群』
韓国文化財保護財団・忠清北道開発事務所　2000『清原主城里遺蹟』
韓　正煕　1997「中国の馬について」『馬事博物館誌』馬事博物館
姜　裕信　1987『新羅・加耶古墳出土馬具に関する研究―金銅製杏葉・雲珠・鐙子を中心として―』（嶺南大学校大学院碩士学位論文）
姜　裕信　1995「嶺南地方の騎乗文化受容と発展について」『加耶古墳の編年研究Ⅲ―甲冑と馬具―』第4回嶺南考古学会学術発表会、嶺南考古学会
姜　裕信　1997a『新羅・加耶の馬具研究』（嶺南大学校大学院博士学位論文）
姜　裕信　1997b「韓国の馬具」『馬事博物館誌』馬事博物館
姜　裕信　1999『韓国古代の馬具と社会―新羅・加耶を中心として―』学研文化社考

学叢書21、学研文化社
姜　裕信　2002「韓半島南部古代馬具の系統」『悠山姜仁求教授定年記念　東北亞古文化論叢』韓国精神文化研究院
金　基雄　1968「三国時代の馬具小考」『白山学報』第5号、白山学会
金　基雄　1985a「武器と馬具―高句麗」『韓国史論』15、國史編纂委員会
金　基雄　1985b「武器と馬具―百済」『韓国史論』15、國史編纂委員会
金　基雄　1985c「三国時代の武器と馬具」『古墳美術』韓国の美、22
金　基雄　1987d「韓国古代の馬銜考」『三佛金元龍教授定年退任記念論叢―考古学篇』一志社
金　基雄　1995a「武器と馬具」『高句麗考古学』民族文化社
金　基雄　1995b「武器と馬具」『百済考古学』民族文化社
金　泰植・宋桂鉉　2003『韓国の騎馬民族論』馬文化研究叢書Ⅶ、韓国馬事会・馬事博物館
金　貞培　1977「韓国における騎馬民族問題」『歴史学報』75・76合輯、歴史学会
金　斗喆　1991『三国時代轡の研究―轡の系統研究を中心として―』（慶北大学校碩士学位論文）
金　斗喆　1992「新羅と加耶の馬具―馬装を中心として」『韓国古代史論叢』3、韓国古代社会研究所編、駕洛國史跡開発研究院
金　斗喆　1993「三国時代轡の研究」『嶺南考古学』13、嶺南考古学会
金　斗喆　1995「嶺南地方の騎乗文化受容と発展」『加耶古墳の編年研究Ⅲ―甲冑と馬具―』第4回嶺南考古学会学術発表会、嶺南考古学会
金　斗喆　1996「韓国と日本の馬具―両国間の編年調律」『4・5世紀の日韓考古学』嶺南考古学会・九州考古学会第2回合同考古学大会
金　斗喆　1997「前期加耶の馬具」『加耶と古代日本』第3回加耶史国際学術会議、金海市
金　斗喆　1998a「前期加耶の馬具」『加耶史論集』1、金海市
金　斗喆　1998b「新羅馬具研究のいくつかの課題」『新羅古墳研究の現況と課題』第17回新羅文化学術会議
金　斗喆　1998c「新羅馬具研究のいくつかの課題」『新羅文化』15、東国大学校新羅文化研究所
金　斗喆　2000a「馬具を通じてみた加耶と百済」『加耶と百済』第6回加耶市国際学術会議、金海市
金　斗喆　2000b『韓国古代馬具の研究』（東義大学校大学院文学博士学位論文）
金　斗喆　2001「三国時代の戦団構成と戦闘形態」『古代の戦争と武器』第5回釜山広域市立福泉博物館学術発表大会、釜山広域市立福泉博物館
金　斗喆　2003「武器・武具および馬具を通じてみた加耶の戦争」『加耶考古学のあた

らしい証明』釜山大学校・韓国民族文化研究所編　民族文化学術叢書27

金　龍星　1997「大邱・慶山地域　高塚古墳の研究」(嶺南大学校大学院博士学位論文)

盧　泰敦　1976「〝騎馬民族日本列島征服説〟に対して」『韓国学報』5　一志社

慶星大学校博物館　2000『金海大成洞古墳群Ⅰ』

慶州博物館ほか　1990『慶州市月城路古墳群』

慶尚大学校博物館　2000『陝川玉田古墳群Ⅸ―67―A・B、73―76号墳』

慶北大学校博物館　2002『鶴尾里古墳』

權　五栄　2001「風納土城經堂地区から出土した馬骨の意味」『馬事博物館誌』2001　馬事博物館

權　度希　2004『百済馬具に関する研究―轡と鐙子を中心として―』(崇實大学校大学院碩士学位論文)

洪　善杓　2001『古代東アジアの馬について』馬文化研究叢書Ⅳ、韓国馬事会・馬事博物館

呉　永賛　2001「楽浪馬具考」『古代研究』8輯、古代研究会

崔　秉鉉　1983「古新羅鐙考」『崇実史学』第1輯、崇田大学校史学会

崔　秉鉉　1992「新羅　鐙子の再考察」『新羅古墳研究』一志社

崔　秉鉉　1993「新羅古墳編年の諸問題―慶州月城路・福泉洞・大成洞古墳の相対編年を中心として―」『韓国考古学学報』30

崔　鐘圭　1984「韓国・中期古墳の性格に対する若干の考察」『古代文化』12

崔　鍾澤　2004「峨嵯山高句麗堡塁出土鉄製甲冑と馬具」『加耶、そして倭と北方』第10回加耶史国際学術会議、金海市

申　敬澈　1985「古式鐙子考」『釜大史学』第9輯、釜山大学校史学会

申　敬澈　1989「加耶の武具と馬具―甲冑と鐙子を中心として―」『國史館論叢』第7輯、国史編纂委員会

申　敬澈　1994「加耶初期馬具に関して」『釜大史学』第18輯、釜山大学校史学会

申　敬澈　1995「金海大成洞古墳群・東來福泉洞古墳群点描」『釜大史学』第19輯、釜山大学校史学会

申　敬澈　1997「福泉洞古墳群と甲冑と馬具」『加耶史復元のための福泉洞古墳群の再証明』第1回釜山広域市立福泉博物館学術発表大会、釜山広域市立福泉博物館

成　正鏞　2000「騎馬文化の導入と展開」『中西部馬韓地域の百済領域化過程　研究』(ソウル大学校大学院文学博士学位論文)

成　正鏞　2001「伝夫余扶蘇山麓出土青銅鑣轡に関して」『湖西考古学』第4・5合輯、湖西考古学会

成　正鏞　2004「漢城期百済馬具の編年とその起源」『國史館論叢』第101輯、国史編纂委員会

成　正鋪　1998「錦江流域4～5世紀墳墓および土器の様相と変遷」『百済研究』28、

　　　　　　忠南大学校百済研究所
千　寛宇　1991「韓国からみた騎馬民族説」『加耶史研究』一潮閣
宋　桂鉉　1997「「福泉洞古墳群の甲冑と馬具」に対して」『加耶史復元のための福泉洞古墳群の再証明』第1回釜山広域市立福泉博物館学術発表大会、釜山広域市立福泉博物館
ソン・デホ　2003「三国時期馬具に関する研究」『平壌一帯の磚室墓　三国時代馬具に関する研究』白山資料院
高田貫太　2002「考察　3）馬具」『鶴尾里古墳』慶北大学校博物館
千賀　久　2003「日本列島　初期の騎馬文化」『加耶と広開土大王』第9回加耶史国際学術会議、金海市
張　允禎　1995『新羅馬具装飾に関する研究』（東亞大学校碩士学位論文）
張　允禎　1999「新羅鐙子試論」『文物研究』第3号、東アジア文物研究学術財団
張　允禎　2001「韓半島三国時代における鐙の展開と地域色」『岡山大学大学院文化科学研究科紀要』12
趙　栄済　1997「玉田古墳群の階層文化に関する研究」『嶺南考古学』20
趙　炳魯　2002『韓国駅制史』馬文化研究叢書Ⅵ、韓国馬事会・馬事博物館
沈　奉謹ほか　1992『昌寧校洞古墳群』
東義大学校博物館　2000『金海良洞里古墳文化』
中野玄三（朴　美貞訳）　1998「日本の馬表現」『馬事博物館誌』1998、馬事博物館
中山清隆　2002「馬具からみた鮮卑・高句麗と加耶」『悠山姜仁求教授定年記念　東北亜古文化論叢』韓国精神文化研究院
南　都泳　1996『韓国馬政史』馬文化研究叢書Ⅰ、韓国馬事会・馬事博物館
南　都泳　2001『済州島　牧場史』馬文化研究叢書Ⅴ、韓国馬事会・馬事博物館
パク・ジンオク　1966「三国時期の馬具」『考古民俗』1966-3、朝鮮民主主義人民共和国社会科学院考古学・民俗学研究所
パク・ジンオク　1986「高句麗の馬具について」『朝鮮考古研究』1986-3、社会科学院考古学研究所
パク・チャンス　1977「高句麗の馬具一式が現れた地境洞古墳」『歴史科学』1977-3
閔　德植　2003「馬牌の形態と機能」『馬事博物館誌』馬事博物館
朴　廣春　2002「馬具を通じてみた阿羅加耶　討論要旨」『古代咸安の社会と文化』国立昌原文化財研究所2002年度学術大会、国立昌原文化財研究所・咸安郡
朴　重均　2002「百済初期馬具小考─清州鳳鳴洞遺蹟出土轡を中心として─」『百済文化のいくつかの問題』湖西史学会春季学術発表会資料集、湖西史学会・公州大学校百済文化研究所
朴　美貞　2001『韓国南部地方4～5世紀轡出土古墳の性格』（東亞大学校碩士学位論文）
朴　普鉉　1990「心葉形杏葉の型式分布と多様性」『歴史教育論集』13・14合輯、歴史

教育会

朴　洋震　2004「鮮卑馬具の初歩的研究」百済研究所公開講座発表資料、忠南大学校百済研究所

桃崎祐輔　2004「倭の出土馬具からみた国際環境―朝鮮三国加耶・慕容鮮卑三燕との交渉関係―」『加耶、そして倭と北方』第10回加耶史国際学術会議、金海市

森　實ほか（金　斗喆訳）　1995「韓国慶尚南道梁山夫婦塚出土金銅装鞍の復原」『博物館研究論集』4、釜山広域市立博物館

俞　炳一　2002「新羅・加耶の墳墓から出土した馬骨の意味」『科技考古研究』第8號 アジュウ大学校博物館

楽浪漢墓刊行会　1995『楽浪漢墓　第2冊』

李　熙濬　1995「慶州皇南大塚の年代」『嶺南考古学』第17号、嶺南考古学会

李　熙濬　1996「慶州月城路カ-13号積石木槨墓の年代と意義」『碩晤尹容鎭教授定年退任記念論叢』同刊行委員会

李　熙濬　1998「4―5世紀新羅の考古学的研究」（ソウル大学大学院博士学位論文）

李　勳　2005「水村里古墳群出土百済馬具に関する検討」『4～5世紀錦江流域の百済文化と公州無図村里遺跡』忠清南道歴史文化院

李　康烈　2001『百済馬具に関する検討』（公州大学校大学院碩士学位論文）

李　始永　1991『韓国　馬文化発達史』韓国馬事会

李　尚律　1989「東來福泉洞23号墳出土f字形鏡板付轡が提起する問題」『考古研究』3、嶺南青年考古研究会

李　尚律　1990「東來福泉洞23号墳と副葬遺物」『伽耶通信』第19・20合輯、伽耶通信編集部

李　尚律　1993a『嶺南地方三国時代杏葉の研究』（慶北大学校大学院碩士学位論文）

李　尚律　1993b「三国時代杏葉小考―嶺南地方出土品を中心として―」『嶺南考古学』13、嶺南考古学会

李　尚律　1995「嶺南地方の騎馬文化受容と拡散に関して」『加耶古墳の編年研究　Ⅲ―甲冑と馬具―』第4回嶺南考古学会学術発表会、嶺南考古学会

李　尚律　1996「三韓時代の轡に関して―嶺南地方出土品の系等を中心として―」『碩晤尹容鎭教授停年退任記念論叢』同刊行委員会

李　尚律　1997「前期加耶の馬具に関して」『加耶と古代日本』第3回加耶史国際学術会議、金海市

李　尚律　1998「新羅、伽耶文化圏からみた百済と馬具」『百済文化』第27輯、公州大学校出版部

李　尚律　1999「加耶の馬冑」『加耶の対外交渉』第5回加耶史学術会議、金海市

李　尚律　2001「天安斗井洞、龍院里古墳群の馬具」『韓国考古学報』45、韓国考古学会

李　尚律　2002「日本・韓国・中国出土の馬冑・馬甲について」『古代咸安の社会と文化』国立昌原文化財研究所2002年度学術大会、国立昌原文化財研究所・咸安郡

李　尚律　2003「中国東北地域と高句麗文物の比較研究について」『高句麗考古学の諸問題』第27回韓国考古学全国大会、韓国考古学会

李　相洙　1984「加耶時代馬具の製作手法と構造に関する一考察」『保存科学研究』第5輯、文化財管理局文化財研究所

李　柱憲　2004「百済馬具に関する基礎的研究について」百済研究所公開講座発表資料、忠南大学校百済研究所

柳　昌煥　1992「馬具─鐙子について」『陝川玉田古墳群Ⅲ』慶尚大学校博物館調査報告第7輯、慶尚大学校博物館

柳　昌煥　1994『加耶古墳出土鐙子に関する研究─木心鉄板被輪鐙を中心として─』（東義大学校碩士学位論文）

柳　昌煥　1995「加耶古墳出土鐙子に関する研究」『韓国考古学報』33、韓国考古学会

柳　昌煥　2000a「"馬具を通じてみた加耶と百済"に対する討論要旨」『加耶と百済』第6回加耶市国際学術会議、金海市

柳　昌煥　2000b「環板轡の編年と分布」『伽耶文化』第13号、（財）伽耶文化研究院

柳　昌煥　2000c「大加耶圏　馬具の変化と画期」『鶴山金廷鶴博士頌寿記念論叢　韓国古代史と考古学』同刊行委員会

柳　昌煥　2001「三国時代の戦団構成と戦闘形態」に関して」『古代の戦争と武器』第5回釜山広域市立福泉博物館学術発表大会、釜山広域市立福泉博物館

柳　昌煥　2002「馬具を通じてみた阿羅加耶」『古代咸安の社会と文化』国立昌原文化財研究所2002年度学術大会、国立昌原文化財研究所・咸安郡

柳　昌煥　2004a「2号墳出土馬具の年代と系譜」『宜寧景山里古墳群』慶尚大学校博物館研究叢書第28輯、慶尚大学校博物館

柳　昌煥　2004b「百済馬具に関する基礎的研究」百済研究所公開講座発表資料、忠南大学校百済研究所

柳　昌煥　2004c「百済馬具に関する基礎的研究」『百済研究』40、忠南大学校百済研究所

李　蘭英・金　斗喆　1999『韓国の馬具』馬文化研究叢書Ⅲ、韓国馬事会・馬史博物館

林　善基　2001「馬具遺物の科学的保存処理（Ⅰ）」『馬事博物館誌』馬事博物館

嶺南大学校博物館　2002『開館55周年記念特別展　古代の馬─神性と実用─』

嶺南文化財研究所　1999『慶州舍羅里遺跡1─積石木槨墳・石槨墳』

（中国語）

中国社会科学院考古研究所　1989『北京大葆台漢墓』文物出版社

中国社会科学院考古学研究所安陽工作隊　1983「安陽考民屯晋墓発掘報告」『考古』6

遼寧省博物館文物隊　1984「朝陽袁台子東晋壁画墓」『文物』6
遼寧省文物考古研究所編　2002『三燕文物精粋』遼寧人民出版社

(英語)

M.A.Littauer and J.H.Crouwel, 2002 *"Selected writings on chariots and other early vehicles, ridings and harness"* Brill/Leiden・Boston・Koln

＊紙数の都合で引用した調査報告書、県市町村史などは割愛した。

日本および韓半島出土馬具一覧（日本編）

都道府県	遺跡名	所在地	墳形	規模（m）	内部主体	馬具の種類
宮城県	川袋1号墳	宮城郡利府町菅郷字川袋	円墳	径約10	横穴式石室	轡
	法領塚古墳	仙台市若林区一本杉町	円墳	径32	横穴式石室	轡
福島県	高松1号墳	相馬市呎田字高松	前方後円墳	21	竪穴式石槨	馬鈴
	真野寺内20号墳	相馬郡鹿島町寺内	前方後円墳	28.5	礫槨	轡、剣菱形杏葉片
	表西山30号墓	相馬郡鹿島町表西山	横穴墓			鉄製馬鈴
	八幡2号墓	いわき市平下高久大字八幡	横穴墓			金銅張馬具
茨城県	十王台15号墳	多賀郡十王町大字伊師本郷字十王台久保337	前方後円墳	40〜50		（伝）有脚半球形雲珠
	六ツ塚2号墳	日立市大みか町3丁目	前方後円墳	41	横穴式石室	素環轡
	村松舟塚1号墳	那珂郡東海村松本松合	前方後円墳	38.5		轡、雲珠
	笠合6号墳	勝田市東中根字松合	前方後円墳	43		轡2、雲珠（貝製・銅製鍍金）、鉄製轡
	黄金塚古墳	勝田市大平町長者ヶ谷津	前方後円墳	80	横穴式石室	馬鈴
	大平1号墳	勝田市大平町長者ヶ谷津	前方後円墳	48	両袖式横穴式石室	（伝）轡
	三珠塚古墳	行方郡玉造市内	前方後円墳	85	箱式石棺	轡1、雲珠
	玉里舟塚古墳	新治郡玉里村上玉里	前方後円墳	88	箱式石棺	f字形鏡板轡
	風返し稲荷山古墳	新治郡新治村大字風返し	前方後円墳	70	横穴式石室	鞍金具一式
						馬鈴
	茶枌山古墳	真壁郡関城町上野字東郷878-1他	前方後円墳	現存35×25	箱式石棺	金覆輪・銀覆輪、杏葉、雲珠
	七塚1号墳	水海道市羽生町七塚	前方後円墳	30		引手1、杏葉4、馬鐸1
	兜塚古墳	新治郡八郷町友合	円墳	径23	粘土槨	轡?、雲珠?
	宮中野99号墳	鹿島郡鹿島町宮中野	方墳			馬具
	大塚1号墳	鹿島郡鹿島町宮中野西大塚	前方後円墳	長径120	横口式横穴式石室	鉄馬具
	西大塚1号墳	日立市南高野町字西大塚	不明		竪穴式横穴式石室	馬具3
	幡山26号墳	常陸太田市幡町	前方後円墳		両袖式横穴式石室	轡、杏葉、飾、引手、雲珠
栃木県	川崎古墳	那須郡馬頭町久那瀬川崎	前方後円墳	49	横穴式石室	轡（鏡板）、杏葉5
	益子天王塚古墳	芳賀郡益子町益子字荒久台	前方後円墳	43	横穴式石室	帯先金具
						鞍、鐙（木製壺鐙?）、轡、鈴金具、雲珠、馬鈴
	宮下古墳	宇都宮市瓦谷町	前方後円墳	43	片袖式横穴式石室	楕円形鏡板轡、三鈴杏葉、雲珠
	瓦塚古墳	宇都宮市長岡町1182他	前方後円墳	65	横穴式石室	素環轡、雲珠

156　日本および韓半島出土馬具一覧

都道府県	遺跡名	所在地	墳形	規模 (m)	内部主体	馬具の種類
栃木県	竹下浅間山古墳	宇都宮市竹下町1100-5他	前方後円墳	52.5	横穴式石室	轡、雲珠
	木郷山西古墳	宇都宮市下栗町	前方後円墳			輪鐙、鈴杏葉
	雀宮牛塚古墳	宇都宮市新富町17他	前方後円墳	56.7		f字形鏡板？、五鈴杏葉3、環状轡、杏葉、環鈴1
	大山瓢単塚古墳	河内郡上三川町大山字三枚所	前方後円墳	43	箱式石棺（推定）	鞍金具、鐙、楕円形鏡板・環状轡、杏葉、雲珠
	大和田富士山古墳	芳賀郡二宮町大和田	前方後円墳	51	箱式石棺（推定）	環鈴1
	下矢亀塚古墳	宇都宮市下矢町24	前方後円墳	69	竪穴式石槨	轡1、杏葉2
	鎧塚古墳	鹿沼市西茂呂	前方後円墳	33	横穴式石室	鐙（木製壺鐙）2、環状轡2
	石橋愛宕塚古墳	下都賀郡石橋町下古山	前方後円墳	52	横穴式石室	鞍金具、雲珠（イモ貝製）、木心壺鐙、鏡
	下石橋愛宕塚古墳	下都賀郡石橋町	前方後円墳	84	横穴式石室	金銅製鞍金具、杏葉、雲珠
	山王塚古墳	下都賀郡国分寺町国分1404	前方後円墳	89		板轡、杏葉、雲珠、帯先金具
	飯塚2号墳	小山市飯塚	前方後円墳	51.8	両袖式横穴式石室	花形杏葉3、雲珠1
	西方山6号墳	上都賀郡西方村元			横穴式石室	環状轡1
	機神山山頂古墳	足利市本城3-3890他	前方後円墳	36	袖無式横穴式石室	鉄製輪鐙？、轡1、杏葉2
	文選古墳	足利市上淺垂町120	前方後円墳	後円径約34	横穴式石室	銅鈴1
	足利公園2号墳	足利市緑町・今福町	前方後円墳	径21	横穴式石室	轡1
	足利公園3号墳	足利市緑町・今福町	円墳	径20	横穴式石室	轡1、杏葉1
	大塚新田古墳	河内郡河内町大塚新田字十三塚	不明		不明	鞍金具、素環鏡轡、心葉形鏡板
	小野寺根4号墳	下都賀郡岩舟町	円墳	径50	横穴式石室	轡、鐙片
	七廻り鏡塚古墳	下都賀郡大平町西山田	円墳	径28前後	舟形木棺、組合式箱形木棺	轡1
	五箇古墳	佐野市小中町	円墳		横穴式石室	鉄製轡、轡
	境林古墳	矢板市境林字大山	円墳	径約22	両袖式横穴式石室	素環鏡轡、轡、金銅張杏葉
	助戸十二天塚古墳	足利市助戸町3丁目	円墳	径20	無袖式横穴式石室	輪鐙、轡
	星の宮神社古墳	下都賀郡石橋町細谷	円墳？	径18〜19	木炭槨	素環鏡轡2、轡1、鈴杏葉、環鈴、輪鐙2、鈴2
群馬県	天神山古墳	高崎市下斉田町字諏訪80	円墳	径46	横穴式石室	雲珠2、馬鐸3
				径20		馬具

日本編 157

都道府県	遺跡名	所在地	墳形	規模（m）	内部主体	馬具の種類
群馬県	前山古墳	高崎市下滝町字境内26	前方後円墳	60以上	横穴式石室	鉄製壺鐙2、素環轡1、花形2・心葉形3・S字形2杏葉、雲珠、馬鐸 4
	普賢寺東古墳	高崎市綿貫町字堀米西1557-1	円墳	径約30	竪穴式石槨	金銅版f字形鏡板轡
	綿貫観音山古墳	高崎市綿貫町字観音1572	前方後円墳	97	横穴式石室	鞍金具、（木心2・鉄製2）壺鐙、（金銅製・鉄製）鏡板轡、（角形・心葉形）杏葉3、雲珠3
	柴崎諏訪山古墳	高崎市柴崎字隼人1137	円墳	径30	横穴式石室？	心葉形杏葉ほか馬具
	倉賀野町65号墳	高崎市倉賀野町下町字甲大道南	円墳			
	倉賀野町73号墳	高崎市倉賀野町下町	円墳	径25		心葉形鏡板2、雲珠馬具
	倉賀野町125号墳	高崎市倉賀野町下町字乙大道南	円墳			
	大応寺古墳	高崎市倉賀野町下町字甲大応寺3607	円墳	径23	横穴式石室	鞍金具、木心壺鐙
	倉賀野190号墳	高崎市倉賀野町下町字大応寺	円墳			馬具
	倉賀野191号墳	高崎市倉賀野町下町字大応寺	円墳		棺柩なし	鏡板
	倉賀野192号墳	高崎市倉賀野町字乙大応寺	円墳	径20	横穴式石室？	轡
	観音山古墳	高崎市下佐野町字蔵王塚889・890	円墳			馬具
	佐野村36号墳	高崎市下佐野町長者屋敷959	円墳			馬具
	佐野村58号墳	高崎市下佐野町字戸崎423	円墳	径25	横穴式石室	鉄製壺鐙、心葉形杏葉
	小見山（六郷村4号墳）引間1号墳	高崎市筑縄町妙義前64引間	円墳	径25	横穴式石室	素環轡1
	豊岡村7号墳	高崎市上豊岡町925	円墳	径27	横穴式石室	素環轡1
	少林山台2号墳	高崎市鼻高町台325	円墳	径18	横穴式石室	素環轡 雲珠

158 日本および韓半島出土馬具一覧

都道府県	遺跡名	所在地	墳形	規模（m）	内部主体	馬具の種類
群馬県	少林山台12号墳	高崎市藤高町字台339-4	円墳	径20	横穴式石室	鞍、三角錐形壺鐙、素環轡、雲珠
	少林山台14号墳	高崎市藤高町字台345-5	円墳	径14	横穴式石室	金銅張花形杏葉、雲珠
	観音塚古墳（八幡村7号墳）	高崎市八幡町字後観音1031～1036	前方後円墳	90.6	横穴式石室	鞍金具、（角形1・花形2）鏡板轡、（心葉形4・花形4）杏葉、雲珠1
	若田大塚古墳	高崎市若田字大塚422-1他	円墳	径29.5	竪穴式石槨	馬具
	八幡村10号墳	高崎市若田字大塚436	円墳	径9		馬具
	八幡遺跡11号古墳	高崎市八幡町	円墳	径18.5	横穴式石室	轡1
	若田B号墳	高崎市若田町字大塚443	円墳	径14	横穴式石室	金銅製毛彫変形杏葉3
	剣崎大塚	高崎市剣崎町大塚661	円墳	径22		鞍、木心壺鐙2、f字形鏡板轡1、素環轡3
	御部入10号墳 片岡村乗附	高崎市乗附町字御部入	円墳	径11	横穴式石室	素環轡1 鏡形鏡板1
	高崎市53号墳	高崎市乗附町五百山1435	円墳	径20.4		馬具
	高崎市115号墳	高崎市乗附町天神山2152	円墳	径9		馬具
	高崎市122号墳	高崎市乗附町天神山2206-1	円墳			馬具
	高崎市159号墳	高崎市石原町清水下1939	円墳			馬具
	姥山古墳 石原稲荷山古墳	高崎市寺尾町姥山 高崎市石原町1550	円墳 円墳	径30？ 径30	舟形石棺 横穴式石室	銅製鈴付f字形鏡板鞍金具、素環轡、金銅張花形杏葉、金銅張三葉雲珠3
	山名隠居山古墳 山名原口1遺跡2号墳 河原1号墳 八幡村37号墳	高崎市山名町 高崎市山名町字原口 高崎市山名町河原894 高崎市山名町伊勢塚786	円墳 円墳	径16.5	横穴式石室	金具、金銅張立聞付素環轡、雲珠、馬具
	諏訪神社古墳	藤岡市藤岡東裏甲495	前方後円墳	57	横穴式石室	鉄製壺鐙2、素環轡1、杏葉、雲珠2

日本編　159

都道府県	遺跡名	所在地	墳形	規模（m）	内部主体	馬具の種類
群馬県	田中古墳	藤岡市小林字塚原 81 他	円墳	径 21	横穴式石室	鞍金具、轡
	美九里村 144 号墳	藤岡市神田字宿 1288	円墳	19.8		鐙
	蛇塚古墳	藤岡市神田字宿 1133	円墳	53	船形石棺	馬鐸
	宗永寺裏東塚古墳	藤岡市上落合字七與847	前方後円墳			木心壺鐙
	平井地区 1 号古墳	藤岡市三ッ木字東原 249-6 他	円墳	径 30	横穴式石室	
	白石二子山古墳	藤岡市白石字滝 1862	前方後円墳	67	横穴式石室	鞍金具、（S字形1・方形2）鏡板轡、鮫具板形立開付杏葉2、金銅波方形杏葉1、雲珠
	皇子塚古墳	藤岡市三ッ木字東原 247他	円墳	径 31	横穴式石室	鐙、銜
	株木B遺跡DH-53号住居跡	藤岡市				馬具
	吉井町 52 号墳	多野郡吉井町長根字中原乙 881	円墳	径 15.9	横穴式石室?	馬具
	吉井町 53 号墳	多野郡吉井町長根字天神森 1079-1	円墳	径 18.3	横穴式石室?	馬具
	吉井町 54 号墳	多野郡吉井町長根字大谷 983	円墳	径 39	横穴式石室?	馬具
	吉井町 55 号墳	多野郡吉井町片山字北裏 820	円墳	径 27	横穴式石室?	馬具
	一本杉古墳	多野郡吉井町字神保264	八角形墳	18	横穴式石室	素環轡
	新屋村 3 号墳	甘楽郡甘楽町天引字口明塚 160	前方後円墳	18	横穴式石室	轡
	大山鬼石古墳	甘楽郡甘楽町白倉字西大山 59	円墳?		船形石棺	鮫具立開付素環轡1、三鈴杏葉5、三環鈴1
	御三社古墳	富岡市七日市字旧郭 1414	前方後円墳	43.8	横穴式石室	馬具
	富岡 5 号墳	富岡市七日市字舟久保 1064	円墳	径 30	横穴式石室	鞍金具、素環轡、杏葉、雲珠
	富岡町 51 号墳	富岡市西芝宮乙 462	円墳	径 20	横穴式石室	鮫具立開付素環轡
	桐渕 10 号古墳	富岡市高瀬字神田	円墳	径 12	横穴式石室	鮫具立開付素環轡
	一ノ宮字田	富岡市一ノ宮町				素環轡、毛彫杏葉、雲珠
	下高田衣沢1号古墳	甘楽郡妙義町字下高田	前方後円墳	36	横穴式石室	板状立開付素環轡

160 　日本および韓半島出土馬具一覧

都道府県	遺跡名	所在地	墳形	規模（m）	内部主体	馬具の種類
群馬県	岩野谷村50号墳	安中市大谷字坊貝戸552	円墳	径9		馬具
	小間10号墳	安中市小間1210				馬具
	郷原4号墳	安中市郷原字上平1347-1	円墳	径17	横穴式石室	轡
	簗瀬二子塚古墳	安中市簗瀬字八幡平763他	前方後円墳	76	横穴式石室	轡
	後閑3号墳	安中市下後閑字山王前219	円墳	径20	横穴式石室	轡、鏡板
	後閑村12号墳	安中市上後閑字秩679	円墳			馬具
	後閑村15号墳	安中市下後閑字金蔵1892	円墳			馬具
	後閑村21号墳	安中市下後閑字東平795	円墳			馬具
	九十九村16号墳	碓氷郡松井田町国衙字日向768	円墳	径10		馬具
	将軍塚古墳	碓氷郡松井田町国衙字森北乙6	円墳	径10		馬具
	琴平山古墳	碓氷郡松井田町小日向一丁目857	円墳	径約30		杏葉
	久留馬村1号墳	群馬郡榛名町高浜字広開戸411	円墳			馬具
	しどめ塚古墳	群馬郡榛名町本郷字道場前977	円墳	径20	横穴式石室	鞍金具、鉄製壺鐙2、十字文楕円形鏡板轡1、金銅製光背形透彫杏葉2
	本郷的場C号墳	群馬郡榛名町本郷字的場	円墳	径12～14	横穴式石室	鉸具立聞付素環轡1、轡1、鈴2
	奥原25号墳	群馬郡榛名町	円墳		横穴式石室	鉸具立聞付素環轡1、素環轡1、心葉形杏葉3、雲珠1
	奥原49号墳	群馬郡榛名町	円墳		横穴式石室	
	奥原50号墳	群馬郡榛名町	円墳		横穴式石室	轡、素環轡1
	奥原64号墳	群馬郡榛名町	円墳		横穴式石室	鐙
	車郷村74号墳	群馬郡箕郷町和田山字地蔵堂451	円墳	径7	横穴式石室	
	本田1号墳	群馬郡箕郷町生原字本田	円墳		横穴式石室	杏葉
	下芝谷ツ古墳	群馬郡箕郷町下芝字谷ツ	方墳	約20	竪穴式石槨	木心鉄、f字形鏡板轡、剣菱形杏葉、鉄製状雲珠、三環鈴

都道府県	遺跡名	所在地	墳形	規模（m）	内部主体	馬具の種類
群馬県	天宮古墳	群馬郡箕郷町上芝字茶園場	円墳		横穴式石室	f字形鏡板、（剣菱形3、鈴3、心葉形）杏葉3、鈴5、素環轡1
	金古内林4号墳	群馬郡群馬町金古字内林2407-1	円墳	径40	横穴式石室	引手
	諸口3号墳 井出二子山古墳	群馬郡群馬町福島字諸口 子山1403-1 他	円墳 前方後円墳	108	船形石棺	轡
	保渡田八幡塚古墳	群馬郡群馬町保渡田字八幡塚1956 他	前方後円墳	102	船形石棺	鉄地金銅張（f字形鏡板轡、剣菱形杏葉）
	保渡田薬師塚古墳	群馬郡群馬町保渡田字薬師塚1873	前方後円墳	105	船形石棺	f字形鏡板轡2、（剣菱形2、三葉形3）杏葉、馬鐸3
	御庫山古墳	群馬郡群馬町井出字村内	円墳		横穴式石室？	馬具
	中里毘沙門2号古墳	群馬郡群馬町中里字毘沙門	円墳	径32	横穴式石室	素環轡
	堤上遺跡112号住居跡	群馬郡群馬町三ツ寺字堤上				引手
	堤上遺跡142号住居跡	群馬郡群馬町三ツ寺字堤上				鉄地金銅張花形杏葉
	榛東村39号古墳	北群馬郡榛東村大字新井字雛子	円墳	径13.2	横穴式石室	鉸具閉付素環轡
	長久保K-1号墳	北群馬郡榛東村大字新井字長久保	円墳	径17	横穴式石室	素環轡
	滝沢古墳	北群馬郡吉岡町大字下野田1165	円墳	径12.2	横穴式石室	鉄製鐙、轡？
	諏訪ノ木遺跡1号墳	渋川市石原字諏訪ノ木1207			竪穴式石槨	轡？
	金井丸山古墳	渋川市金井	円墳		横穴式石室	板状立聞付素環轡、雲珠
	米之瀬村6号墳	利根郡昭和村八日市206	円墳	径6	横穴式石室	轡
	久呂保村3号墳	利根郡昭和村森下字化粧坂84-1	円墳		横穴式石室	轡
	川額軍原9号墳	利根郡昭和村川額字穀居地79	円墳	径22	横穴式石室	木製壺鐙5、（板状立聞付2、鉸具立聞付）素環轡、杏葉4

162　日本および韓半島出土馬具一覧

都道府県	遺跡名	所在地	墳形	規模（m）	内部主体	馬具の種類
群馬県	川額軍原14号墳	利根郡昭和村森下字御門138	円墳	径11	横穴式石室	鉄製壺鐙3、双環状轡、長方形象嵌彫鏡板轡、杏葉5、鉸具立聞付素環
	秋塚3号墳	沼田市秋塚町前原485甲	円墳		横穴式石室	木製壺鐙2、鉸具立聞付素環轡1
	奈良ツ号墳	沼田市奈良町大平350・351	円墳	径6	横穴式石室	轡1
	奈良カ号墳	沼田市奈良町大平356	円墳		横穴式石室	鉄製壺鐙2
	池田村史1号墳	沼田市奈良町大平359	円墳	径8.4	横穴式石室	鏃付花弁形杏葉
	池田村史4号墳	沼田市奈良町大平359	円墳		横穴式石室	鏃付花弁形杏葉
	利南村5号墳	沼田市戸鹿野町字坂下374	円墳		横穴式石棺	鐙
	利南村2号墳	沼田市戸鹿野町蕨手302-1	円墳	径8	箱式石棺	鐙
	大塚古墳	沼田市下川田字十二越2702	円墳		横穴式石室	鐙
	政所京塚古墳	利根郡月夜野町政所字京塚17-3	円墳			板状立聞付素環轡
	神田古墳	利根郡月夜野町後閑字下神田1603	円墳			板状立聞付素環轡
	川場村2号墳	利根郡川場村門前字下宿原204	円墳	径8		鉄製壺鐙
	川場村15号墳	利根郡川場村谷地字中原2030	円墳			鐙
	大神塚古墳	利根郡川場村生品字前原2177	円墳	径10	横穴式石室	鞍、鐙
	西川原古墳	利根郡川場村生品字西川原2177	円墳			鉄製鐙
	流鏑馬古墳	利根郡川場村生品字北原1068	円墳			馬具
	川場村88号墳	利根郡川場村天神字下銅座	円墳			轡
	下平古墳	吾妻郡中之条町平2047	円墳	径11	横穴式石室	板状立聞付素環轡
	原町16号墳	吾妻郡吾妻町原町字南町337・352			横穴式石室	

日本編　163

都道府県	遺跡名	所在地	墳形	規模（m）	内部主体	馬具の種類
群馬県	原町 27 号墳	吾妻郡吾妻町原町字棚下甲 2998	円墳			馬具
	原町 40 号墳	吾妻郡吾妻町川戸字園辺 1616	円墳	径 17		馬具
	原町 43 号墳	吾妻郡吾妻町川戸字園辺 1606-2	円墳	径 10	横穴式石室	馬具
	原町上ノ毛製材敷地内古墳	吾妻郡吾妻町下之町 460	円墳	径 10		轡（引手）
	四戸 2 号墳	吾妻郡吾妻町三島字四戸 87				馬具
	十五塚古墳	吾妻郡吾妻町三島字四戸 141	円墳	径 8		馬具
	岩島村 39 号墳	吾妻郡吾妻町三島字四戸 511	円墳	径 7		馬具
	台所在古墳	館林市高根町？	円墳	径 37		鈴付杏葉、素環轡
	松本 13 号墳	邑楽郡邑楽町中野字大根町 1310				
	古海原前 1 号墳	邑楽郡大泉町古海字原前 2005	帆立貝墳	約 30	第 1〜第 3：礫槨 第 4：粘土槨、柩外	f 字形鏡板轡 鉄製楕円形鏡板轡、金銅製雲珠
	古海原前 1 号墳	邑楽郡大泉町古海字原前	帆立貝墳	約 30		素環轡
	広沢塚越古墳	桐生市境野町 4 丁目塚越 2434	円墳	径 14.5	横穴式石室？	鞍、轡、雲珠
	広沢石塚古墳	桐生市境野町三丁免	円墳			轡
	三ッ塚古墳	桐生市錦町 2 丁目	円墳	径 14.4	横穴式石室	素環轡
	川内天王塚古墳	桐生市川内町 3 丁目堂合戸甲 16	円墳			
	下小林車塚古墳	太田市小林字車塚	前方後円墳	95	横穴式石室	楕円形鏡板轡 馬具 4 組、馬鈴 2
	東矢島観音山古墳	太田市高林寿町東矢島字原 606 − 9 他	前方後円墳	110	横穴式石室	杏葉、雲珠
	割地山古墳	太田市矢島字原 605 − 4 他	前方後円墳			
	九合村 61 号墳	太田市東別所字本郷 237	円墳	径 20		馬具
	新井稲荷塚古墳	太田市新井字稲荷塚 177	前方後円墳	50	横穴式石室？	馬具、馬鈴
	沢野村 63 号墳	太田市高林南町字鶴巻 689	円墳	径 40	礫槨	鏡板轡、杏葉

164　日本および韓半島出土馬具一覧

都道府県	遺跡名	所在地	墳形	規模（m）	内部主体	馬具の種類
群馬県	天王山古墳	太田市由良字孤森1889	円墳	径13.6	横穴式石室	金銅製杏葉（金銅張心葉形透彫・鉄裂）杏葉、雲珠
	四ッ塚甲古墳	太田市由良字孤森	円墳		横穴式石室	馬具、鐙
	藤五郎塚古墳	太田市下強戸字藤五郎塚415	円墳	径20	横穴式石室	轡2
	成塚住宅団地B区第632号（住）向山古墳	太田市成塚字明神前				
			円墳	径11.8	横穴式石室	素環轡
	ニッ山1号墳	新田郡藪塚本町藪塚字満之入東	前方後円墳	74	横穴式石室	素環轡2、鐙、心葉形杏葉、雲珠
	兵庫古墳	新田郡新田町天良字下開発乙167-85	前方後円墳		横穴式石室	金銅製鈴1
	芝根14号墳	新田郡新田町上田中字五領23・24				木製馬鞍
	下田遺跡旧河道	新田郡新田町木崎字下田1-2他				鉸具付素環轡
	西田遺跡2号住居	新田郡新田町上江田字西田1103-2				馬具
	飯塚山古墳	新田郡尾島町女塚字諏訪182	円墳			
	小泉大塚越3号墳	佐波郡玉村町小泉121他	前方後円墳	45	横穴式石室	素環轡、木心壺鐙、金銅製鈴
	小泉塚本古墳	佐波郡玉村町小泉142他	前方後円墳		横穴式石室	花形鏡板轡、花形杏葉、雲珠
	稲荷山2号墳	佐波郡玉村町箱207421他	円墳	径22	横穴式石室	銅製鈴
	芝根14号墳	佐波郡玉村町川井字朝田西928-2				鉄製杏葉2、金銅製鈴
	芝根16号墳	佐波郡玉村町川井	円墳	42	横穴式石室	轡1
	川井稲荷山古墳	佐波郡玉村町川井字松塚629他	前方後円墳		横穴式石室	轡
	房子塚古墳	佐波郡玉村町下茂木字房子塚甲574	前方後円墳	45.6	横穴式石室	轡
	萩塚古墳	佐波郡玉村町後箇字萩塚21	方墳	28	横穴式石室	轡1
	吉田K-2号墳	佐波郡境町上淵名935-2	円墳	径23	横穴式石室	素環轡2

日本篇　165

都道府県	遺跡名	所在地	墳形	規模（m）	内部主体	馬具の種類
群馬県	采女村 42 号墳	佐波郡境町上渕名字吉田 954 他	円墳	径 38	横穴式石室	馬具
	上渕名双児山古墳	佐波郡境町上渕名字銕杏 957-1 他	前方後円墳	90	横穴式石室	杏葉
	上渕名双児山西 1 号墳	佐波郡境町上渕名字銕杏 990	円墳	径約 15	横穴式石室	轡 3
	上渕名古墳	佐波郡境町上渕名字吉田 915・916			袖無型横穴式石室	轡 1、雲珠
	雷電神社古墳（采女村 1 号墳）	佐波郡境町伊与久字雷電裏 358	円墳		横穴式石室	杏葉
	雷電神社跡古墳（東村 7 号墳）	佐波郡東村小保方字下谷 3861	前方後方字下	66	横穴式石室	鏡板轡、杏葉、馬鈴
	鶴巻古墳（東村 8 号墳）	佐波郡東村小保方字下谷 3757	円墳	径 34	横穴式石室	鉸具付素環轡、雲珠
	蛇塚古墳	伊勢崎市日乃出町甲 400 他	前方後円墳	径 55	横穴式石室	鏡板轡、杏葉、雲珠
	殖蓮村 171 号墳	伊勢崎市八寸大道東 2265-1 他	円墳	径 34		馬具
	茂呂村 1 号墳	伊勢崎市茂呂上ノ山甲 3412 他	円墳？	径 50		馬具
	清音 1 号墳（茂呂村 8 号墳）	伊勢崎市茂呂町 1 丁目 376	円墳	径約 24	横穴式石室	素環轡 1
	古城稲荷山古墳	伊勢崎市今古城 847・848	前方後円墳	55	袖無型横穴式石室	金銅張（花形 1・楕円形 1 鏡板轡、花形 3・楕円形 8 杏葉、雲珠 1）、木心蛋鋲
	恵下古墳（殖蓮村 10 号墳）	伊勢崎市上植木本町 2622	円墳	径 27	竪穴式石室	素環轡 1、（双剣菱形・剣菱形）杏葉 1
	関山古墳（殖蓮村 74 号墳）	伊勢崎市本関町甲 1243-1				素環轡 1
	今宮 7 号墳	伊勢崎市波志江町 1 丁目 3023	円墳	径 23	横穴式石室	鉸具素環轡
	関ノ山古墳	伊勢崎市波志江町字台所 4125			舟形石棺	馬具

日本および韓半島出土馬具一覧

都道府県	遺跡名	所在地	墳形	規模(m)	内部主体	馬具の種類
群馬県	蟹沼東13号墳	伊勢崎市波志江町1丁目3872	円墳		両袖型横穴式石室	轡片
	蟹沼東31号墳	伊勢崎市波志江町1丁目3808他	円墳		両袖型横穴式石室	鉸具付素環轡1、金銅製鈴3
	蟹沼東48号墳	伊勢崎市波志江町1丁目3766	円墳		両袖型横穴式石室	馬具
	五目牛20号墳	佐波郡赤堀町	円墳		横穴式石室	青銅製鈴1
	洞山古墳(赤堀村53号墳)	佐波郡赤堀町五目牛字北通82	前方後円墳	26	横穴式石室	素環轡1、青銅製三鈴杏葉3
	寺跡古墳					木心空錆鐙
	田向2号墳	佐波郡赤堀町今井字田向568-2・3	円墳	径24.8	横穴式石室	轡、杏葉、雲珠
	赤堀村247号墳	佐波郡赤堀町	円墳			素環轡1、鈴2
	赤堀村248号墳	佐波郡赤堀町	円墳	28	横穴式石室	素環轡1
	赤堀村288号墳	佐波郡赤堀町磯字峯岸419-4・5	帆立貝墳			素環轡1
	赤堀村276号墳	佐波郡赤堀町西野字東峯8-23・24	帆立貝墳	19.5	横穴式石室	素環轡1
	前二子古墳(荒砥村5-1号墳)	前橋市西大室町2659	前方後円墳	93	横穴式石室	鉄製輪鐙、素環轡、板轡1、剣菱形杏葉
	後二子古墳(荒砥村5-5号墳)	前橋市西大室町2616・2617	前方後円墳	82	横穴式石室	素環轡2
	荒砥村70号墳	前橋市西大室町324	円墳	径40	横穴式石室	轡
	荒砥村72号墳	前橋市西大室町325	円墳	径24	横穴式石室	素環轡1
	上横俵M4号墳	前橋市大室町	円墳	径26	横穴式石室	鞍金具、素環轡1
	御殿山古墳	前橋市荒口町北原801	円墳	径30	横穴式石室	鐙
	荒口小塚古墳	前橋市荒口町諏訪西905	円墳	径18	横穴式石室	鐙
	松山小塚古墳(木瀬村3号墳)	前橋市東上野町乙266	円墳	径20	横穴式石室	馬具
	木瀬村9号墳	前橋市小島田字八日市552-1	円墳			馬具、鈴6
	五代大日塚古墳	前橋市五代町大日塚249	前方後円墳	30	横穴式石室	鉸具付素環轡4、花形杏葉4、雲珠1、馬鈴2

都道府県	遺跡名	所在地	墳形	規模（m）	内部主体	馬具の種類
群馬県	金五塚古墳	前橋市鳥取町前原203	円墳	径17	横穴式石室	三鈴杏葉3、馬鐸4
	塩原塚古墳	前橋市田口町字子手堂580-1	前方後円墳	28	横穴式石室	素環轡2
	金冠塚古墳(山王三ノ子山古墳)	前橋市山王町1913-3	前方後円墳	52.2	横穴式石室	素環轡2、雲珠
	上陽村24号墳	前橋市山王町1-29	円墳	径25	横穴式石室T字形	素環轡1
	若宮鶴巻塚古墳	前橋市朝倉町1413	前方後円墳	77	粘土槨	轡4、杏葉
	不二山古墳(前橋市2号墳)	前橋市文京町3-151	前方後円墳	50	横穴式石室	雲珠2
	王山古墳	前橋市総社町総社100-1	前方後円墳	76	横穴式石室	素環轡（2条引手）
	王河原山古墳	前橋市総社町119	前方後円墳	60	横穴式石室	轡2、雲珠1
	穂積稲荷山古墳	前橋市総社町屋敷北乙1746	前方後円墳	90	横穴式石室	素環轡2（鉸具立附1）
	植野薬師塚古墳	前橋市総社町植野1248	円墳	径17	横穴式石室	鐙
	青梨子道上古墳	前橋市青梨子町14	円墳	径16	横穴式石室	鏡板轡、透彫杏葉
	粕川村9号墳	勢多郡粕川村笠沢字茂呂木605-2	円墳			轡2
	粕川村38号墳	勢多郡粕川村月田字富士ノ宮乙143	円墳			轡1、鐙1
	近戸庚申山古墳	勢多郡粕川村深津字堂天1553	円墳	径39	竪穴式石槨	三鈴杏葉2
	新里村9号墳	勢多郡新里村新川字十三塚2678	円墳	径27		馬具
	初室古墳	勢多郡富士見村横室字初室35	円墳	径18	横穴式石室	鉤3
	上司原2号墳	勢多郡富士見村横室字上司原298	円墳			素環轡1
	鎌塚古墳	勢多郡富士見村原之郷字塚ノ上2355		径42×32	箱式石棺	轡1
	長者塚古墳	勢多郡富士見村小暮字八幡1672	円墳			轡
	二ッ塚古墳	勢多郡富士見村石井字上白川1735	円墳			轡1

都道府県	遺跡名	所在地	墳形	規模 (m)	内部主体	馬具の種類
群馬県	向吹張古墳	勢多郡富士見村米野字向吹張647	円墳2基		横穴式石室	鉸具付素環轡1、鉄製壺鐙2
	八幡古墳	勢多郡富士見村小沢字八幡143-1	円墳			轡1
	十三山古墳	勢多郡富士見村横堂字初室55	円墳		竪穴式石槨？	轡1
	北橘村80号墳（伝）	勢多郡北橘村下箱田字瀧前59-2				素環轡2（鉸具立聞付1）
	北橘村128号墳	勢多郡北橘村真壁下遠原256	円墳		横穴式石室	鞍金具、轡
	北橘村132号墳	勢多郡北橘村真壁字塚田702	円墳			素環轡
	水泉寺遺跡	勢多郡北橘村真壁	円墳		横穴式石室	壺鐙1、杏葉1、雲珠1
	大門塚古墳	勢多郡赤城村大字上三原田字大門370	円墳	径9	横穴式石室	轡1
	稲荷塚古墳	勢多郡赤城村大字上三原田字東田425	円墳	径12	横穴式石室	馬具
	いなり塚古墳	勢多郡赤城村樽字野本507	円墳	径20	横穴式石室	素環轡1、雲珠1
埼玉県	永明寺古墳	羽生市下村君字谷田	前方後円墳	78	礫槨？	鞍金具、壺鐙、素環轡、轡
	御廟塚古墳	羽生市下村君五反田末宮	前方後円墳	推定60	横穴式石室？	輪鐙片、轡片
	ひさご塚古墳	稲川市大字川田谷字若宮	前方後円墳	41	無袖式横穴式石室	鞍、木心壺鐙、轡、三環鈴、杏葉、雲珠
	稲荷山古墳	行田市大字埼玉	前方後円墳	120	舟形礫槨	
					粘土槨	轡
	若王子古墳	行田市埼玉字曽根通712他	前方後円墳	95	横穴式石室	杏葉、雲珠
	将軍塚古墳	行田市大字埼玉	前方後円墳	102	横穴式石室	金銅（鞍金具、鉸板付轡、鞍葉形杏葉8、鈴3）鉄製輪鐙1対、素環轡、八角稜形銅鈴4
	伊勢山古墳	熊谷市柿井2046	前方後円墳	41	右片袖式横穴式石室	轡（第1次埋葬）、鏡板1
	牛塚古墳	川越市的場2473	前方後円墳	47	左片袖式横穴式石室	雲珠（第2次埋葬）

日 本 編 169

都道府県	遺跡名	所在地	墳形	規模（m）	内部主体	馬具の種類
埼玉県	一夜塚古墳	朝霞市岡3丁目	円墳	径36	木炭槨	楕円形（十字文鏡板、鏡板）轡、三葉文心葉形杏葉2、雲珠
	大稲荷古墳群	行田市須加	円墳		粘土槨	楕円形鏡板轡
	冑塚古墳	東松山市唐子	円墳	径約36	横穴式石室	金銅製鏡板杏葉、雲珠
	黒田1号墳	大里郡花園町黒田	円墳		横穴式石室	素環轡、雲珠3
	黒田4号墳	大里郡花園町黒田	円墳		横穴式石室	
	下小坂3号墳	川越市下小坂	円墳		粘土槨	轡
	諏訪山1・2号墳	東松山市西本宿	円墳		粘土槨	鉄製轡、金銅張剣菱形杏葉
	どうまん塚古墳	川越市小坂	円墳	径25.4	組合式木棺	金銅製鏡板、杏葉
	宮西塚	加須市上樋遣川				三鈴杏葉3、雲珠
	目沼9号墳	北葛飾郡杉戸町目沼	円墳		木炭槨	
千葉県	城山1号墳	香取郡小見川町城山	前方後円墳	68	片袖式横穴式石室	鞍金具1、（鏡板2、環状1）轡、木心壺鐙1対、杏葉、雲珠、金銅鈴12
	禅昌寺山古墳	佐原市大戸川字中宿	前方後円墳	推定約60		f字形鏡板付轡1、剣菱形杏葉2、馬鐸4
	小川1号墳	西葛郡光町小川台字熊落台	前方後円墳	30	木棺直葬	鐙1
	山田にわとり塚古墳	山武郡芝山町大台	前方後円墳	40	箱式石棺	轡1、雲珠1
	中台姫塚古墳	山武郡横芝町中台字外記	前方後円墳	75	横穴式石室	金銅鞍金具1組、金銅雲珠1張杏葉1、金銅雲珠6
	蕪木5号墳	山武郡松尾町八田字名城	前方後円墳	47	箱式石棺	銅製馬具1組、鉄製雲珠2
	小台1号墳	印旛郡栄町木塚	前方後円墳	37	横穴式石室	鉄製馬具
	南総中9号墳	市原市久字江子田	前方後円墳	37	複legged横穴式石室	馬具
	江子田金塚古墳	市原市江子田字送り神119-1	前方後円墳	63	木棺直葬	金銅張（f字形鏡板付杏葉5、雲珠1）
	船尾町田2号墳	印旛郡印西町船尾町田	前方後円墳	33.5	土壙・箱式石棺	金銅鈴2
	根田130号墳	市原市根田字代	前方後円墳	42	墓壙内木棺	轡1
	姉崎二子塚古墳	市原市姉崎字二ッ子（二子塚）	前方後円墳	103	木棺直葬	轡（銜・引手）
	六孫王原古墳	市原市姉崎字六孫王原	前方後円墳	53.5	石切積横穴式石室	金銅製鏡板
	下泊崎古墳	木更津市下郡字市場台	前方後円墳	60	木棺直葬（推定）	素環轡1
	法皇塚古墳	市川市国府台	前方後円墳	54.5	片袖式横穴式石室	鞍金具、鏡板轡、輪鐙、環状轡、雲珠

170 日本および韓半島出土馬具一覧

都道府県	遺跡名	所在地	墳形	規模（m）	内部主体	馬具の種類
千葉県	鹿島塚8号墳	木更津市請西字鹿島塚	前方後円墳	38.6	木棺直葬	素環轡1
	金鈴塚古墳	木更津市長須賀字熊野廻430他	前方後円墳	130	無袖式横穴式石室	鞍3（前後輪）、轡3（鏡板6）、杏葉8、雲珠6、鈴54
	西原古墳	富津市大堀字西原	前方後円墳	63	無袖式横穴式石室	金銅製鏡板鞍金具
	厳窟塚古墳	富津市二間塚字割見塚1762他	前方後円墳	約63	片袖式横穴式石室	金銅製鞍金具
	三条塚古墳	富津市下飯野字三条塚989他	前方後円墳	193	無袖式横穴式石室	鞍金具2、木製壺鐙金具1、環状雲珠1
	九条塚古墳	富津市下飯野字九条塚767他	前方後円墳	164	横穴式石室	十字文楕円形鏡板轡、雲珠
	青木姫塚古墳	富津市青木字中入部台974他	前方後円墳	70	片袖式横穴式石室	馬具
	荒久古墳	千葉市青葉町荒久	方墳	一辺9	横穴式石室	鉄製馬具
	経僧塚古墳	山武郡成東町大字野堀	円墳	径45	両袖式横穴式石室	馬具
	関向古墳	八日市場市飯塚字関向	不明		木炭槨	轡、金銅張杏葉
	高千穂4号墳	木更津市菅生字高千穂	円墳	径30	木棺	鐙、轡
	駄ノ塚古墳	山武郡成東町板附	方墳	一辺約60	横穴式石室	金銅製雲珠
	鶴巻塚古墳	木更津市永井作1丁目	円墳		片袖式横穴式石室	鞍金具、壺鐙、鞍金具、馬鐸2
	姫塚古墳	富津市青木字中入部台	方墳	径10		馬具
	松面古墳	木更津市長須賀字松面				鞍金具、壺鐙、杏葉
	矢部古墳	木更津市矢那字中入部大原	円墳		横穴式石室	馬具破片、鏡鈴4
	割見塚古墳	富津市二間塚字割見塚	方墳			鏡板、杏葉
東京都	観音塚古墳	大田区田園調布4-9-25	前方後円墳	42.5	両袖式横穴式石室	轡2組、雲珠
	柏江亀塚古墳	狛江市元和泉1-21	前方後円墳	51	木炭槨・木棺	木心輪鐙、金銅張（f字形鏡板、剣菱形杏葉）、雲珠
	塚越14号横穴墓	大田区久込2丁目～5丁目	横穴墓			金銅張鏡板轡
	柴又八幡神社古墳	葛飾区柴又3丁目	不明	不明	不明	轡片
	芝丸山5号墳	港区芝公園	円墳			馬具
神奈川県	朝光寺原2号墳	横浜市緑区市尾町	円墳	径20	横穴式木棺	轡
	朝光寺原3号墳	横浜市緑区市尾町	円墳	径20	不明	轡片、剣菱形杏葉
	塚田古墳	南足柄市関本小字塚田	不明		横穴式石室	金銅製鞍金具、鉄製輪鐙
	登尾山古墳	伊勢原市阿弥の内	円墳	径15	両袖式横穴式石室	金銅製鏡板、杏葉、雲珠

都道府県	遺跡名	所在地	墳形	規模（m）	内部主体	馬具の種類
神奈川県	堂の木古墳	横浜市磯子区大岡町	円墳	径30	横穴式石室？	3組の馬具
新潟県	飯綱山古墳群－女塚	南魚沼郡六日町大字余川字飯綱山		径40	竪穴式石室（東西2室）	馬具
	菅原神社古墳	中頚城郡清里村大字菅原			横穴式石室	馬具
	住吉古墳（1号墳）	両津市大字住吉字城ノ内		30	無袖式横穴式石室	馬具
富山県	朝日長山古墳	永見市朝日本町24	前方後円墳	43	竪穴系横穴式石室	鞍金具、杏葉
石川県	山伏山1号墳	羽咋市柳田町	前方後円墳	49	左片袖式横穴式石室	心葉形杏葉2、環状雲珠1
	和田山2号墳	能美郡寺井町	円墳	径18.4	粘土槨	f字形鏡板、剣菱形杏葉
福井県	椀貸山2号墳	坂井郡丸岡町坪江	前方後円墳	26.1	横穴式石室	金銅製（鞍金具、杏葉）、木心輪鐙
	獅子塚古墳	三方郡美浜町郷中字横田	前方後円墳	32.5	竪穴式石槨	轡片2
	西塚古墳	遠敷郡上中町脇袋	前方後円墳	67		金銅張（鏡板、剣菱形杏葉、雲珠）
	十善の森古墳	遠敷郡上中町天徳寺森ノ下	前方後円墳	67	横穴式石室	鞍金具、金銅双竜鈴付鏡板1、木心輪鐙片、金銅張杏葉
	行峠古墳	大飯郡高浜町中山	前方後円墳	34	右片袖武横穴式石室	形杏葉
	二子山3号墳	大飯郡高浜町小和田	前方後円墳	26	横穴式横穴式石室	轡1
	大谷古墳	遠敷郡上中町下タ中字大谷	円墳	径20	片袖武横穴式石室	轡1
	春日山古墳	吉田郡松岡町字弁才天谷	円墳		両袖武横穴式石室	金銅製馬具
	神奈備山古墳	坂井郡金津町瓜生・丸岡町坪江	前方後円墳	63.75	両袖武横穴式石室	鏡板轡、木心壺鐙片、轡1
	丸山塚古墳	遠敷郡上中町天徳寺下川原		径50以上	片袖武横穴式石室	鞍金具、木心壺鐙片、金銅製轡
	向出山3号墳	敦賀市吉河字向出	円墳			金銅製鞍金具、金銅張杏葉
山梨県	二ツ塚1号墳	北巨摩郡双葉町竜地		径13	片袖武横穴式石室	轡2
	竜王2号墳	中巨摩郡竜王町竜王新		径約20	無袖武横穴式石室	馬具
	稲荷塚古墳	東八代郡中道町下向山字東山		径14	無袖武横穴式石室	毛彫馬具
	かんかん塚古墳	東八代郡中道町	推定円墳	径18	片袖武横穴式石室	馬具
	寺の前古墳	東山梨郡春日居町鎮目小字寺	円墳		竪穴式石室 横穴式石室	木心輪鐙、轡、三環鈴 鏡板2、轡3、雲珠4

172　日本および韓半島出土馬具一覧

都道府県	遺跡名	所在地	墳形	規模 (m)	内部主体	馬具の種類
山梨県	天神のこし古墳	東山梨郡春日居町鎮目小字関東林	円墳		片袖式横穴式石室	鞍金具、轡
長野県	高岡1号墳	飯田市座光寺高岡	前方後円墳	72.3	横穴式石室	馬具
	北本城古墳	飯田市座光寺	前方後円墳	35	竪穴系横穴式石室	轡1
	飯沼雲彩寺古墳	下伊那郡上郷町飯沼天神塚	前方後円墳	74.5	両袖式横穴式石室	馬鈴2
	鎧塚古墳	飯田市桐林塚原	前方後円墳	50	竪穴式石槨	馬鐸1
	御猿堂古墳	飯田市上川路西	前方後円墳	66.4	横穴式石室	轡1、杏葉1、雲珠1
	正清寺古墳	飯田市上川路久保田	前方後円墳	47	横穴式石室	轡3、杏葉5
	新井原12号墳	飯田市座光寺新井原	前方後円墳	36	竪穴式石室	f字形鏡板轡、剣菱形杏葉
	畔地A-6号墳	飯田市座光寺新井原畔地	円墳	径19.8	横穴式石室	鏡板轡、杏葉、雲珠
	本郷大塚古墳	南安曇郡穂高町有明	円墳		無袖式横穴式石室	馬具
	大塚古墳	須坂市大字日滝字宮原	円墳	推定径20	片袖式横穴式石室	轡
	金鎧山古墳	茅野市大字永明字塚原	積石塚	径25	合掌形石室	鞍金具、輪鐙、轡
	コウモリ塚古墳	中野市大字新野	円墳		片袖式横穴式石室	轡1
	天神塚古墳	下伊那郡上郷町飯沼字天神塚	円墳	径15	両袖式横穴式石室	金銅製鞍金具、鉄製壺鐙、轡、馬具、馬鈴
	鳥羽山洞穴	小県郡丸子町大字腰越	円墳	径10	両袖式横穴式石室	轡
	東一本柳古墳	佐久市岩村田一本柳			不明	轡、杏葉
	須坂鎧塚古墳(2号墳)	須坂市八丁字鎧塚	積石円塚	径25(推定)	横穴式石室	轡、鈴付杏葉
	六万部古墳	上伊那郡中川村大字片桐	円墳	径約14		轡片
岐阜県	信包八幡神社古墳	吉城郡古川町大字信包1番地	前方後円墳	64	竪穴式石槨	杏葉1、雲珠1
	桑原野山1号墳	各務原市鵜沼東町3丁目	前方後円墳	18	竪穴系石室	轡1
	ふな塚古墳	各務原市鵜沼大伊木町3丁目	前方後円墳	現存45	横穴式石室	杏葉2
	野口南大塚古墳	各務原市蘇原野口町5丁目	前方後円墳	約60		轡1
	南出口古墳	揖斐郡大野町大字野字南出口641	前方後円墳	75	竪穴式石槨	轡引手
	中八幡古墳	揖斐郡池田町上八幡字中野1410	前方後円墳	43		鞍金具、木心輪鐙
	兜塚古墳	不破郡垂井町大字宮代	円墳	径35	両袖式横穴式石室	轡片

日本篇　173

都道府県	遺跡名	所在地	墳形	規模（m）	内部主体	馬具の種類
岐阜県	虎渓山1号墳	多治見市虎渓町4	円墳	径約12	右片袖式横穴式石室	金銅張f字形鏡板轡1、雲珠1
	二又1号墳	養老郡上石津町二又	円墳	径15	横穴式木心粘土室	轡1、雲珠1
静岡県	磐田312号墳	磐田市向笠	前方後円墳	19		轡（五鈴2、剣菱形2）杏葉、馬鐸5、三環鈴1
	二子塚古墳	磐田市三ヶ野	前方後円墳	64		鏡板1対
	瓢塚古墳	浜松市有玉西町三方原学園内		推定45	木炭槨（第2主体）	鏡板1対
	愛野向山B12号墳	袋井市愛野	円墳	径12	木炭槨（第3主体）蝶榔	木心輪鐙、円形鏡板付轡、三環鈴
	伊庄6号横穴墓　字洞ヶ谷横穴墓	静岡市大谷伊庄合　掛川市下俣	横穴墓　横穴墓		造りつけの棺	轡
	紙子森古墳　大門大塚古墳	浜松市豊町　袋井市高尾	円墳　円墳	径23.6　径26	片袖式横穴式石室　無袖式横穴式石室	金銅張楕円形鏡板轡1、鉄製轡、杏葉、雲珠、鈴　馬具一式
	興覚寺裏古墳	浜北市宮口		33	片袖式横穴式石室	鞍金具、楕円形鏡板、鉄製輪鐙、f字形鏡板轡
	飯塚古墳	磐田市岩井	前方後円墳	径約26	片袖式横穴式石室	馬具、鞍金具、（f字形鏡板2種3対、楕円形鏡板、表裏）轡、鉄製輪鐙、杏葉（楕円形、三鈴轡、剣菱形
	賤機山古墳	静岡市宮ヶ崎町浅間神社境内	円墳	径27	両袖式横穴式石室	金銅製鞍金具、金銅装木心壺鐙（鏡板、九曜文、轡、杏葉）、三鈴轡、馬鐸
	下土狩西1号墳　高根森1号墳　高根森2号墳　仁田山の埼古墳	駿東郡長泉町下土狩字西　鳥田市色尾　鳥田市色尾　榛原郡榛原町仁田	円墳　円墳　不明　円墳	径約20　径18	横穴式石室　横穴式石室　片袖式横穴式石室　横穴式石室	鞍金具、雲珠、馬鐸　轡、雲珠、（唐草文透・十字文透）鏡板轡、（楕葉形、変形鐘板）壺鐙、杏葉
	瓦屋西3号墳　半兵衛奥古墳　丸山古墳	浜松市半田～有玉西　静岡市羊庵新田　静岡市大谷宮川	前方後円墳　円墳？　方墳	28　一辺18	横穴式石室　横穴式石室？　横穴式石室	馬鈴　金銅製壺鐙、f字形棒状鏡板轡　鐙

174　日本および韓半島出土馬具一覧

都道府県	遺跡名	所在地	墳形	規模（m）	内部主体	馬具の種類
静岡県	御小屋原古墳	島田市吹木御小屋原	円墳		横穴式石室	金銅製忍冬文透彫（鏡板轡、杏葉）
	八幡2号墳	藤枝市八幡	不明		横穴式石室	木心窓鐙、変形剣菱形杏葉5、雲珠、馬鐸5、馬鈴1
	観音寺木堂Ⅰ群1号	森町飯田木堂	横穴墓			馬具
	藤谷A群6号	菊川町西横地池ヶ谷御領	横穴墓			馬具
	下本所A群1号	菊川町本所若宮	横穴墓		石棺	馬具
	下本所B群5号	菊川町本所若宮	横穴墓		石棺	馬具
	下本所B群9号	菊川町本所若宮	横穴墓		石棺	馬具
	篠ヶ谷A群3号	菊川町堀之内篠ヶ谷	横穴墓		石棺	轡
	篠ヶ谷A群8号	菊川町堀之内篠ヶ谷	横穴墓		石棺	鮫具付環状轡
	篠ヶ谷A群9号	菊川町堀之内篠ヶ谷	横穴墓		石棺	轡
	西宮浦1号	菊川町堀之内西宮浦	横穴墓		石棺	馬具
	大淵ヶ谷B群1号	菊川町西方大淵ヶ谷	横穴墓		石棺	馬具
	大淵ヶ谷B群6号	菊川町西方大淵ヶ谷	横穴墓		石棺	馬具
	大淵ヶ谷C群5号	菊川町西方大淵ヶ谷	横穴墓		石棺	馬具
	大淵ヶ谷C群13号	菊川町西方大淵ヶ谷	横穴墓		石棺	馬具
	大淵ヶ谷C群16号	菊川町西方大淵ヶ谷	横穴墓			馬具
	杉森諏訪の池D群8号	菊川町中内田杉森	横穴墓		板石・棺台	馬具
	杉森諏訪の池D群9号	菊川町中内田杉森	横穴墓		石棺	馬具
	宇藤A群A1号	菊川町東横地	横穴墓			馬具
	梶ヶ谷1号	浜岡町名波	横穴墓			馬具
	梶ヶ谷2号	浜岡町名波	横穴墓			馬具
	薩摩1号	浜岡町宮内	横穴墓			轡
	大寄C群3号	根良町大寄山下	横穴墓		棺台	馬具
	大寄C群6号	根良町大寄山下	横穴墓		棺台	馬具
	小堤山1号	根良町波津小堤	横穴墓			轡
	八幡山3号	袋井市八幡ヶ谷	横穴墓			馬具
	大谷（千沼）A群6号	掛川市千沼	横穴墓			馬具
	大谷（千沼）A群25号	掛川市千沼	横穴墓		棺座	馬具
	茶屋辻A群5号	掛川市杉谷茶屋辻	横穴墓			馬具
	茶屋辻B群1号	掛川市杉谷茶屋辻	横穴墓		棺座	馬具
	山麓山横穴	掛川市中央高町	横穴墓			馬具
	木村A群4号	掛川市領家屋敷腰	横穴墓			馬具

日本篇 175

都道府県	遺跡名	所在地	墳形	規模（m）	内部主体	馬具の種類
静岡県	堀ノ内D群1号	掛川市長谷	横穴墓			馬具
	王塚7号	大東町中方	横穴墓			馬具
	相谷126号	函南町相谷	横穴墓			馬具
	相谷D15号K	函南町相谷	横穴墓			馬具
	清水ヶ谷3号	大東町岩滑	横穴墓			轡
	馬越長火塚古墳	豊橋市石巻本町字樹屋谷18-1他	前方後円墳	64	横穴式石室	鞍金具、鐙、轡、金銅製鐘形杏葉14
愛知県	牛呂王塚古墳	豊橋市牛呂町字市場	前方後円墳	40以上	横穴式石室？	心葉形杏葉2
	車神社古墳	豊橋市植田町字八尻	前方後円墳	42	横穴式石室？	鈴杏葉3
	根川古墳	豊田町保見町根川	前方後円墳	40〜50	横穴式石室？	馬具1
	経ヶ峰1号墳	岡崎市丸山町字経ヶ峰6-1・2	前方後円墳	35	竪穴系横口式石室	金銅張楕円形鏡板、轡1
	志段味大塚古墳	名古屋市守山区上志段味字大塚1306	前方後円墳	67	粘土槨	輪鐙2、五鈴付鏡板2、五鈴杏葉2、三環鈴3、鏡板1、轡1
	曽本二子山古墳	江南市布袋町曽本字二子塚	前方後円墳	60	横穴式石室（推定）	輪鐙1、鏡板1、轡1
	小幡茶臼山古墳	名古屋市守山区大字小幡字小林2273	前方後円墳	63以上	片袖式横穴式石郭	馬鈴1
	白鳥古墳	名古屋市熱田区白鳥町1-2-17	前方後円墳	100以上	竪穴式石郭？	f字形鏡板2、(心葉形8)杏葉、麦形1、f字形鏡板1、麦形3）杏葉、雲珠
	大須二子山古墳	名古屋市中区門前町101他	前方後円墳	80	竪穴式石郭	f字形鏡板2、（心葉形2）杏葉、雲珠
	岩든1号墳	岡崎市岩津町字西	円墳	径18	横穴式石室	素環轡1
	岩든2号墳	岡崎市岩津町字西	円墳	径14	横穴式石室	轡片
	豊田大塚古墳	豊田市河合町	円墳		無袖式横穴式石室	金銅製轡
三重県	泊り古墳	志摩郡大王町畔名泊り	前方後円墳	32.4	横穴式石室	鎮張杏葉、（f字形・楕円形1）鏡板、杏葉10、雲珠、銅鈴1
	井田川茶臼山古墳	亀山市みどり町	前方後円墳（推定）		両袖式横穴式石室	
	鎌切3号墳	津市大字野田字鎌切	前方後円墳	37.6	木棺	鏡板2、轡1
	吉良土古墳	上野市佐那具町字吉良土	前方後円墳		横穴式石室	金銅張（f字形鏡板・剣菱形杏葉）轡、杏葉、銅鈴
	保子里車塚古墳	鈴鹿市国府町保子里字大貝戸	双円墳	約50	組合式石棺	

176　日本および韓半島出土馬具一覧

都道府県	遺跡名	所在地	墳形	規模（m）	内部主体	馬具の種類
三重県	寺音寺古墳	阿山郡大山田村字牧村字滝ノ鼻	前方後円墳	60	両袖式横穴式石室	馬具
	髙倉山古墳	伊勢市豊川町髙倉山	円墳	径32		馬具
	前山1号墳	阿山郡大山田村字富岡	円墳	径12		馬具
	南山古墳	伊勢市鹿海町南山	円墳	径17		馬具
滋賀県	石伏山古墳	坂田郡米原町河南	前方後円墳	36.6	竪穴式石槨	鐙、馬具類破片
	山津照神社古墳	坂田郡近江町能登瀬	前方後円墳	45	横穴式石室	鞍飾、鉄製輪鐙、轡、金銅張杏葉、鉄製鞍、雲珠
	鴨稲荷山古墳	高島郡高島町鴨稲荷2254	前方後円墳	60	横穴式石室	金銅製鞍、杏葉、雲珠（轡、心鐙、雲珠）、木心鐙、轡
	新開1号墳	栗太郡栗東町安養寺	円墳	径4	木棺直葬	木心鐙、轡
京都府	坊主山1号墳	宇治市広野町字山	前方後円墳	45	無袖式横穴式石室	金銅張轡、杏葉、雲珠
	天塚古墳	京都市右京区太秦松本町	前方後円墳	71	馬具片	轡片
	天塚古墳	京都市右京区太秦松本町	前方後円墳	71		鞍金具、f字形鏡板轡、剣菱形・変形杏葉
	穀塚古墳	京都市西京区山田樂室町	前方後円墳	41		木心鐙、楕円形鏡板轡、五鈴杏葉
	物集女車塚古墳	向日市物集女町寺山	前方後円墳	48	左片袖式横穴式石室	鞍金具、金銅張・環状轡、剣菱形・楕円形杏葉、雲珠、馬鐸
	沢3号墳	綾部市栗町沢	前方後円墳	46		f字形鏡板轡
	新戸1号墳	中部大宮町字奥大野小字新戸	前方後円墳	35	横穴式石室	金銅張（轡・雲珠）
	牧正一古墳	福知山市大字牧	前方後円墳	推定35	礫槨	杏葉、雲珠
	宇治丸塚古墳	宇治市五ケ庄瓦塚	円墳	径約30		鉄製馬具
	冑山1号墳	城陽市観音堂	前方後円墳	約30	左片袖式横穴式石室	馬具破片
	冑山2号墳	城陽市観音堂	不明		竪穴式石室	杏葉
	トツカ古墳	綴喜郡田辺町飯岡小字小山	円墳	径22		鞍金具、轡
	吐師七ツ塚2号墳	相楽郡木津町大字吐師小字中ノ中条				馬鐸3
	宇治二子山古墳	宇治市宇治山本	円墳	径約36	組合式木棺	馬具、三環鈴
	桃谷古墳	中部峰山町字新治	円墳？		両袖武横穴式石室	馬具
大阪府	七観古墳	堺市旭ヶ丘中町4丁	円墳	径50	木棺	鞍金具、木心鐙、轡、三環鈴
	城ノ山古墳	堺市百舌鳥西之町1丁	前方後円墳	77	竪穴式石室	金銅製装馬具

日本篇 177

都道府県	遺跡名	所在地	墳形	規模 (m)	内部主体	馬具の種類
大阪府	百舌鳥古墳群					馬鐸
	経塚古墳	堺市浜寺南町3丁304〜5	不明	不明	不明	轡、杏葉、雲珠
	牛石7号墳	堺市桃山台	前方後円墳	57	粘土槨	鏡板、杏葉
	西山2号墳	堺市	前方後円墳	40	両袖式横穴式石室	轡、杏葉、雲珠
	桙尾塚所在古墳	堺市付近	円墳			金銅製馬具
	桧尾塚原8号墳	高石市富木918-2〜3	不明	不明		轡
	富木車塚古墳	岸和田市岡山重ノ原	円墳	48	横穴式木心粘土室	木心壺鐙、鉄製轡、金銅張杏葉
	馬塚古墳	枚方市宇山東町	前方後円墳		無袖式横穴式石室	轡
	宇山1号墳	枚方市禁野	円墳	径15	横穴式木心石室	鐙
	白雉塚古墳	寝屋川市太秦ゲンケ谷	円墳	径30	片袖式横穴式石室	鞍金具、環状轡、杏葉、雲珠
	太秦ゲンケ谷古墳群	寝屋川市	不明			木製鞍橋
	讃良郡条里遺跡					
	東尾古墳	東大阪市日下町	円墳	径20	横穴式横穴式石室	環状轡
	芝山古墳	東大阪市石切町	前方後円墳	30	横穴式横穴式石室	鞍金具、鐙、轡、杏葉 (倒菱形・心葉形)、雲珠
	夫婦塚古墳	東大阪市石切町	双円墳	24.5	横穴式石室	鐙 (?)、轡
	大藪古墳	東大阪市石切町	円墳	?	横穴式石室	金銅張雲珠
	山畑2号墳	東大阪市四条町	上円下方墳	上10、下30	片袖式横穴式石室	鞍の磯金具
	山畑22号墳	東大阪市四条町	双円墳	30	横穴式横穴式石室	轡
	山畑23号墳	東大阪市四条町	不明	不明	横穴式横穴式石室	環状轡
	山畑25号墳	東大阪市四条町	円墳	不明	片袖式横穴式石室	轡
	山畑27号墳	東大阪市四条町	円墳	不明	横穴式横穴式石室	鞍金具、轡、杏葉、雲珠
	山畑33号墳	東大阪市四条町	不明	不明	横穴式横穴式石室	轡
	山畑48号墳	東大阪市	円墳	径10	片袖式横穴式石室	鞍磯金具、轡、杏葉、雲珠
	五里山3号墳	東大阪市大竹	円墳	径40	片袖式横穴式石室	鞍金具、鐙、轡、杏葉、雲珠
	愛宕塚古墳	八尾市大竹	不明	不明	横穴式石室	
	土手山古墳	八尾市山畑	円墳		片袖式横穴式石室	
	長原七ノ坪古墳	大阪市平野区長吉長原3丁目	前方後円墳	30.8	片袖式横穴式石室	鞍金具、木心鐙、f字形轡、剣菱形杏葉、環状雲珠
	河内飛鳥所在の古墳	河内飛鳥所在の古墳				鈴付鏡板、鈴付杏葉
	河内金剛寺旧蔵切戸1号墳	羽曳野市駒ヶ谷	円墳	径12	片袖式横穴式石室	木心壺鐙、環状轡、杏葉、雲珠
	宝剣塔山1号墳	羽曳野市駒ヶ谷	円墳		両袖式横穴式石室	杏葉、飾金具
	一須賀W-11号墳	河南町東山	円墳	径21	片袖式横穴式石室	

178　日本および韓半島出土馬具一覧

都道府県	遺跡名	所在地	墳形	規模（m）	内部主体	馬具の種類
大阪府	一須賀 W-15 号墳	河南町東山	円墳	径 20	両袖式横穴式石室	鏡板
	一須賀 W-17 号墳	河南町東山	円墳	径 12	片袖式横穴式石室	剣菱形杏葉
	一須賀 D-10 号墳	河南町東山	円墳	径 15	横穴式石室	杏葉
	一須賀 D-12 号墳	河南町東山	円墳	径 19	横穴式石室	杏葉
	一須賀 B-8 号墳	河南町東山	円墳	径 13	片袖式横穴式石室	馬具（内容不明）
	一須賀 A-9 号墳	河南町東山	円墳	径 20	両袖式横穴式石室	馬具（内容不明）
	金山古墳	河南町中村芹生谷	双円墳	長軸長77.9	両袖式横穴式石室	鉄刀
	田中 1 号墳	富田林市伏見堂	円墳	径 25 以内	両袖式横穴式石室	杏葉、雲珠
	三日市 8 号墳		円墳		片袖式横穴式石室	雲珠
	岩坪古墳	能勢町神山岩坪 100	円墳	径 22	両袖式横穴式石室	環状鏡
	野間中 1 号墳	能勢町野間中塚本 583	円墳	径 14	両袖式横穴式石室	木心鐙、轡
	野間中所在古墳	能勢町野間中字岡本田地	円墳	径 9.4	不明	轡、馬鈴
	御獅子塚古墳	豊中市中桜塚 2 丁目	前方後円墳	70		轡
	南天平塚古墳	豊中市桜塚東通	円墳	径 20	割竹形木棺（2 号）	鞍金具（前輪・後輪一式）、杏葉、雲珠
	北天平塚古墳	豊中市桜塚東通	円墳	径 21	粘土槨（1 次）	木製鞍、鐙、轡、杏葉
	豊中孤塚古墳	豊中市桜塚東通	不明	不明	粘土槨（西槨）	馬具、鐙、轡
	上寺山古墳	茨木市上穂積	円墳	不明	横穴式木心粘土室	鉄製馬具
	見付山古墳	茨木市上穂積	円墳		両袖式横穴式石室	鉄製馬具
	上穂積神社西古墳	茨木市上穂積上穂積山	円墳		片袖式横穴式石室	馬具
	海北塚古墳	茨木市福井	円墳	50	片袖式横穴式石室	鞍金具、轡、鐙、杏葉、雲珠
	南塚古墳	茨木市宿久正	前方後円墳		片袖式横穴式石室	馬具
	青松塚古墳	茨木市宿久正	円墳	径 20	片袖式横穴式石室	鞍金具、轡、杏葉 3、雲珠
	弁天山 D4 号墳	高槻市	前方後円墳	45	木棺もしくは粘土槨	鐸 2
	塚原 A46 号墳	高槻市	円墳	不明	無袖式横穴式石室	鞍金具、轡、杏葉 3、木心鐙
	塚原 B41 号墳	高槻市	円墳	不明	片袖式横穴式石室	轡 2
	塚原 L1 号墳	高槻市	円墳	径 12	片袖式横穴式石室	壺鐙金具、轡
	塚原 M1 号墳	高槻市	円墳		片袖式横穴式石室	壺鐙金具
	塚原 P1 号墳	高槻市	円墳	径 15	片袖式横穴式石室	雲珠
	塚原 T10 号墳	高槻市	円墳	径 17	片袖式横穴式石室	壺鐙金具、轡
	土保山古墳	高槻市土室 343 他	円墳	径 28〜30	堅穴式石室と粘土槨	馬具

日本編　179

都道府県	遺跡名	所在地	墳形	規模 (m)	内部主体	馬具の種類
大阪府	二本松古墳	大阪市住吉区住吉字二本松	不明	不明	不明	鏡板轡、杏葉
	唐櫃山古墳	藤井寺市国府1丁目	前方後円墳	53	竪穴式石槨（家形石棺）	f字形鏡板轡
	向代1号墳	和泉市池田下町	前方後円墳	35	横穴式石室	鞍金具、素環轡
	鞍塚古墳	藤井寺市道明寺	円墳	径39	木棺	鞍金具、木心輪鐙、轡、轡
	ツキ塚古墳	堺市辻之	方墳	一辺45	木棺直葬	馬具
	塔塚古墳	堺市浜寺元町	円墳	径40	竪穴式石室（家形石棺）	金銅製鞍金具、鐙、轡
	長持山古墳	藤井寺市沢田3丁目				金銅製鞍金具、木心鐙、鏡板轡、（楕円形・f字形）鏡板轡、剣菱形杏葉
	藤の森古墳	藤井寺市野中1丁目	円墳	径24	左片袖式横穴式石室	轡
	誉田丸山古墳	羽曳野市誉田	円墳	径45	木棺	鞍金具、金銅張鏡板
	湯山古墳	堺市見野山	前方後円墳	30	横穴式石室	馬具
兵庫県	園田大塚山古墳	尼崎市南清水字稲荷	前方後円墳	60.5	箱形木棺	鞍金具、鐙金具、轡、杏葉、雲珠
	五ヶ山1号墳	西宮市高塚町188	円墳	径17	片袖式横穴式石室	f字形鏡板
	具足塚古墳	西宮市東灘区本山町田辺	不明	不明	不明	鞍金具、轡
	田辺古墳	神戸市東灘区本山町田辺	不明	不明	不明	杏葉
	田辺ザフクケ原古墳	神戸市北区八多町，道辺ザフクケ原233				雲珠
	峠尻2号墳	多紀郡丹南町長安寺字峠尻	前方後円墳	28	横穴式石室	金銅張馬具
	大滝2号墳	多紀郡丹南町大山下大滝	前方後円墳	28	木棺？（第2主体）	轡
	西山6号墳	三田市けやき台3丁目	前方後円墳	35	左片袖式横穴式石室	轡2、雲珠
	北神第3地点古墳	神戸市北区八多町，道場町、長尾町	前方後円墳	36	左片袖式横穴式石室	馬具
	西宮山古墳	龍野市揖西町小神字五月台山	前方後円墳	34.6	左片袖式横穴式石室	鞍金具、鉄製輪鐙1、木心鐙1、剣菱形杏葉4、雲珠
	小丸山2号墳	揖保郡御津町中島1480	前方後円墳	30	弯窿式横穴式石室	鐙片、剣片、轡、雲珠
	姥塚古墳	揖保郡新宮町馬立	円墳	径20	弯窿式横穴式石室	轡
	池尻2号墳	加古川市池尻地区	前方後円墳		竪穴式石室	木心輪鐙、轡、杏葉
	池尻15号墳	加古川市池尻地区	円墳	径35	両袖武横穴式石室	金銅製馬具
	楯縫古墳	城崎郡日高町鶴岡	円墳	径30	両袖武横穴式石室	馬具
	長尾・タイ山1号墳	竜野市揖西町長尾小字タイ山	円墳	径15	横穴式石室	馬鐸

180　日本および韓半島出土馬具一覧

都道府県	遺跡名	所在地	墳形	規模（m）	内部主体	馬具の種類
兵庫県	箱塚4号墳	多紀郡西紀町小坂	円墳	径20	両袖式横穴式石室	馬具
	宮山古墳（第2石室）	姫路市四郷町坂元	円墳	径30	竪穴式石室	辻金具、轡
	宮山古墳（第3石室）	姫路市四郷町坂元			竪穴式石室	轡
奈良県	ダケ古墳	宇陀郡大宇陀町平尾字菖蒲谷		48	竪穴式石槨	馬具
	ベンショ塚古墳	奈良市山町字塚廻り6 37〜670	前方後円墳	106	組合式割竹形木棺	鞍金具、環状雲珠、鉸具
	星塚2号墳	天理市二階堂上ノ庄町ホシヅカ	前方後円墳	87	両袖式横穴式石室	馬具
	額田部狐塚古墳	大和郡山市額田部南町字小山1147-2 他	前方後円墳	50	組合式木棺（北・南）	馬具
	珠城山3号墳	桜井市穴師字王井1068-1	前方後円墳	47.5	両袖式横穴式石室	鞍金具、鐙、透彫（鏡板・杏葉）、雲珠
	珠城山1号墳	桜井市穴師字王井1067-1	前方後円墳	約45	右片袖式横穴式石室	鞍金具3組、金銅張（杏葉8個・雲珠）、金銅張杏葉
	鳥ノ山古墳	磯城郡川西町唐院字鳥ノ山	前方後円墳	195	竪穴式石槨？	金銅張（鏡板・杏葉）破片
	兜塚古墳	桜井市大字茂古字兜塚1141	前方後円墳	約50	竪穴式石槨	鞍金具、轡、鏡板・引手破片
	新沢160号墳	橿原市川西町字外山	前方後円墳	30	木棺	鞍金具、轡、金銅張（杏葉・雲珠）、環状雲珠
	新沢451号墳	橿原市川西町西山	前方後円墳	42	片袖式横穴式石室	鏡板・引手破片
	市尾墓山古墳	高市郡高取町尾字墓山	前方後円墳	66	片袖式横穴式石室	鞍金具、金銅張、金銅張雲珠
	南阿田大塚山古墳	五條市南阿田町字大塚437	前方後円墳	30	両袖式横穴式石室	鞍金具、鏡板・引手、剣菱形杏葉、雲珠
	烏土塚古墳	生駒郡平群町西宮	前方後円墳	60.5	両袖式横穴式石室	鞍金具、木心鐙、（金銅張鏡板・雲珠）、轡
	平林古墳	北葛城郡当麻町大字兵家字平林	前方後円墳	55	両袖式横穴式石室	鞍金具、金銅張杏葉、金銅張雲珠
	二塚古墳	北葛城郡新庄町大字寺口字二塚	前方後円墳	89	両袖式横穴式石室	鞍金具、扁円形杏葉、鉄製杏葉
	二塚古墳	北葛城郡新庄町大字寺口字二塚	前方後円墳	89	片袖式横穴式石室	鞍金具、鏡板・引手、杏葉

日本編　181

都道府県	遺跡名	所在地	墳形	規模（m）	内部主体	馬具の種類
奈良県	二塚古墳	北葛城郡新庄町大字寺口二塚	前方後円墳	89	無袖式横穴式石室	鞍金具
	石光山4号墳	御所市元町	前方後円墳？	約20	組合式木棺	轡
	三里古墳	生駒郡平群町三里958	前方後円墳	35	両袖式横穴式石室	金銅張鏡形（鏡板・杏葉）、心葉形鏡板
	野神古墳	奈良市南京終町野神	前方後円墳？	40以上	竪穴式石郭	鞍金具、（剣菱形・変形剣菱形）杏葉、環状雲珠
	大師大師塚古墳	五條市南阿田町転法輪寺境内	円墳	径12	木棺？	馬具
	後出3号墳	宇陀郡大宇陀町守道	円墳	径12	割竹形木棺	馬具
	芝塚2号墳	北葛城郡当麻町兵家	円墳	径25	横穴式石室	木心雲鐙、f字形鏡板、剣菱形杏葉
	東大寺山5号墳	天理市楳本町	円墳		横穴式石室	鞍金具、鐙、金銅張杏葉
	沼山古墳	橿原市南妙寺町	円墳	径18	片袖式横穴式石室	鞍金具、鏡板、杏葉
	塚山1号墳	奈良市山町	円墳	径15	横穴式石室	木心雲鐙、鏡板鞍轡、杏葉
	牧野古墳	北葛城郡広陵町三吉字牧ノ木	円墳	径60	両袖式横穴式石室	木心雲鐙、金銅張（鏡板、杏葉）
	兵家11号墳	生駒郡斑鳩町法隆寺字藤ノ木	円墳	径48	横穴式石室	金銅製と金銅張の2種類
	藤ノ木古墳					
	仏塚古墳	生駒郡斑鳩町平尾	方墳	一辺23	横穴式石室	馬具片
和歌山県	鳴山10号墳	和歌山市大谷東台	前方後円墳	35	横穴式石室	鞍、金銅製（唐草文鏡板轡1、透彫雲珠1）、木心雲鐙、杏葉3、馬鈴
	大谷古墳	和歌山市大谷824他	前方後円墳	70	組合式石棺	
	天王塚古墳	和歌山市下和佐536-2	前方後円墳	86	両袖式横穴式石室	金銅製鞍金具
	大谷山22号墳	和歌山市岩橋	前方後円墳	80以上	両袖式横穴式石室	金銅製杏葉
	大日山35号墳	和歌山市井辺	前方後円墳	73	横穴式石室	馬具破片
	寺内18号墳	和歌山市森小手穂北合1757	前方後円墳	28.6	横穴式石室	鏡板・引手
	前山B53号墳	和歌山市寺内、岩橋	前方後円墳	42.5	両袖式横穴式石室	環状轡
	井辺前山6号墳	和歌山市岡崎	前方後円墳	52	両袖式横穴式石室	引手、杏葉、雲珠

182 日本および韓半島出土馬具一覧

都道府県	遺跡名	所在地	墳形	規模（m）	内部主体	馬具の種類
和歌山県	天田28号墳	御坊市塩屋町北塩屋719-1	前方後円墳	約30	竪穴式石槨	轡片
	鳴滝1号墳	和歌山市善明寺	円墳		横穴式石室	轡、杏葉、雲珠
	鳴滝6号墳	和歌山市善明寺	円墳		木棺直葬	轡
	葉糸谷古墳	田辺市新庄町中谷字葉糸	円墳	径約10	横穴式石室	馬具
	船戸山3号墳	和歌山市小倉上三宅			横穴式石室	轡
鳥取県	向山6号墳	倉吉市巌城	前方後円墳	約40	横穴式石室	鍍金された破片
	長者ケ平古墳	西伯郡淀江町福岡	前方後円墳	約48	横穴式石室	轡1
	別所1号墳	米子市別所	前方後円墳	約27	横穴式石室	轡1
	宗像1号墳	米子市宗像	前方後円墳	約37	横穴式石室	鈴杏葉、雲珠
	大宮古墳	倉吉市大宮字高下	円墳	径30	横穴式石室	馬具の破片
	黒本谷古墳	八頭郡智頭町智頭字黒本谷	円墳	径10前後	横穴式石室	馬具
	石州府5号墳	米子市石州府		径33	箱式石棺	馬具
	仏山古墳	安来市荒島町仏山	前方後方墳	約47		轡片2、剣菱形杏葉2、杏葉2
	薄井原古墳	松江市坂本町薄井原	前方後方墳	約50	組合式家形石棺	鐙、雲珠
	古天神古墳	松江市大草町杉谷	前方後方墳	27	横穴式石室	轡1、杏葉1、雲珠1、鈴4
	御崎山古墳	松江市大草町御崎	前方後方墳	40	横穴式石室	轡1、轡、鏡板1対、雲珠6、鏡
	岡田山1号墳	松江市大草町岡田	前方後方墳	21.5	横穴式石室	鞍金具、轡、輪宝形、（偏平形）鏡板、轡、素環轡、（雲珠、
	大念寺古墳	出雲市今市町鷹ノ沢	前方後円墳	復元91	複室横穴式石室	（f字形）板轡、素環轡、雲珠、馬鐸
	半分古墳	出雲市上塩冶町半分	前方後円墳	33.5以上	横穴式石室	鞍橋覆輪、轡、鏡板1、轡、雲珠3、銅鈴1
	妙蓮寺山古墳	出雲市下古志町妙蓮寺山	前方後円墳	50	横穴式石室	壺鐙1対、轡1、杏葉4、雲珠2
島根県	上島古墳	平田市国富町上島	円墳	径15	竪穴式石室	鞍金具、（f字形鏡板・心葉形）轡、（剣菱形・心葉形）杏葉、雲珠
	刈山1号墳	出雲市馬木町字刈山	円墳	径14	両袖式横穴式石室	馬具
	小丸山古墳	益田市乙吉町	前方後円墳	約56	箱式石棺?	馬鐸
	鷺ノ湯病院跡横穴墓	安来市植田町	横穴墓		組合式家形石棺	轡、雲珠
	上塩冶築山古墳	出雲市上塩冶町築山	円墳	径40	横穴式石室	鞍金具

日本編　183

都道府県	遺跡名	所在地	墳形	規模（m）	内部主体	馬具の種類
鳥取県	放れ山古墳	出雲市下古志町下新宮	円墳	径13	両袖式横穴式石室	轡、金銅張（杏葉、雲珠）
	めんぐろ古墳	浜田市治和町	不明			轡1、馬鐸3、環鈴1
岡山県	牛文茶臼山古墳	邑久郡長船町牛文	前方後円墳	約55	竪穴式石槨	鞍金具
	築山古墳	邑久郡長船町西須恵	前方後円墳	約81	竪穴式石槨	轡1、杏葉2
	玉琳大塚古墳	津山市川崎字王琳	前方後円墳	約30〜35	竪穴式石槨？	鉄製馬具一括、轡1、雲珠4
	弥上古墳	赤磐郡熊山町弥上30		30	右片袖式横穴式石室	馬具1式（金銅製三葉文杏葉3など）
	中宮1号墳	津山市福田字剣戸	前方後円墳	約23	片袖式横穴式石槨	木心壺鐙2、（環状2・f字形鏡板1）轡、雲珠4
	おつか古墳	岡山市津島福居2丁目	前方後円墳	約30	竪穴式石槨	馬鈴？
	随庵古墳	総社市南西阿曽	前方後円墳	約40弱	竪穴式石槨	馬具金具片、木心輪鐙、轡
	こうもり塚古墳	総社市上林字皇塚	前方後円墳	約100	横穴式石室	鞍金具、轡、雲珠
	江崎古墳	総社市上林、江崎小字大山	前方後円墳	約45	両袖式横穴式石室	鞍金具、轡、雲珠
	天狗山古墳	吉備郡真備町川辺、南山	前方後円墳	約70	竪穴式石槨	鞍金具、木心輪鐙、金銅張（f字形鏡板、剣菱形杏葉3）、雲珠1
	二万大塚古墳	吉備郡真備町下二万	前方後円墳	42	横穴式石室	轡、杏葉、馬鈴
	東塚古墳	笠岡市山口、走出	前方後円墳	約45	横穴式石棺	轡1
	岩田8号墳	赤磐郡山陽町大字河本	円墳		横穴式石室	馬具
	岩田14号墳	赤磐郡山陽町大字河本	円墳		横穴式石室	馬具
	王墓山古墳	倉敷市庄地区	不明	径25	組合式家形石棺	金銅張鏡板轡、杏葉
	八幡大塚古墳	岡山市北浦	円墳	径約20	右片袖式横穴式石室	馬具
	金子石塔塚古墳	総社市秦字金子	円墳	径約24	横穴式石室	金銅張馬具破片
	万歳山古墳	苫田郡加茂町塔中	円墳	径19	組合式木棺	馬具
	四ツ塚13号墳	真庭郡八束村下長田	前方後円墳	41	竪穴式石室	轡1、金銅張剣菱形杏葉、雲珠
広島県	三玉大塚古墳	双三郡吉舎町三玉字大塚	前方後円墳	30	横穴式石室？	雲珠
	森信1号墳	広島市高屋町高屋東字徳光				
	二塚古墳（山の神古墳）	福山市駅家町大字法成寺	円墳		横穴式石室	鏡板轡、金銅製杏葉、雲珠
	御年代古墳	豊田郡本郷町南方	円墳		横穴式石室	雲珠
	横大道1号墳	竹原市新庄町東暦		径約14	横穴式石室	轡
山口県	上ノ山古墳	下関市大字綾羅木字上ノ山	前方後円墳	108？	横穴式石室	青銅製七鈴付鏡板2

都道府県	遺跡名	所在地	墳形	規模（m）	内部主体	馬具の種類
山口県	天王森古墳	下松市大字末武下字天王	前方後円墳	約43	横穴式石室	馬具
	岩谷古墳	下関市椋野字岩谷	円墳	径14	横穴式石室	馬具
	片山古墳	防府市下右田字片山	前方後円墳			鞍金具、杏葉5、銀製雲珠2
	塔ノ尾古墳	防府市桑山字塔ノ尾	円墳			輪鐙1対、杏葉、鈴
徳島県	大鮎塚古墳	美馬郡美馬町坊曽	円墳	径約34	段ノ塚穴型石室	素環鑣轡
	ひびき台岩16号墳	名西郡石井町内谷	円墳	径約12	両袖式横穴式石室	金銅張雲珠
香川県	王墓山古墳	善通寺市善通寺町大字池東1785-1	前方後円墳	約48	横穴式横穴式石室	金銅張（f字形鏡板2、剣菱形杏葉3、雲珠3）、馬鈴3
	浦山4号墳	綾歌郡綾南町羽床下字浦山			竪穴式石室	馬具
	岡の御堂古墳（1号墳）	綾歌郡綾南町滝宮	円墳	径13	組合式箱形石棺	轡
	川上塚古墳	大川郡長尾町昭和字中代	円墳	径22	竪穴式石室	轡
愛媛県	経ヶ岡古墳	伊予三島市下柏町字経ヶ奥乙66～68	前方後円墳	30	横穴式石室	f字形鏡板4、杏葉2、雲珠1
	衣黒山3号墳	越智郡大西町大字宮脇東明寺	円墳	30	横穴式石室	轡1
	三島神社古墳	松山市畑寺町269	前方後円墳	45	横穴式石室	馬具
	波賀部神社古墳	松山市高井町1067	前方後円墳	62	横穴式石室	轡3
	天山1号墳	松山市天山町	推定円墳	径30	竪穴系横口式石室	馬具
	川上神社古墳	温泉郡内町南方	円墳		横穴式石室	金銅製馬具
	東山鳶が森2号墳	川之江市妻鳥町東宮山		径14	両袖式横穴式石室	轡、馬鐸
	龍徳寺山1号墳	北条市別府	円墳	径25	片袖式横穴式石室	轡2、雲珠、馬具
高知県	伏原大塚古墳	香美郡土佐山田町楠目字伏原大塚	前方後円墳	40～45	両袖式横穴式石室	金銅製杏葉1
	小蓮古墳	南国市岡豊町蓮如寺山	円墳		横穴式石室	轡
	舟入1号墳	南国市岡豊町小蓮舟入岩	前方後円墳		横穴式石室	轡1対、杏葉1、雲珠3
福岡県	隼人塚古墳	行橋市高浜	前方後円墳	42	横穴式石室	轡
	番塚古墳	京都郡苅田町尾倉	前方後円墳	約50	横穴式石室	木心鉄板張鐙、轡、杏葉
	御所山古墳	京都郡苅田町与原	前方後円墳	140	横穴式石室	金銅製雲珠
	箕田丸山古墳	京都郡苅田町箕田字丸山966	前方後円墳	約40	横穴式石室	金銅製透彫鞍金具
	塚堂古墳	浮羽郡吉井町大字宮田字四太郎外	前方後円墳	約140	横穴式石室（第1主体）	鞍金具、輪鐙、剣菱形杏葉、三鈴付環鈴

日本篇 185

都道府県	遺跡名	所在地	墳形	規模（m）	内部主体	内部主体（第2主体）	馬具の種類
福岡県	塚堂古墳	浮羽郡吉井町大字宮田字四太郎外	前方後円墳	約140	横穴式石室	竪穴式石榔	鞍、輪鐙、鉸具付環状轡、雲珠
	月岡古墳	浮羽郡吉井町若宮	前方後円墳	約95	竪穴式石榔		金銅製鞍金具、鞍橋、木心鐙、馬鐸、三環鈴
	寺山古墳	飯塚市大字川島字寺山	前方後円墳	68	横穴式石室		鉄地金銅張金具
	宮脇古墳	飯塚市大字川島字宮ノ脇	前方後円墳	現存35	横穴式石室		轡1、f字形鏡板2、鉄地銀張剣菱形杏葉2
	山ノ神古墳	嘉穂郡穂波町枝国	前方後円墳	約80	横穴式石室		木心鐙、f字形（心葉形）：金銅製（剣菱形、心葉形）
	桂川王塚古墳（寿命大塚古墳）	嘉穂郡桂川町大字寿命字坂本	前方後円墳	約80	竪穴系横口式石室？		木心鐙2双、壺鐙1双、鉄地金銅張f字形・楕円形鏡板轡1、鉄地金銅張剣菱形・楕円形杏葉、鉄地金銅張雲珠
	須恵クビノ浦1号墳	宗像市大字須恵クビノ浦	前方後円墳	37	横穴式石室		轡など
	久原遺跡Ⅱ区3号墳	宗像市大字久原字沢田	前方後円墳	49？	横穴式石室		貝製雲珠、馬鈴
	正籠3号墳	糟屋郡宇美町大字宇美字正籠	前方後円墳	33	横穴式石室		鐙、鉄地金銅張鏡板、杏葉、雲珠
	釘崎3号墳	八女市大字豊福字久保1113	前方後円墳	35	横穴式石室		木心鐙、轡3、杏葉
	乗場古墳	八女市大字吉田字乗場1640-3	前方後円墳	約60	横穴式石室		鏡板、轡
	津屋崎10号墳	宗像郡津屋崎町勝浦字藤三ヶ浦	前方後円墳	70	竪穴系横口式石室		鞍金具、木心鐙輪1対・壺鐙1対、轡、鉄地金銅張杏葉10
	日拝塚古墳	春日市大字下白水1244	前方後円墳	56	横穴式石室		鉄製輪鐙6、鏡板、環状轡、鉄地金銅張雲珠、青銅製馬鈴
	中原Ⅰ群1号墳	筑後郡那珂川町大字中原字頭無	前方後円墳	推定24	横穴式石室		轡
	神松寺御陵古墳	福岡市城南区片江字神松寺	前方後円墳	20	横穴式石室		轡
	老司古墳・3号石室	福岡市南区老司571	前方後円墳	75〜76	竪穴系横口式石室		轡2、鞍金具
	柏原A-2号墳	福岡市南区柏原字後谷	前方後円墳	30〜40	横穴式石室		素環状轡
	山添古墳	大牟田市大字岬字山添	前方後円墳	22	横穴式石室		鉄製鏡板、引手
	竹原古墳	鞍手郡若宮町大字竹原字原731	円墳	径18	横穴式石室		鏡板、轡、杏葉、雲珠

186　日本および韓半島出土馬具一覧

都道府県	遺跡名	所在地	墳形	規模(m)	内部主体	馬具の種類
福岡県	新延大塚	鞍手郡鞍手町大字新延字乙ヶ谷1161	円墳	径30	横穴式石室	鞍、鐙、鏡板、杏葉、雲珠
	銀冠塚	鞍手郡鞍手町大字八尋字下谷	円墳	径18	横穴式石室	杏葉、雲珠
	宮地嶽古墳	宗像郡津屋崎町大字宮司地区宮地嶽神社内		径50	横穴式石室	金銅製鞍金具、金銅壺鐙、鏡板轡、金銅杏葉
	狐塚古墳	朝倉郡朝倉町大字入地字狐塚	円墳	径30	横穴式石室	鞍金具、杏葉、鈴
	前畑古墳	久留米市草野町大字草野504	円墳	径20	横穴式石室	引手、杏葉、雲珠
	塚花塚古墳	浮羽郡浮羽町大字朝田字塚花1235-1	円墳	径30	横穴式石室	金銅製鞍金具、轡、雲珠
	瑞王寺古墳	筑後郡大字原田字松尾	円墳	径26	横穴式石室	木心鉄鐙、轡
	セスドノ古墳	田川市大字伊田3847-3	円墳	径37	竪穴系横口式石室	青銅製鏡板轡、青銅製鈴付杏葉、鉄地金銅張鞍金具、素環状轡、雲珠
	恩塚	京都郡苅田町大字新津字恩塚1427	円墳		横穴式石室	鞍金具、雲珠
	池の上6号墳	甘木市大字堤子池の上	円形周溝墓		土壙墓	轡
	沖ノ島祭祀遺跡	宗像郡大島村	円墳	径約32		馬具
	楠部古墳	浮羽郡浮羽町朝田	円墳		横穴式石室	馬具
	黒部6号墳	豊前市大字松江	円墳		横穴式石室	馬具
	寺徳古墳	浮羽郡田主丸町大字益生田字寺徳	円墳	径約20	横穴式石室	杏葉
	竹並遺跡（C4-2号）	行橋市竹並・矢留	横穴墓			轡
	竹並遺跡（C4-6号）	行橋市竹並・矢留	横穴墓			鉄製輪鐙
	竹並遺跡（D-18号）	行橋市竹並・矢留	横穴墓			馬具
	竹並遺跡（D-42号）	行橋市竹並・矢留	前方後円墳	54.5		馬具
	小田茶臼塚古墳	甘木市大字小田字茶臼塚	円墳		横穴式石室	馬具
	花見古墳	粕屋郡古賀町大字久保字花見			横穴式石室	馬具
	寺内支群20号墳	相馬郡鹿島町	前方後円墳	約30	横穴式石室	馬具
	浦谷C-5号墳	宗像郡朝町	円墳	径10	横穴式石室	鉄製輪鐙、剣菱形杏葉
	夫婦塚古墳	福岡市西区乙石	円墳		横穴式石室	馬具
	日明一本松塚古墳	北九州市小倉北区		径約30	横穴式石室	杏葉、雲珠
	高鳥1号墳	北九州市小倉南区	円墳	径17.5	横穴式石室	轡

日本篇　187

都道府県	遺跡名	所在地	墳形	規模（m）	内部主体	馬具の種類
福岡県	高倉4号墳	岡垣町高倉	円墳	径14	横穴式石室	銅鈴
	縄手3号墳	岡垣町高倉	円墳	径14.5	横穴式石室	轡
	縄手5号墳	岡垣町高倉	円墳		横穴式石室	馬具
	兎ヶ坂1号墳	岡垣町吉木	円墳	径24	横穴式石室	轡、雲珠
	旭1号墳	鞍手町八尋	円墳	径12	横穴式石室	轡
	安城3号墳	鞍手町八尋	円墳		横穴式石室	轡2
	薄井1号墳	鞍手町八尋	円墳		横穴式石室	馬具
	松ヶ元2号墳	宮田町倉久	円墳	径10	横穴式石室	雲珠
	南ヶ浦2号墳	宮田町中有木	円墳	径13	横穴式石室	馬具
	汐井掛9号墳	宮田町上有木	円墳	径10	横穴式石室	馬具
	汐井掛19号墳	若宮町沼口			横穴式石室	馬具
	井ノ浦古墳	若宮町平	円墳	径12	横穴式石室	馬具
	竹原古墳	若宮町竹原	円墳	径18	横穴式石室	素環轡、鏡板轡、（花形、心葉形、楕円形）杏葉、雲珠
	竹原八幡塚古墳	若宮町竹原		径27	横穴式石室	鞍金具
	大井三倉2号墳	宗像市大井			横穴式石室	馬具
	大井三倉4号墳	宗像市大井	円墳		横穴式石室	馬具
	大井三倉6号墳	宗像市大井		径22.5	横穴式石室	馬具
	久原Ⅱ-21号墳	宗像市久原	円墳		横穴式石室	馬具
	久原Ⅲ-7号墳	宗像市久原	円墳		横穴式石室	馬具
	相原15号墳	宗像市河東	円墳		横穴式石室	轡
	半田B-3号墳	宗像市土穴	円墳	径15～16	横穴式石室	轡
	半田D-1号墳	宗像市土穴			横穴式石室	馬具
	平等寺向原Ⅱ-17号	宗像市平等寺	前方後円墳		横穴式石室	馬具
	平等寺向原Ⅱ-19	宗像市平等寺		22	横穴式石室	轡
	坂ヶ谷3号墳	宗像市三郎丸			横穴式石室	銅鈴、雲珠
	名残高田19号墳	宗像市名残	円墳	径18	横穴式石室	馬具
	内殿天日4号墳	福間町内殿	円墳	径20	横穴式石室	馬具付環状轡
	手光南支群2号墳	福間町手光	円墳	径19	横穴式石室	素環轡
	手光北支群2号墳	福間町手光			横穴式石室	馬具
	長尾2号墳	福間町津丸			横穴式石室	鉸具
	新原・奴山1号墳	津屋崎町勝浦	前方後円墳	50	横穴式石室	雲珠
	新原・奴山4号墳	津屋崎町勝浦	円墳	径15.3	横穴式石室	馬具
	津屋崎41号墳	津屋崎町勝浦	前方後円墳	97	横穴式石室	馬具

188　日本および韓半島出土馬具一覧

都道府県	遺跡名	所在地	墳形	規模 (m)	内部主体	馬具の種類
福岡県	神湊井牟田 3 号墳	玄海町神湊				轡片、雲珠
	渦湧 2 号墳	宇美町井野				轡
	観音浦南 1 号墳	宇美町井野	円墳	径 22	横穴式石室	金銅装鈴
	観音浦南 9 号墳	宇美町井野	円墳	径 10		
	観音浦南 12 号墳	宇美町井野	円墳	径 12	横穴式石室	鉸具付環状轡
	観音浦南 15 号墳	宇美町井野	円墳	径 7	横穴式石室	鉸具付環状轡
	観音浦南 19 号墳	宇美町井野	円墳	径 10	横穴式石室	鉸具付環状轡
	観音浦南 20 号墳	宇美町井野	円墳	径 8	横穴式石室	馬具
	観音浦南 22 号墳	宇美町井野	円墳	径 12	横穴式石室	鉸具付環状轡
	観音浦南 33 号墳	宇美町井野	円墳	径 12	横穴式石室	馬具
	観音浦東 1 号墳	宇美町井野	円墳	径 14	横穴式石室	馬具
	観音浦東 2 号墳	宇美町井野	円墳	径 13	横穴式石室	杏葉、雲珠
	観音浦北 2 号墳	宇美町井野	円墳	径 15	横穴式石室	轡
	岩長浦 1 号墳	宇美町井野	円墳	径 10	横穴式石室	馬具
	岩長浦 2 号墳	宇美町井野	円墳	径 18	横穴式石室	轡片
	岩長浦 5 号墳	宇美町井野	円墳	径 10	横穴式石室	雲珠
	岩長浦 6 号墳	宇美町井野	円墳	径 18	横穴式石室	鐙、楕円形鏡板轡
	ヨムギ古墳	須恵町須恵	円墳	径 15	横穴式石室	馬具
	ランガ浦古墳	須恵町植木	円墳	径 14	横穴式石室	馬具
	乙植木 4 号墳	須恵町大隈	円墳	径 20	横穴式石室	轡
	脇田山古墳	粕屋町大隈	円墳	径 15	横穴式石室	馬具
	隈 1 号墳	篠栗町乙犬	円墳	径 22	横穴式石室	馬具
	塚元 1 号墳	篠栗町津波黒	円墳	径 10	横穴式石室	馬具
	唐ヶ坪 4 号墳	古賀市鹿部	円墳		横穴式石室	馬具
	原口 1 号墳	古賀市新原	円墳		横穴式石室	馬具
	古野 12 号墳	古賀市鷹野	円墳		横穴式石室	馬具
	佐谷古墳	古賀市筵内	円墳	径 18	横穴式石室	馬具
	瓜尾・梅ヶ内 15 号墳	新宮町立花	円墳		横穴式石室	馬具
	新徳古墳	新宮町上府	円墳	径 12	横穴式石室	馬具
	金武古墳群吉武 K6	福岡市西区大字吉武				馬具
	金武古墳群吉武 K7	福岡市西区大字吉武				馬具
	金武古墳群吉武 K8	福岡市西区大字吉武				馬具
	金武古墳群吉武 K9	福岡市西区大字吉武				馬具
	金武古墳群吉武 L1	福岡市西区大字吉武				馬具

日本編　189

都道府県	遺跡名	所在地	墳形	規模（m）	内部主体	馬具の種類
福岡県	金武古墳群吉武 L2	福岡市西区大字吉武	円墳			馬具
	金武古墳群吉武 L3	福岡市西区大字吉武				馬具
	金武古墳群吉武 L4	福岡市西区大字吉武				馬具
	金武古墳群吉武 L7	福岡市西区大字吉武				馬具
	金武古墳群吉武乙石 C1	福岡市西区大字金武	円墳	径 20		馬具
	金武古墳群吉武乙石 H1	福岡市西区大字金武	円墳	径 30		馬具
	金武古墳群吉武乙石 H2	福岡市西区大字金武	円墳	径 11～13		馬具
	広石南古墳群 A4	福岡市西区今宿青木	円墳	径 13～15		馬具
	広石南古墳群 B1	福岡市西区今宿青木				馬具
	広石古墳群Ⅳ 2	福岡市西区拾六町				馬具
	広石古墳群Ⅷ 1	福岡市西区拾六町				轡、杏葉、雲珠
	高崎古墳群 2 号	福岡市西区野方	方墳	15		轡、馬具
	羽根戸古墳群 E 3	福岡市西区羽根戸	円墳	径 12		馬具
	羽根戸古墳群 E 8	福岡市西区羽根戸	円墳	径 9		馬具
	羽根戸古墳群 E11	福岡市西区羽根戸	円墳	径 13		馬具
	谷上古墳群 N 8	福岡市西区今宿町	円墳	径 15～20		轡
	谷上古墳群 B 1	福岡市西区今宿町	前方後円墳	37		馬具
	飯氏二塚古墳	福岡市西区大字飯氏	前方後円墳	48		馬具
	大原古墳群 E 1	福岡市西区大字今津	円墳	径 9		馬具
	石ガ元古墳群 1 号	福岡市西区大字元岡	円墳			馬具
	石ガ元古墳群 7 号	福岡市西区大字元岡	円墳			馬具
	石ガ元古墳群 8 号	福岡市西区大字元岡	円墳			馬具
	石ガ元古墳群 11 号	福岡市西区大字元岡	円墳			馬具
	石ガ元古墳群 12 号	福岡市西区大字元岡	円墳			馬具
	石ガ元古墳群 20 号	福岡市西区大字元岡	円墳			馬具
	高見古墳群 A 1	福岡市東区高見台	円墳	径 7.5	横穴式石室	轡
	高見古墳群 A 2	福岡市東区高見台				馬具
	狼の塚古墳	福岡市東区高見台				馬具
	三宅京塚古墳群 1 号	福岡市東区三苫	円墳	径 13～15		馬具
	丸尾 2 号墳	福岡市博多区東平尾	円墳	径 11～12		馬具
	堤ケ浦 6 号墳	福岡市博多区金隈	円墳	径 12		馬具
	堤ケ浦 7 号墳	福岡市博多区金隈	円墳	径 10	横穴式石室	馬具
	柏原 C-1 号墳	福岡市南区柏原	円墳	径 14	横穴式石室	馬具
	柏原 E-1 号墳	福岡市南区柏原	円墳			馬具

都道府県	遺跡名	所在地	墳形	規模(m)	内部主体	馬具の種類
福岡県	柏原H-1号墳	福岡市南区柏原	円墳	径10	横穴式石室	馬具
	柏原I-2号墳	福岡市南区柏原	円墳	径5.5	横穴式石室	馬具
	柏原J-1号墳	福岡市南区柏原	円墳	径8	横穴式石室	馬具
	梅林古墳	福岡市城南区梅林	前方後円墳	27	横穴式石室	轡
	倉瀬戸FA4号墳	福岡市城南区西片江	円墳		横穴式石室	馬具
	倉瀬戸FA7号墳	福岡市城南区西片江	円墳	径16.8	横穴式石室	馬具
	早苗田D10号墳	福岡市城南区南片江	円墳	径11.5	横穴式石室	馬具
	鳥越B3号墳	太宰府市太宰府			横穴式石室	馬具
	君畑1号墳	春日市上白水	円墳	径28	横穴式石室	馬具
	門田2号墳	春日市上白水	円墳	径17～18	横穴式石室	鉸具付環状鑣
	西浦2号墳	春日市上白水	円墳	径11	横穴式石室	馬具
	西浦3号墳	春日市上白水	円墳	径16	横穴式石室	馬具
	向谷2号墳	春日市春日	円墳	径16	横穴式石室	馬具
	中遠4号墳	大野城市牛頸	円墳	径20	横穴式石室	馬具
	中遠13号墳	大野城市牛頸	円墳		横穴式石室	馬具
	王城山A3号墳	大野城市乙金	円墳	径15～16	横穴式石室	馬具
	王城山A4号墳	大野城市乙金	円墳		横穴式石室	馬具
	古野A1号墳	大野城市乙金	円墳	径10～14	横穴式石室	馬具
	胴ノ元古墳	大野城市牛頸	円墳	径31.8	横穴式石室	馬具
	五郎山古墳	筑紫野市原田	円墳	径20	横穴式石室	馬具
	唐人塚4号墳	筑紫野市杉塚	円墳	径15	横穴式石室	馬具
	八隈1号墳	筑紫野市武蔵	円墳	径10	横穴式石室	馬具
	八隈3号墳	筑紫野市武蔵	円墳	径10	横穴式石室	馬具
	八隈4号墳	筑紫野市武蔵			横穴式石室	馬具
	杉の谷1号墳	筑紫野市阿志岐	円墳	径14.5	横穴式石室	馬具
	杉の谷2号墳	筑紫野市阿志岐	円墳	径9.8	横穴式石室	馬具
	杉の谷3号墳	筑紫野市阿志岐	円墳	径20	横穴式石室	馬具
	諸田仮塚1号墳	筑紫野市諸田	円墳	径11	横穴式石室	馬具
	諸田仮塚2号墳	筑紫野市諸田	円墳	径10	横穴式石室	馬具,銅鈴
	巡り尾I-16号墳	筑紫野市原田	円墳		横穴式石室	馬具
	巡り尾I-23号墳	筑紫野市原田	円墳	径24～35	横穴式石室	馬具
	巡り尾II-7号墳	筑紫野市原田	円墳	径10	横穴式石室	馬具
	不明当21号墳	筑紫野市原田			横穴式石室	馬具

日本編　191

都道府県	遺跡名	所在地	墳形	規模（m）	内部主体	馬具の種類
福岡県	隈・西小田2-1号墳	筑紫野市隈・西小田	円墳	径 18	竪穴系横口式石室	馬具
	隈・西小田2-2号墳	筑紫野市隈・西小田	円墳	径 11	竪穴系横口式石室	馬具
	隈・西小田2-3号墳	筑紫野市隈・西小田	円墳	径 15	横穴式石室	馬具
	中原I群4号墳	筑紫郡那珂川町中原	円墳	径 12	横穴式石室	馬具
	中原I群8号墳	筑紫郡那珂川町中原	円墳	径 12	横穴式石室	馬具
	中原I群36号墳	筑紫郡那珂川町中原	円墳	径 19	横穴式石室	馬具
	中原III群12号墳	筑紫郡那珂川町中原	円墳	径 13	横穴式石室	馬具
	カクチガ浦2号墳	筑紫郡那珂川町松木	円墳	径 12	横穴式石室	馬具
	カクチガ浦3号墳	筑紫郡那珂川町松木	円墳	径 18	横穴式石室	馬具
	平蔵1号墳	筑紫郡那珂川町梶原	円墳	径 14	横穴式石室	轡
	柚原古墳群H・3	甘木市柚原	円墳	径 17	横穴式石室	轡
	柚原古墳群I・2	甘木市柚原				馬具
	柚原古墳群I・6	甘木市柚原	円墳	径 10	横穴式石室	馬具
	柚原古墳群D・3	甘木市柚原	円墳	径 4.9	横穴式石室	馬具
	柚原古墳群D・24	甘木市柚原	円墳		横穴式石室	馬具
	古寺菩提寺1号墳	甘木市菩提寺	前方後円墳	56	横穴式石室	馬具
	古寺菩提寺8号墳	甘木市菩提寺	円墳	径 14	横穴式石室	轡
	鬼の枕古墳	朝倉郡三輪町	円墳	径 10	横穴式石室	馬具
	仙道2号墳	朝倉郡夜須町	円墳	径 11	横穴式石室	馬具
	梶原2号墳	朝倉郡山田	円墳	径 10	横穴式石室	馬具
	山田1号墳	朝倉郡山田	円墳	径 20	横穴式石室	轡
	山田2号墳	朝倉郡山田	円墳	径 12.2	横穴式石室	馬具
	天園1号墳	杷木町天園	円墳	径 25	横穴式石室	轡
	本郷鶯塚1号墳	大刀洗町本郷	円墳		横穴式石室	鉸具付環状轡
	舟底1号墳	小郡市千潟	円墳	径 18	横穴式石室	引手
	三国の鼻2号墳	小郡市横隈	円墳	径 17	横穴式石室	馬具
	横隈狐塚1号墳	小郡市横隈	円墳	径 10	横穴式石室	馬具
	横隈北田1号墳	小郡市横隈	円墳	径 12	横穴式石室	馬具
	三沢1号墳	小郡市三沢	円墳		横穴式石室	
	三沢2号墳	小郡市三沢	円墳		横穴式石室	
	三沢6号墳	小郡市三沢	円墳		横穴式石室	
	三沢12号墳	小郡市三沢	円墳		横穴式石室	
	三沢17号墳	小郡市三沢	円墳	径 9	横穴式石室	雲珠
	三沢20号墳	小郡市三沢	円墳	径 16	横穴式石室	轡

192　日本および韓半島出土馬具一覧

都道府県	遺跡名	所在地	墳形	規模（m）	内部主体	馬具の種類
福岡県	三沢21号墳	小郡市三沢	円墳	径13	横穴式石室	馬具
	三沢23号墳	小郡市三沢	円墳	径23.5	横穴式石室	円環鏡板轡、雲珠
	鯰田第1号墳	飯塚市大字鯰田	円墳		横穴式石室	馬具
	川島古墳	飯塚市大字川島	円墳	径15	横穴式石室	轡、雲珠
	竜王寺古墳	飯塚市大字立岩	円墳		横穴式石室	馬具
	羅漢薬山古墳群	飯塚市大字下三緒	円墳		横穴式石室	馬具
	見原第3号墳	穂波町大字若菜	円墳	径10	横穴式石室	馬具
	塚原遺跡11号墳	穂波町大字高田	円墳		横穴式石室	馬具
	小正西古墳	穂波町大字小正	円墳	径30	横穴式石室	馬具
	イカマクチ遺跡1号墳	碓井町大字大力	前方後円墳	径19.5	横穴式石室	轡
	王塚古墳	幕穂町大字芳命	円墳		横穴式石室	円環鏡板轡
	火村塚古墳	桂川町大字寿命	円墳	径16	横穴式石室	馬具
	土師古墳	桂川町大字九郎丸	円墳	径16	横穴式石室	馬具
	赤松1号墳	庄内町大字赤松	円墳	径14.5	横穴式石室	馬具
	仁保第4号墳	庄内町大字仁保	円墳	径10	横穴式石室	馬具
	建事寺1号墳	大任町大字今任原	円墳		横穴式石室	馬具
	山口南1号墳	京都郡苅田町山口	円墳	径26	横穴式石室	馬具
	山口南2号墳	京都郡苅田町山口	円墳		横穴式石室	馬具
	イノ山1号墳	京都郡苅田町新津	円墳	径12.6	横穴式石室	馬具
	金林古墳	京都郡苅田町新津	円墳		横穴式石室	馬具
	恩塚古墳	行橋市竹並	円墳	径25	横穴式石室	馬具
	竹並D-10号墳	行橋市竹並	円墳	径19	横穴式石室	馬具
	竹並D-11号墳	行橋市竹並	円墳?		横穴式石室	轡
	福丸1号墳	行橋市福丸	円墳	径24	横穴式石室	馬具
	渡築柴3号墳	行橋市稲童	円墳	径12.3	横穴式石室	馬具
	渡築柴24号墳	行橋市稲童	円墳	径6.5	竪穴系横口式石室	馬具
	稲童8号墳	行橋市稲童	円墳	径19	竪穴系横口式石室	馬具
	稲童21号墳	行橋市稲童	円墳	径約22	横穴式石室	馬具
	徳永泉古墳	行橋市徳永			横穴式石室	轡片
	亀田道4号墳	京都郡勝山町鳥越	円墳	径15	横穴式石室	馬具
	北垣2号墳	豊津町節丸	円墳	径12.7	横穴式石室	馬具
	北垣4号墳	豊津町節丸	円墳	径9.8	竪穴系横口式石室	馬具
	北垣7号墳	豊津町節丸				
	鋤先1号墳	豊津町徳永	円墳	径8	横穴式石室	馬具

日本編　193

都道府県	遺跡名	所在地	墳形	規模 (m)	内部主体	馬具の種類
福岡県	愁永川ノ上10号墳	豊津町愁永	円墳	径23.4	横穴式石室	馬具
	黒部3号墳	豊前町松江	円墳	径11	横穴式石室	鑣、雲珠
	宇部台1号墳	新吉富村宇野台	円墳		横穴式石室	轡、杏葉、雲珠
	金居塚2号墳	大平村下唐原	円墳	径10.8	横穴式石室	杏葉、雲珠
	上ノ熊1号墳	大平村下唐原	円墳	径18	横穴式石室	雲珠
	内畑古墳	久留米市草野	円墳	径25	横穴式石室	馬具
	前畑古墳	久留米市草野	円墳	径20	横穴式石室	馬具
	中隈山3号墳	久留米市国分	円墳	径14	横穴式石室	馬具
	極楽寺1号墳	久留米市上津	円墳	径20	横穴式石室	馬具
	山本町西屋敷1号墳	久留米市山本	円墳		横穴式石室	馬具
	益永1号墳	浮羽郡田主丸町益生田	円墳	径18	横穴式石室	馬具
	益生田A1号墳	浮羽郡田主丸町益生田	円墳	径13	横穴式石室	馬具
	益生田A2号墳	浮羽郡田主丸町益生田	円墳	径14.5	横穴式石室	馬具
	益生田A5号墳	浮羽郡田主丸町益生田	円墳		横穴式石室	馬具
	益生田A9号墳	浮羽郡田主丸町益生田	円墳	径15	横穴式石室	馬具
	益生田A12号墳	浮羽郡田主丸町益生田	円墳	径13	横穴式石室	馬具
	益生田A13号墳	浮羽郡田主丸町益生田	円墳	径16	横穴式石室	馬具
	益生田A14号墳	浮羽郡田主丸町益生田	円墳	径13	横穴式石室	馬具
	益生田A15号墳	浮羽郡田主丸町益生田	円墳	径10	横穴式石室	馬具
	童男山11号墳	八女市山内	円墳	径14	横穴式石室	馬具
	立山山13号墳	八女市本	円墳	径24	横穴式石室	馬具
	立山山23号墳	八女市本	円墳	径13	横穴式石室	馬具
	牛焼谷3号墳	八女市本	円墳		横穴式石室	馬具
	植松9号墳	八女郡広川町長延	円墳	径15	横穴式石室	馬具
	東山2号墳	八女郡広川町長延	円墳		横穴式石室	馬具
	鈴ヶ山1号墳	八女郡広川町新代	円墳	径12	横穴式石室	馬具
	鈴ヶ山2号墳	八女郡広川町新代	円墳	径17	横穴式石室	馬具
	東山3号墳	八女郡広川町広川	円墳	径14	横穴式石室	馬具
	山の前1号墳	八女郡広川町広川	円墳	径24	横穴式石室	轡、杏葉、雲珠
	山の前3号墳	八女郡広川町広川	円墳		横穴式石室	馬具
	大塚1号墳	八女郡広川町広川	円墳		横穴式石室	鑣2
	釈迦堂1号墳	大牟田市上内	円墳	径30	横穴式石室	馬具
	堂の上古墳	大牟田市甘木				馬具
	面の上2号古墳	山川町清水	円墳	径25	横穴式石室	馬具

194　日本および韓半島出土馬具一覧

都道府県	遺跡名	所在地	墳形	規模（m）	内部主体	馬具の種類
福岡県	山内2号墳	瀬高町大草	円墳	径13.85	横穴式石室	馬具
	名木野3号墳	瀬高町小田	円墳	径11	横穴式石室	馬具
	名木野6号墳	瀬高町小田	円墳	径12.2	横穴式石室	馬具
	名木野7号墳	瀬高町小田	円墳	径10.5	横穴式石室	馬具
	名木野8号墳	瀬高町小田	円墳	径8.4	横穴式石室	馬具
	名木野11号墳	瀬高町小田	円墳	径10.1	横穴式石室	馬具
	名木野12号墳	瀬高町小田	円墳			馬具
	立花大塚古墳	八女郡立花町北山	円墳	径18	横穴式石室	馬具
	白木西原1号墳	八女郡立花町白木	円墳	径9	横穴式石室	馬具
	白木西原2号墳	八女郡立花町白木	円墳	径12	横穴式石室	馬具
	瀬戸1号	中間市大字下大隈	横穴墓			轡
	瀬戸2号	中間市大字下大隈	横穴墓			馬具
	瀬戸14号	中間市大字下大隈	横穴墓			轡
	小牧西牟田B1ハ号	鞍手郡鞍手町大字小牧	横穴墓			轡2
	小牧西牟田B6ロ号	鞍手郡鞍手町大字小牧	横穴墓			引手
	小牧西牟田B11号	鞍手郡鞍手町大字小牧	横穴墓			鐙1、轡1
	古月9号	鞍手郡鞍手町大字古門	横穴墓			轡1
	感田栗林2号	直方市大字感田	横穴墓			轡1
	木町B5-1号	直方市大字上境	横穴墓			轡1
	小池9-4号	飯塚市大字鯰田	横穴墓			馬具
	小池12-1号	飯塚市大字鯰田	横穴墓			鐙片、轡1
	小池15-1号	飯塚市大字鯰田	横穴墓			馬具
	小池17-2号	飯塚市大字鯰田	横穴墓			壺鐙2、イモガイ付雲珠2
	小池26-1号	飯塚市大字鯰田	横穴墓			轡1、杏葉2
	楢山	飯塚市西町15番地	横穴墓			轡、杏葉、雲珠
	西ノ浦上13号	嘉穂郡穂波町大字太郎丸	横穴墓			轡
	西ノ浦上14号	嘉穂郡穂波町大字太郎丸	横穴墓			轡
	西ノ浦上17号	嘉穂郡穂波町大字太郎丸	横穴墓			杏葉、雲珠
	西ノ浦上39号	嘉穂郡穂波町大字太郎丸	横穴墓			轡
	宮ノ上5号	宗像郡宗像町大字岩崎	横穴墓			轡
	稲元久保3-4号	宗像市大字稲元	横穴墓			鐙
	稲元久保3-11号	宗像市大字稲元	横穴墓			轡
	鬼隈13号	八女市立花町大字山崎	横穴墓			鐙

日本編 195

都道府県	遺跡名	所在地	墳形	規模（m）	内部主体	馬具の種類
佐賀県	庚申堂塚古墳	鳥栖市神辺町 272-2	前方後円墳	75	横穴式石室	鉄地金銅張（鞍金具、杏葉、雲珠）
	稲荷塚古墳	三養基郡上峰町大字坊所字西峰	前方後円墳	50	横穴式石室	鞍金具、轡金具、雲珠
	塚山古墳	神埼郡三田川町大字豆田字上中杖	前方後円墳	48	横穴式石室	鐙金具、杏葉、雲珠
	関行丸古墳	佐賀市久保泉町大字川久保字神上	前方後円墳	55	横穴式石室	木心鉄金具
	行成鬼塚古墳	鹿島市大字納富分字行成	円墳	径30		轡
	潮見古墳	武雄市橘町大字永島	円墳	径25		轡、f字形鏡板4、五鈴杏葉4、青銅製馬鐸3、雲珠1
	小麦1号墳	基山町小倉	円墳		横穴式石室	鉄地金銅張
	黒谷4号墳	基山町宮浦	円墳	径14	横穴式石室	金銅張馬具
	鎌浦2号墳	基山町園部	円墳		横穴式石室	馬具
	中隈山Ⅲ区1号墳	基山町園部	円墳		横穴式石室	馬具
	中隈山Ⅳ区3号墳	基山町園部	円墳		横穴式石室	馬具
	ヒャーガンサン古墳	鳥栖市今町	円墳	径25	横穴式石室	馬具
	柚比梅坂 ST190	鳥栖市柚比町	円墳		横穴式石室	馬具
	永田古墳群 ST101A	鳥栖市柚比町	円墳		横穴式石室	馬具
	永田古墳群 ST302	鳥栖市柚比町	円墳		横穴式石室	馬具
	東十郎4区3号墳	鳥栖市神辺町	円墳	径10	横穴式石室	馬具
	東十郎4区11号墳	鳥栖市神辺町	円墳	径10	横穴式石室	馬具
	東十郎5区2号墳	鳥栖市神辺町	円墳	径11	横穴式石室	馬具
	東十郎5区4号墳	鳥栖市神辺町	円墳	径15	横穴式石室	馬具
	東十郎特別区イ号墳	鳥栖市神辺町	円墳	径7.4	横穴式石室	馬具
	東十郎特別区ロ号墳	鳥栖市神辺町	円墳		横穴式石室	馬具
	深底1号墳	鳥栖市神辺町	円墳		横穴式石室	馬具
	深底2号墳	鳥栖市神辺町	円墳		横穴式石室	馬具
	深底3号墳	鳥栖市神辺町	円墳	径10.6	横穴式石室	馬具
	都谷B区 ST002	鳥栖市萱方町	円墳	径20	横穴式石室	馬具
	都谷B区 ST004	鳥栖市萱方町	円墳		横穴式石室	馬具
	都谷B区 ST008	鳥栖市萱方町	円墳	径12	横穴式石室	馬具
	都谷B区 ST012	鳥栖市萱方町	円墳	径19.8	横穴式石室	馬具
	宮西 ST01	鳥栖市牛原町	円墳		横穴式石室	馬具

196　日本および韓半島出土馬具一覧

都道府県	遺跡名	所在地	墳形	規模 (m)	内部主体	馬具の種類
佐賀県	宮西 ST02	鳥栖市牛原町	円墳	径 17	横穴式石室	馬具
	牛原原田 ST02	鳥栖市牛原町	円墳	径 24	横穴式石室	馬具
	牛原原田 ST06	鳥栖市牛原町	円墳	径 44	横穴式石室	馬具
	山浦 8 号墳	鳥栖市山浦町	方墳	径 18	横穴式石室	馬具
	立石山田 ST11	鳥栖市立石町		7×5	横穴式石室	馬具
	くずれ塚古墳	上峰町坊所	円墳	径 20～24		金銅製鈴
	大塚古墳	上峰町坊所	前方後円墳	62	横穴式石室	金銅製鈴
	妙覚院境内 1 号墳	北茂安町白壁	円墳		横穴式石室	馬具
	東尾大塚古墳	北茂安町東尾	円墳	径 27	横穴式石室	馬具
	上三津栗原 ST001	東脊振村三津	円墳		横穴式石室	馬具
	戦場 1 区 ST001	東脊振村三津	円墳	径 20	横穴式石室	馬具
	戦場 6 区 ST033	東脊振村三津	馬蹄形墳	15	横穴式石室	馬具
	戦場 6 区 ST049	東脊振村三津	円墳		横穴式石室	馬具
	戦場ヶ谷 ST004	東脊振村三津	円墳	径 15	横穴式石室	馬具
	石動二本松 ST03	東脊振村石動	円墳	径 11.5	横穴式石室	馬具
	石動二本松 ST04	東脊振村石動	円墳	径 10	横穴式石室	馬具
	山古賀 ST005	東脊振村石動	円墳	径 35	横穴式石室	馬具
	松葉 2 号墳	東脊振村大曲	円墳	径 12	横穴式石室	馬具
	東山 2 号	神埼町城原	円墳	径 10	竪穴系横口式石室	馬具
	猿隷 AST006	神埼町城原	円墳	径 12.5	横穴式石室	馬具
	朝日北 ST05	神埼町的	円墳	径 11	横穴式石室	馬具
	的小渕 ST501	神埼町的	円墳	径 10	横穴式石室	馬具
	的小渕 ST701	神埼町尾崎	円墳	径 12	横穴式石室	馬具
	山崎古墳	佐賀市久保泉町	円墳	径 15.5	横穴式石室	馬具
	久保泉 16 号墳	佐賀市久保泉町	円墳	径 10	横穴式石室	馬具
	久保泉 19 号墳	佐賀市久保泉町	円墳	径 20.7	横穴式石室	馬具
	三郎山 ST001	佐賀市久保泉町	円墳	径 22	横穴式石室	馬具
	川久保松原 ST101	佐賀市金立町	円墳	径 16	横穴式石室	馬具
	大日 1 号墳	佐賀市金立町	円墳	径 7.5	横穴式石室	馬具
	金立 18 イ号墳	佐賀市金立町	円墳	径 30.5	横穴式石室	馬具
	金立 19 イ号墳	佐賀市金立町	円墳	径 16	横穴式石室	馬具
	金立地区 26 号墳	佐賀市金立町	円墳		横穴式石室	馬具
	五本黒木丸山古墳		円墳		横穴式石室	馬具
	六本黒木 ST043		円墳		横穴式石室	馬具

日本篇　197

都道府県	遺跡名	所在地	墳形	規模（m）	内部主体	馬具の種類
佐賀県	黒土原 ST003	佐賀市金立町	円墳	径 11	横穴式石室	馬具
	石塚古墳群 1 号墳	諸富町為重	円墳？	径 20	横穴式石室	馬具
	石塚古墳群 2 号墳	諸富町為重			横穴式石室	馬具
	織島東分 A1 号墳	三日月町織島	円墳	径 6		馬具
	一本松 1 号墳	小城町畑田	円墳	径 10	横穴式石室	馬具
	一本松 B 号墳	小城町畑田	円墳	径 11	横穴式石室	馬具
	寺浦前方後円墳	小城町畑田	前方後円墳	35		馬具
	赤子谷 2 号墳	多久市東多久町	円墳	径 12	横穴式石室	馬具
	渋木 1 号墳	多久市東多久町	円墳	径 13	横穴式石室	杏葉
	小城炭坑跡古墳	多久市北多久町	円墳	径 13	横穴式石室	馬具
	大工田 ST001 古墳	多久市北多久町			横穴式石室	馬具
	大工田 ST002 古墳	多久市北多久町	円墳	径 10	横穴式石室	馬具
	牟田辺 6 号墳	多久市南多久町	円墳	径 15	横穴式石室	雲珠
	東福寺 ST14	武雄市片白	円墳	径 12.4	横穴式石室	馬具
	宝塚古墳	塩田町馬場	円墳	径 10	横穴式石室	馬具
	首塚古墳	塩田町馬場	円墳	径 8.5	横穴式石室	轡、雲珠
	立山 1 号墳	北方町大崎	円墳	径 14	横穴式石室	雲珠
	勇猛山 4 号墳	北方町芦原	円墳	径 16	横穴式石室	馬具
	勇猛山 7 号墳	北方町芦原	円墳	径 12	横穴式石室	轡
	勇猛山 8 号墳	北方町芦原	円墳	径 15	横穴式石室	馬具
	道金塚	大町町大町	前方後円墳	48	横穴式石室	馬具
	日達原塚古墳	上峰町坊所				
長崎県	鬼の窟古墳	壱岐郡芦辺町国分本村触字磐屋森	円墳	径 50	横穴式石室	轡 3
	高下古墳	南高来郡国見町多比良高下名名	円墳			
	掛木古墳	壱岐郡勝本町布気触	円墳	径 15	横穴式石室	轡、杏葉、雲珠
	笹塚古墳	壱岐郡勝本町百合畑	円墳	径 66	横穴式石室	馬具
	一本松古墳	愛野町野井名	円墳	径 16	横穴式石室	杏葉
熊本県	蛇塚古墳	菊池郡七城町亀字蛇坂	前方後円墳	現存 21	横穴式石室	鐙
	亀塚 1 号墳	球磨郡錦町大字西字王原	前方後円墳	40	横穴式石室	杏葉
	弁慶ヶ穴古墳	山鹿市熊入町熊人	前方後円墳	推定 105	横穴式石室	金銅張雲珠 2

198 日本および韓半島出土馬具一覧

都道府県	遺跡名	所在地	墳形	規模 (m)	内部主体	馬具の種類
熊本県	横山古墳	鹿本郡植木町有泉横山842	前方後円墳	38.5	横穴式石室	轡2
	国越古墳	宇土郡不知火町長崎字国越	前方後円墳	62.5	横穴式石室	杏葉1
	江田船山古墳	玉名郡菊水町大字瀬川小字清水原	前方後円墳	77	横口式家形石棺	鉄製輪鐙、鈴付鏡板轡1、素環轡1、三環鈴
	塚坊主古墳	玉名郡菊水町大字瀬川	前方後円墳	53	横穴式石室	木心鐙、f字形鏡板・素環轡、青銅鈴
	大坊古墳	玉名郡菊水町大字出口	前方後円墳	42.3	横穴式石室	木心鐙、鉄地金銅張杏葉1
	江田穴観音古墳	熊本市清水町	円墳	径17	横穴式石室	金銅製心葉形杏葉2
	打越稲荷山古墳	山鹿市大字坂本西福寺	円墳	径30	横穴式石室	杏葉、金銅製杏葉1
	オブサン古墳	鹿本郡北部村大字釜尾	円墳	径約22	横穴式石室	轡1、金銅製杏葉1
	釜尾古墳	菊池郡免田町字才園	円墳	径18	横穴式石室	鞍金具、杏葉、轡
	才園2号墳	球磨郡大字裂尾字高塚	円墳		横穴式石室	(f字形・楕円形)鏡板轡、杏葉
	裂袋尾高塚古墳	菊池市大島	円墳	径18	横穴式石室	轡
	四ツ山古墳	荒尾市野原	円墳	径10	横穴式石室	馬具
	野原7号墳	荒尾市野原	円墳	径11	横穴式石室	轡
	野原8号墳	荒尾市野原	円墳	径11	横穴式石室	馬具
	野原9号墳	玉名市石貫	円墳	径12	横穴式石室	轡、雲珠
	小路古墳	山鹿市石貫	円墳	径18	横穴式石室	轡
	白塚古墳	菊池郡大字裂裳尾	円墳	径28	横穴式石室	馬具
	裂裳尾茶臼塚古墳	泗水町住吉	円墳	径7	横穴式石室	轡
	孤塚尾古墳	植木町石川	円墳	径22	横穴式石室	鞍金具、轡
	石川4号墳	植木町小野	円墳	径20	横穴式石室	馬具
	鬼のいわや古墳	熊本市打越	円墳		横穴式石室	鞍金具、馬具
	稲荷山古墳	熊本市小島下	円墳	径15	横穴式石室	馬具
	楢崎山7号墳	熊本市城山			横穴式石室	馬具
	城山三の塚古墳	一の宮町宮地	円墳	径約20	横穴式石室	馬具
	塩塚古墳	久木野村立石	円墳		横穴式石室	金銅製鈴
	六ノ小石1号墳	不知火町高良	円墳		横穴式石室	馬具
	塚立C古墳	宮原町立神	円墳	径20	横穴式石室	馬具
	岩立平古墳	八代市岡町中	円墳		横穴式石室	馬具
	行西4号墳	八代市岡町谷川	円墳		横穴式石室	馬具
	清水1号墳	仁吉市願成寺町	円墳	径25	横穴式石室	馬具
	鬼塚古墳					

都道府県	遺跡名	所在地	墳形	規模 (m)	内部主体	馬具の種類
熊本県	赤坂1号墳	多良木町赤坂	円墳			馬具
	諏訪ノ原1号墳	水上村岩野	円墳			馬具
	姫帆山古墳	鋼船町豊秋	円墳			轡3
	湯の口17-B号	山麓市大字蒲生	横穴式石室			轡
	湯の口129号	山麓市大字蒲生	横穴墓			轡2
	湯の口134号	山麓市大字蒲生	横穴墓			轡
	古城18-1号	熊本市大字福原	横穴墓			杏葉、雲珠
	福原	益城町大字福原				轡
大分県	鬼の岩屋1号墳	別府市北石垣字塚原	円墳	径24	横穴式石室	馬具
	鬼の岩屋2号墳	別府市北石垣字塚原	円墳	径30	横穴式石室	馬具
	太郎塚古墳	別府市北石垣				金銅張唐草文透彫鏡板
	天神畑古墳	別府市北石垣	円墳			馬具
	ガランドヤ1号墳	日田市石井町3丁目				馬具
	ガランドヤ2号墳	日田市石井町3丁目				馬具
	鶴見古墳	宇佐市大字川部字鶴見		31	片袖式横穴式石室	雲珠
	七双子7号墳	杵築市本庄	円墳		横穴式石室	馬具
	七双子8号墳	杵築市本庄	円墳		横穴式石室	轡
	法恩寺3号墳	日田市刃連町	円墳	径20	横穴式石室	轡、雲珠
	法恩寺4号墳	日田市刃連町	円墳	径13	横穴式石室	轡、雲珠
	城山19号墳	中津市伊藤田			横穴式石室	馬具
	倉追平古墳	三光村森山	円墳	径9	横穴式石室	馬具
	川部・高森古墳群池の端地区	宇佐市川部				轡
	向山古墳	宇佐市山下	円墳	径18	横穴式石室	馬具
	野美古墳	真玉町西真玉	前方後円墳	44	横穴式石室	馬具
	伊美鬼塚古墳	国見町中	円墳	径13	横穴式石室	雲珠
	的場2号墳	杵築市八坂	円墳	径11	横穴式石室	馬具
	中ノ原古墳	佐賀関町神崎	円墳	径11	横穴式石室	轡
	尾崎古墳	大野市片島	前方後円墳	30	横穴式石室	馬具
	天満1号墳	日田市朝日町	円墳	径10	横穴式石室	馬具
	有田塚ヶ原1号墳	日田市有田			横穴式石室	轡
	上ノ原20号	下手郡三光村大字佐知	横穴墓			轡2
	上ノ原35号	下手郡三光村大字佐知	横穴墓			轡2
	上ノ原38号	下手郡三光村大字佐知	横穴墓			鐙1、轡

200　日本および韓半島出土馬具一覧

都道府県	遺跡名	所在地	墳形	規模 (m)	内部主体	馬具の種類
大分県	上ノ原 42 号	下毛郡三光村大字佐知	横穴墓			轡
	飛山 1 号	大分市大字東上野字百合野	横穴墓			轡
	飛山 4 号	大分市大字東上野字百合野	横穴墓			鏡板 1、轡、杏葉 3
	小迫 3 区 21 号	日田市大字三串・小迫	横穴墓			轡
	小迫 4 区 5 号	日田市大字三串・小迫	横穴墓			轡
宮崎県	新田原 44 号墳	児湯郡新富町大字新田	方墳	26	無袖式横穴式石室	馬具
	新田原 45 号墳	児湯郡新富町大字新田字石船	前方後円墳	65.4	無袖式横穴式石室	金銅製雲珠、鉸具
	狐塚古墳	日南市鳳凰	不明			馬具、鈴
	永山古墳	児湯郡木城町高城	前方後円墳	68	横穴式石室	轡、雲珠
	石船塚（持田 16 号墳）	児湯郡新富町大字新田	円墳		横穴式石室	轡
	持田 24 号墳	児湯郡高鍋町持田	円墳		横穴式石室	銅鈴
	持田 49 号墳	児湯郡高鍋町持田				金銅張杏葉、雲珠
	持田 56 号墳	児湯郡高鍋町持田				金銅張轡、雲珠
	浮田 1 号	宮崎市大字浮田	横穴墓			轡、雲珠
	南平 55-1 号	西臼杵郡高千穂町大字三田井	横穴墓			轡、杏葉、雲珠
	一本木	西臼杵郡高千穂町大字三田井	横穴墓			轡
	六野原 10 号	東諸県郡国富町大字三名	地下式横穴墓			鞍金具、木心輪鐙、轡、杏葉、雲珠、馬鐸、三環鈴
	下北方 5 号	宮崎市下北方町塚原	地下式横穴墓			轡
	小木原古墳	えびの市大字上江	地下式横穴墓			轡、f 字形鏡板
	小木原 3 号	えびの市大字上江	地下式横穴墓			轡
	久見迫 ST4004 号	えびの市大字上江	地下式横穴墓			轡
	久見迫 ST4011 号	えびの市大字上江	地下式横穴墓			楕円形鏡板轡
	馬頭 5 号	えびの市大字上江	地下式横穴墓			轡
	馬頭 13 号	えびの市大字上江	地下式横穴墓			

韓半島編　201

日本および韓半島出土馬具一覧（韓半島）

No.	地域	出土遺跡	馬具の種類
1	金海	大成洞1号木槨墓	木心輪鐙、杏葉（心葉形）
2		大成洞2号木槨墓	鏡板付轡、鑣轡
3		大成洞3号木槨墓	杏葉（心葉形）
4		大成洞8号木槨墓	鞍金具、雲珠、杏葉
5		大成洞11号木槨墓	鑣轡
6		大成洞14号木槨墓	轡
7		大成洞20号木槨墓	轡、鐙
8		大成洞39号木槨墓	轡
9		大成洞41号木槨墓	轡
10		大成洞42号墳（竪穴）	鏡板付轡
11		大成洞47号木槨墓	鏡板付轡、木心輪鐙
12		大成洞57号木槨墓	鏡板付轡、木心輪鐙
13		良洞里78号墓	轡
14		良洞里162号墓	鑣轡
15		良洞里196号墓	鏡板付轡
16		良洞里229号墓	鏡板付轡
17		良洞里321号墓	鏡板付轡
18		良洞里429号墓	鏡板付轡、木心輪鐙
19		陵洞10号木槨墓	轡
20		陵洞11号木槨墓	鏡板付轡
21		陵洞25号木槨墓	鏡板付轡、木心鐙
22		札安里57号墳	鏡板付轡
23		夫婦塚	鞍金具、鏡板付轡、鉄製輪鐙、杏葉（扁円魚尾形）
24	梁山		
25		北亭里2号墳	鞍金具、轡、鉄製輪鐙（2双）
26		北亭里8号墳	鞍金具、轡、鉄製輪鐙（2双）
27	昌原	道渓洞19号石槨墓	木心鐙
28		道渓洞19号土壙墓	轡
29	馬山	縣洞43号土壙墓	鏡板付轡

No.	地域	出土遺跡	馬具の種類
30	慶州	天馬塚	鞍金具（透造金銅板、金銅板）、鏡板付轡、木心輪鐙、輪鐙、杏葉（歩揺付もあり）、馬鐸
31		金冠塚	鞍金具、鏡板轡、雲珠、杏葉（貝製もあり）、馬鈴
32		皇南大塚 北墳	鞍金具、鏡板付轡、木心輪鐙、雲珠、杏葉（扁円魚尾形）、馬鐸
33		皇南大塚 南墳	鞍金具（透造金銅（銀）板玉蟲装）、鏡板付轡（透造金銅、金銅、鉄製）、木心輪鐙（透造金銅板玉蟲装、金銅、鉄）、青銅）、杏葉（心葉形、歩揺付もあり）、馬鐸
34		仁旺洞19号墳F槨	鉄製轡、杏葉（柄葉形）、雲珠
35		金鈴塚	鞍金具、雲珠、鈴
36		飾履塚	鞍金具、鏡板付轡、鉄製輪鐙、杏葉、雲珠、変形鏡形、剣菱形
37		壺杆塚	鞍金具、鏡板付轡、鉄製輪鐙、杏葉（扁円魚尾形）、杏葉（歩揺付もあり）
38		銀鈴塚	鞍金具、鏡板付轡、鉄製輪鐙、杏葉（心葉形）、杏葉
39		皇南洞109号墳3、4槨	鉄製轡、木心輪鐙、鉄製輪鐙、雲珠
40		皇南洞109号墳1、2槨	鞍金具、木心輪鐙、鉄製輪鐙、雲珠
41		皇南洞110号墳	鞍金具、木心輪鐙、鏡板付轡、杏葉（扁円魚尾形）、雲珠

No.	地域	出土遺跡	馬具の種類
42	慶州	皇南洞106-3番地6号墓	鞍金具、鏡板付轡、鉄製輪鐙、杏葉(心葉形)、雲珠
43		皇吾里1号墳	鞍金具、轡、木心鐙、杏葉(心葉形)、馬鐸
44		皇吾里14号墳1槨	鞍金具、木心鐙、雲珠
45		皇吾里33号墳	鞍金具、鏡板付轡、鉄製輪鐙、杏葉(心葉形)、雲珠
46		皇吾里151号墳	鏡板付轡、杏葉(心葉形、刺形)、雲珠
47		味鄒王陵第7地区3号墳	鏡板付轡、木心鐙、杏葉(楕円形?)、
48		味鄒王陵第7地区4号墳	鉄製轡、杏葉(貝製もあり)、雲珠
49		味鄒王陵第7地区5号墳	鞍金具、鏡板付轡、鉄製輪鐙、杏葉(心葉形)、雲珠(歩揺付)
50		味鄒王陵第7地区7号墳	鉄製轡、杏葉(心葉形)、雲珠
51		味鄒王陵第9地域A号1槨	鏡板付轡、鉄製輪鐙、杏葉(心葉形)
52		味鄒王陵第9地域A号2槨	鞍金具、鏡板付轡、木心鐙、杏葉(楕円形、心葉形)、環状鈴
53		味鄒王陵第9地域A号3槨	鞍金具、鉄製輪鐙、杏葉(鐘形)、雲珠
54		味鄒王陵A地区3-1墓槨	轡、鉄製輪鐙、雲珠
55		味鄒王陵A地区3-2墓槨	鞍金具、鏡板付轡、鉄製輪鐙、杏葉(心葉形)、雲珠
56		皇南洞106-3番地6号墓	鞍金具、鏡板付轡、鉄製輪鐙、雲珠
57		皇南洞82号墳東塚	
58	慶州	月山里A-45号石槨墓	轡
59		月山里A-59号石槨墓	轡
60		月山里A-64号石槨墓	轡
61		月山里A-73号石槨墓	轡、木心鐙
62		月城路カ-1号墳	鞍金具、鑣轡、鉄製輪鐙
63		月城路カ-13号墳	鏡板付轡
64		月城路タ-6号墳	鞍金具、鏡板付轡、杏葉(心葉形)、辻金具
65		天官寺址	鉄製壺鐙
66		吾零里1-1号石槨	鑣轡、木心鐙
67		栗洞1108番地10号墳	鑣轡、鉄製輪鐙
68		隍城洞3号副葬槨	鞍金具、鏡板付轡、木心輪鐙、杏葉(心葉形)、辻金具
69		隍城洞2号木槨墓	鑣轡
70		隍城洞46号木槨墓	鑣轡
71		朝陽洞60号墓	鑣轡
72		朝陽洞63号墓	鑣轡
73		路東里4号墳	鞍金具、鏡板付轡、木心輪鐙、杏葉(扁円魚尾形)、馬鐸、三環鈴
74		舎羅里10号積石木槨墓	轡
75		舎羅里14号積石木槨墓	轡、杏葉(心葉形)、雲珠
76		舎羅里31号積石木槨墓	轡、木心鐙
77		舎羅里33号積石木槨墓	轡
78		舎羅里35号積石木槨墓	轡、杏葉(心葉形)

韓半島編　203

No.	地域	出土遺跡	馬具の種類
79	慶州	舎羅里 38 号積石木槨墓	轡
80		舎羅里 126 号積石木槨墓	轡
81		舎羅里 128 号積石木槨墓	木心鐙
82		舎羅里 130 号墓	鑣轡
83		九於里 17 号積石木槨墓副槨	鑣轡、木心鐙
84		九於里 40 号積石木槨墓	木心鐙
85	慶北月城	安渓里 3 号墳	轡
86		安渓里 32 号墳	轡、鐙、杏葉（心葉形、扁円魚尾形）、馬鐸
87		安渓里 43 号墳	轡
88	慶山	九於里 40 号積石木槨墓	木心鐙
89		林堂洞 G－6 号墳	鏡板付轡
90		林堂洞 G－3 号墓副槨	鏡板付轡、木心鐙
91		林堂 A－Ⅰ－96 号墳	鑣轡
92		林堂 A－Ⅰ－139 号墳	鑣轡
93		林堂 A－Ⅰ－140 号墳	轡
94		林堂 A－Ⅰ－145 号墳	
95		林堂 E－16 号墳	鑣轡
96		林堂 5 B 1 号墳	鞍金具、鏡板付轡、杏葉（心葉形）、雲珠（歩揺付）
97		北四里 1 号墳	雲珠（歩揺付）
98		北四里 2 号墳	轡

No.	地域	出土遺跡	馬具の種類
99	慶山	北四里 3 号墳	轡、杏葉（心葉形）、雲珠
100	大邱	不老洞 91 号槨墓 2－1 槨副槨	轡
101		不老洞 91 号墳 4 槨副槨	鞍金具
102		佳川洞24号石槨墓	木心鐙
103		花園城山里 1 号墳副槨	鞍金具、鉄製輪鐙、轡、杏葉（心葉形）
104		花園城山里 1 号墳 4 槨	轡
105		花園城山里 1 号墳 5 槨	鏡板付轡、杏葉（？）、雲珠
106		時至ⅠB－61号	轡
107		時至ⅠC－15号	轡、木心鐙
108		時至ⅠC－19号	轡
109		時至ⅠC－21号	轡
110		時至ⅠC－27号	鏡板付轡
111		時至ⅠD－268号	轡
112		時至ⅠD－166号	鞍金具、轡、木心鐙
113		時至ⅠD－179号	轡、雲珠
114	安東	花山夫婦塚（夫塚）	鞍金具、杏葉（心葉形）、雲珠
115	聞慶	新峴里2－1号石室	鏡板付轡、杏葉（心葉形）、雲珠
116	高霊	池山洞30号墳	鏡板付轡、木心輪鐙、馬鈴
117		池山洞32号墳	鏡板付轡
118		池山洞33号墳	木心輪鐙
119		池山洞35号墳	鞍金具、鏡板付轡、木心輪鐙、ｆ字形鏡板付轡、杏葉（鈴付剣菱形）、雲珠
120		池山洞44号墳	鞍金具、鏡板付轡（？）、木心輪鐙、雲珠
121		池山洞44－25号墳	鏡板付轡、木心輪鐙、雲珠、馬鈴
122		池山洞45号墳	鞍金具、鏡板付轡、木心輪鐙、鉄製鐙、杏葉（心葉形）、雲珠
123		木館洞36号墳	鏡板付轡

204　日本および韓半島出土馬具一覧

No.	地域	出土遺跡	馬具の種類	No.	地域	出土遺跡	馬具の種類
124	星州	稲田札山里Ⅲ地区木棺墓1号	鑣轡	149	尚州	新興里カ28号石棺墓	鑣轡
125	義城	大里洞古墳採集	鐙	150		新興里カ29号墓	鑣轡
126	浦項	玉城里29号墳	杏葉(扁円魚尾形)	151		新興里カ30号墓	鑣轡
127		玉城里113号墳	鑣轡	152		新興里ナ17土壙墓	鐙板付轡
128		玉城里115号墳	鑣轡	153		新興里ナ18号土壙墓	鑣轡
129		玉城里71号堅穴遺構	杏葉(心葉形)、雲珠	154		新興里ナ37号土壙墓	鑣轡、木心鐙
130		玉城里2号積石木棺墓	轡、木心鐙	155		新興里ナ39号土壙墓	鐙板付轡、木心輪鐙
131		玉城里35号木棺墓	鐙板付轡、木心鐙	156		新興里ナ61号土壙墓	鑣轡
132		鶴川里5号	轡	157		新興里ナ66号土壙墓	轡
133		鶴川里146号	鑣轡、轡片、杏葉(心葉形?)、雲珠	158		新興里ナ9号石槨墓	鑣轡
134		鶴川里152号	杏葉(扁円魚尾形?)、雲珠	159		新興里ナ7号石槨墓	鑣轡
135		鶴川里153号副槨	轡、杏葉、杏葉(心葉形)	160		新興里ラ1号石室墳	轡
136		鶴川里194-1号	木心鐙	161		新興里ラ20号	鑣轡
137	尚州	新上里11号石棺墓	轡	162		新興里ラ22号石室墳	鑣轡、杏葉?(心葉形)
138		新上里20号石棺墓	轡	163		新興里ラ28号石棺墓	鞍金具、鑣轡、杏葉(心葉形)、雲珠
139		軒新洞14号石棺墓	轡	164		新興里ラ36号墓	鑣轡
140		軒新洞15号石棺墓	轡、鐙、杏葉(心葉形)	165		新興里ラ89号石棺墓	鑣轡
141		軒新洞34号石棺墓	鑣轡	166		新興里ラ108号	鑣轡
142		城洞6号・軒新洞15号石棺墓	鑣轡、鉄製輪鐙	167		新興里ラ111号	鑣轡
143		屛城洞・軒新洞17号石棺墓	鑣轡	168		新興里ラ124号石棺墓	杏葉(心葉形)
144		新興里カ10号土壙墓	鑣轡	169		青里10号石棺墓	轡
145		新興里カ57号土壙墓	鐙板付轡、木心輪鐙、雲珠	170		青里12号石棺墓	轡
146		新興里カ1号石棺墓	鑣轡				
147		新興里カ17号石棺墓	鑣轡				
148							

韓半島編　205

No.	地域	出土遺跡	馬具の種類
171	尚州	城洞里17号墓	鑣轡
172		城洞里24号墓	鑣轡
173		城洞里107号墓	鏡板付轡
174		城洞里144号墓	鑣轡
175	金泉	帽岩洞1-1号	障泥附属具
176	永川	清亭里26号木槨	雲珠
177		清亭里1号石槨	轡
178	軍威	高谷里3号墓	轡
179		高谷里5-1号墳	轡、木心鐙
180	亀尾	桃開新林里A-1石槨墓	
181		桃開新林里A-6石槨墓	鑣轡
182		桃開新林里A-8石槨墓	轡
183		桃開新林里A-1石槨墓	轡、木心輪鐙、杏葉（心葉形）、雲珠
184	海平	月谷里2号石槨墓	杏葉（心葉形）、辻金具
185	潭陽	積石石槨墓副槨	鐙
186	釜山	十地区4号住居址	鏡板付轡、杏葉（心葉形、変形）
187		福泉洞1号墳（東亜大）	鞍金具、鏡板付轡、鑣轡、木心輪鐙、杏葉（心葉形）
188		福泉洞10号墳	鞍金具、杏葉（心葉形）
189		福泉洞15号墳	杏葉（扁円魚尾形）
190		福泉洞21号墳	鑣轡、木心輪鐙
191		福泉洞22号墳	鞍金具、轡、鑣（f字形）
192		福泉洞23号墳	鏡板付轡
193		福泉洞31号墳	鏡板付轡
194		福泉洞36号墳	杏葉（心葉形）
195		福泉洞38号墳	鑣轡
196		福泉洞39号墳	鏡板付轡
197		福泉洞54号副槨	鏡板付轡
198		福泉洞69号墳	鑣轡
		杜邱洞林石5号号墳	鏡板付轡、杏葉（輪鐙形）、雲珠

No.	地域	出土遺跡	馬具の種類
199	咸安	道項里3号墳	鏡板付轡
200		道項里10号墳	鏡板付轡
201		道項里4号墳	杏葉（心葉形）、雲珠
202		道項里36号墳	鏡板付轡
203		道項里38号墳	鞍金具、木心鐙
204		道項里39号墳	鞍金具
205		道項里43号墳	雲珠
206		道項里47号墳	鑣轡
207		道項里48号墳	雲珠
208		道項里（現）15号墳	杏葉（扁円魚尾形）、雲珠
209		道項里（文）54号墳	鏡板付轡、木心輪鐙、杏葉（剣菱形）
210		道項里（現）22号墳	鏡板付轡、木心輪鐙、杏葉（扁円魚尾形）、雲珠
211		道項里5号墳	鏡板付轡、鉄製輪鐙、杏葉（心葉形）、雲珠
212		道項里8号墳	鞍金具、杏葉（扁円魚尾形）、雲珠、鈴
213		道項里3号墓	鏡板付轡
214		道項里13号墓	鏡板付轡、杏葉（剣菱形）、雲珠
215		末山里451-1番地遺蹟石榔墓採集	鞍金具、鈴
216		岩刻画古墳	鏡板付轡、鉄製輪鐙
217		馬甲塚	轡、鉄製輪鐙、杏葉、雲珠
218	宜寧	景山里2号墳	轡、鉄製輪鐙、雲珠
219		景山里37号墳	鑣轡、鏡板付轡、木心鐙
220	山清	坪村里224号墳	鑣轡、鏡板付轡、木心亞鐙
221	咸陽	白川里1号墳	鞍金具、鏡板付轡、木心輪鐙、雲珠
222	陝川	玉田5号墳	轡、鏡板付轡、雲珠
223		玉田7号墳	鑣轡、木心輪鐙、雲珠
224		玉田8号墳	鑣轡、鏡板付轡、雲珠
225		玉田12号墳	鑣金具、鏡板付轡、杏葉（扁円魚形）、雲珠
226		玉田20号墳	鞍金具、鏡板付轡、木心輪鐙

206　日本および韓半島出土馬具一覧

No.	地域	出土遺跡	馬具の種類
227	陝川	玉田23号墳	鞍金具、鏡板付轡、木心輪鐙（心葉形）、杏葉、雲珠
228		玉田24号墳	轡、木心輪鐙
229		玉田28号墳	鞍金具、鏡板付轡、木心壺鐙（扁円魚尾形）、雲珠
230		玉田35号墳	鞍金具、鏡板付轡（扁円魚尾形）、鑣轡、雲珠
231		玉田42号墳	鞍金具、鏡板付轡、杏葉
232		玉田67－A号墳	鏡板付轡、木心輪鐙、雲珠
233		玉田67－B号墳	鞍金具、鏡板付轡、木心輪鐙、雲珠
234		玉田68号墳	鏡板付轡、木心輪鐙、雲珠
235		玉田70号墳	鏡板、鑣轡、木心輪鐙（心葉形）、雲珠
236		玉田72号墳	鏡板付轡
237		玉田74号墳	鞍金具、木心鐙、雲珠
238		玉田75号墳	鞍金具、木心壺鐙
239		玉田76号墳	鏡板付轡
240		玉田82号墳	鏡板付轡
241		玉田85号墳	轡、木心輪鐙（心葉形）、雲珠
242		玉田91号墳	鞍金具、木心輪鐙、雲珠
243		玉田95号墳	轡、木心輪鐙、雲珠
244		玉田M1号墳	鞍金具、鏡板付轡3、木心輪鐙3、杏葉（扁円魚尾形）、雲珠
245		玉田M2号墳	鏡板付轡、木心輪鐙、杏葉（扁円魚尾形？）
246		玉田M3号墳	鞍金具、鏡板付轡（楕円形2、f字形）、木心輪鐙、鉄製輪鐙2、杏葉（剣菱形）、雲珠
247		玉田M4号墳	杏葉（心葉形）、鏡板付轡、杏葉（心葉形）
248		玉田M6号墳	鞍金具、鏡板付轡、雲珠、馬鈴
249		玉田M7号墳	鞍金具、木心輪鐙
250	陝川	玉田M11号墳	鞍金具、雲珠
251		鳳渓里172号墳	轡
252		礎渓堤カA号墳	鞍金具、鏡板付轡、木心鐙、杏葉（扁円魚尾形？）、雲珠、雲珠
253	密陽	礎渓堤ケA号墳	鏡板付轡、木心鐙、雲珠
254		新安9号墳	鑣轡、雲珠
255		新安53号墳	鞍金具、鏡板付轡、杏葉（心葉形）
256	昌寧	桂城Ⅲ地区1号墳	鞍金具、鏡板付轡、木心壺鐙
257		校洞1号墳	轡、木心輪鐙、杏葉（剣菱形）、雲珠
258		校洞2号墳	鑣轡、鏡板、扁円魚尾形
259		校洞3号墳	杏葉、木心輪鐙
260		校洞4号墳	轡
261		校洞5号墳	鞍金具、鏡板付轡
262	蔚山	新峴洞土壙墓	轡
263	固城	内山里8号墳	鏡板付轡、鉄製輪鐙、木心壺鐙
264		内山里21号墳1槨	轡
265		内山里21号墳2槨	鞍金具
266		内山里21号墳8槨	轡、鉄製輪鐙
267		内山里34号墳	鞍金具、鉄製輪鐙
268		栗垈里2号墳	轡、鏡板輪鐙（f字形、剣菱形）、雲珠
269		松鶴洞1号墳A－1号	鞍金具、鉄製輪鐙、杏葉（剣菱形）、馬鈴、変形剣菱形）、雲珠
270		松鶴洞1号墳A－6号	鞍金具、鏡板付轡、杏葉（剣菱形）
271		松鶴洞1号墳A－8号	鏡板付轡
272		松鶴洞1号墳A－11号	鏡板付轡
273		松鶴洞1号墳B－1号	雲珠（貝製）

韓半島編

No.	地域	出土遺跡	馬具の種類
274	固城	松鶴洞1号墳C－1号	鞍金具、木心輪鐙、杏葉(蕨葉形)、雲珠
275	晋州	武村3丘145号石槨墓	轡、木心鐙
276	ソウル	阿且山第4堡塁	轡、鏡板、鉄製輪鐙
277	京畿華城	花山SM1号墳	轡、木心輪鐙、鐙、雲珠
278	楊州	大母山城	鏡板付轡、鐙、馬鐸、青銅製鈴
279		大母山城 (東門址)	鏡板付轡
280	抱川	半月山城Ⅰ坑－2Tr	鉄製輪鐙
281		馬霞里16号石槨墳	木心輪鐙
282	江原	桐山洞5号墳	鏡板付轡
283	原州	法泉里1号墳	轡、木心輪鐙
284	南原	斗洛里1号墳	鏡板付轡、鉄製輪鐙
285	天安	龍院里16号石槨墓	轡、木心鐙
286		龍院里(ソウル大)石室墳	鞍金具、木心輪鐙
287		龍院里1号石槨墓	鞍金具、轡、木心輪鐙、杏葉(剣菱形)、雲珠
288		龍院里9号石槨墓	轡、木心輪鐙
289		龍院里12号石槨墓	鐙轡、木心輪鐙、雲珠
290		龍院里72号土壙墓	轡、木心鐙
291		龍院里108号土壙墓	鏡板付轡 (楕円形、環状形)
292		斗井洞Ⅰ地区5号土壙墓	鏡轡、鏡板付轡、木心輪鐙
293	公州	熊津洞17号墳	轡
294		鉃利山S10W17遺構	轡
295	清州	鳳鳴洞A－31号墓	轡
296		鳳鳴洞A－35号墓	鏡轡

No.	地域	出土遺跡	馬具の種類
297	清州	鳳鳴洞A－72号墓	鑣轡
298		鳳鳴洞A－76号墓	轡
299		鳳鳴洞B－36号墓	轡
300		鳳鳴洞B－79－2号墓	鑣轡
301		鳳鳴洞B－92－2号墓	轡
302		鳳鳴洞C－4号墓	轡
303		鳳鳴洞C－9号墓	轡、木心輪鐙
304		新鳳洞 (83) 3号土壙墓	鑣轡、木心輪鐙
305		鳳鳴洞C－12号墓	轡
306		鳳鳴洞C－20号墓	轡
307		鳳鳴洞C－31号墓	轡
308		鳳鳴洞C－43号墓	轡
309		新鳳洞 (83) 5号土壙墓	鑣轡
310		新鳳洞 (83) 6号土壙墓	鑣轡、木心輪鐙
311		新鳳洞 (83) 7号土壙墓	鑣轡、木心輪鐙
312		新鳳洞 (83) 8号土壙墓	鑣轡、木心輪鐙
313		新鳳洞 (83) 10号土壙墓	木心輪鐙
314		新鳳洞 (83) 14号土壙墓	鑣轡、木心輪鐙
315		新鳳洞 (90) 4号土壙墓	鑣轡、木心輪鐙
316		新鳳洞 (90) 11号土壙墓	木心輪鐙
317		新鳳洞 (90) B地区1号墳	鑣轡、木心輪鐙

208 日本および韓半島出土馬具一覧

No.	地域	出土遺跡	馬具の種類
318	清州	新鳳洞54号墳	鑣轡、木心輪鐙
319		新鳳洞60号墳	鑣轡、木心輪鐙
320		新鳳洞66号墳	轡
321		新鳳洞71号墳	鑣轡
322		新鳳洞72号墳	鑣轡、木心輪鐙
323		新鳳洞80号墳	鑣轡、木心輪鐙
324		新鳳洞83号墳石槨墓	鉄製輪鐙
325		新鳳洞84号墳	鑣轡、木心輪鐙
326		新鳳洞91号墳	鑣轡
327		新鳳洞93号墳	木心輪鐙
328		新鳳洞94号墳	轡、木心輪鐙
329		新鳳洞98号墳	鑣轡、木心輪鐙
330		佳景4地区1区域8号墓	轡
331	忠州	忠州山城	鏡板付轡
332		金陵洞56号土壙墓	轡
333		金陵洞78-1号土壙墓	鑣轡
334		金陵洞111-1号土壙墓	轡
335	江陵	柄山洞4号石槨墓	木心鐙、轡
336		柄山洞5号石槨墓	鏡板付轡
337		柄山洞6号石槨墓	木心鐙、轡
338		柄山洞26号石槨墓	木心鐙、轡
339		草堂洞A-1号墓	鞍金具、木心輪鐙、轡、杏葉(心葉形)、雲珠
340	清原	梧倉7-1号土壙墓	鑣轡
341		梧倉13号土壙墓	鏡板付轡
342			

No.	地域	出土遺跡	馬具の種類
343	清原	梧倉30号土壙墓	轡
344		梧倉50号土壙墓	鑣轡
345		主成里2号土壙墓	鑣轡
346		主成里4号土壙墓	鑣轡
347		主成里14号土壙墓	鑣轡
348		主成里積石塚	鑣轡
349		主成里2号石槨墳	鏡板付轡
350		主成里1号石室墳	木心輪鐙
351		米川里力地区1号墳	轡
352		米川里力地区3号墳	鑣轡、鏡板付轡、鉄製輪鐙、杏葉(扁円魚尾形)
353	益山	笠店里古墳	鞍金具、杏葉(心葉形、剣菱形)、鑣轡、鈴
354	扶余	扶蘇山城	銅釜、鉄製壺鐙
355		竹幕洞祭祀遺蹟	鏡板付轡
356	麗水	鼓楽山城	鉄製壺鐙
357	光陽	馬老山城Ⅰ-2建物址	
358		馬老山城Ⅱ-1建物址	轡、鉄製壺鐙
359	羅州	伏岩里3号墳'96石室墓	鏡板付轡、木心壺鐙、杏葉(心葉形)、雲珠
360	論山	茅村里4号墳	鏡板付轡
361		茅村里5号墳	鏡板付轡
362	霊光	大川3号石室墳	鞍金具、鏡板付轡
363	海南	月松里造山古墳	鏡板付轡、鉄製輪鐙、杏葉(剣菱形)、馬鈴

＊一覧表は各々の発掘調査報告書をもとに作表。

おわりに

　大学 3 年の時、沈奉謹先生の歴史考古学の授業で、課題として「鐙」というテーマを与えられた。最初は「あぶみ」の漢字すら読めなかった。これが馬具と出会ったきっかけである。

　それから卒業論文や修士論文も馬具について書いて、沈奉謹先生のご配慮で奈良県立橿原考古学研究所で研修する機会をいただいた。

　橿原では、千賀久先生にお目にかかり、日本列島の馬具に触れることとなった。来日当初は、日本語ができないこともあり、研究所と目と鼻の先にある博物館へ行くのがすこし億劫に感じられた。私が研修した 1997 年は、橿原の博物館が再開館した年で、先生にご挨拶に行くと自然と馬具にも会えた。日本語の理解が不十分であるにもかかわらず、馬具一つ一つを触る先生の姿から暖かいなにかが感じられた。ただの「もの」ではなく、それをつくった「ひと」、それを使った「ひと」が馬具を介して見えてきはじめた。

　それからは博物館に毎日行きたかったが、先生のお仕事のご迷惑になるのではないかと心配して我慢することもあった。実は、先生に会うたびに質問したかったので、その準備も必要だった。結局、橿原で先生にお会いしたのは両手で数えるぐらいだった。

　その後、岡山大学へ留学し、学位を取ってすぐ、新納泉先生と吉井秀夫先生のご配慮で京都大学考古学研究室へ通うことになった。

　京都大学考古学研究室では小野山節先生とお話する機会をいただいた。先生は考古学研究室の卒業論文や修士論文の発表会、夜の懇親会にも参加された。そこで同席していた先輩から先生を紹介していただいた。馬具を勉強してからこのかた、「生きる伝説」である小野山先生とお話することなんて、夢にも見なかったことであった。あまりに緊張したので、頭の中が真っ白になった。それでもせっかくの機会と思って、いくつか質問をしたところ、『日本馬具大鑑』

の中で疑問があればお答えする、というお言葉を先生からいただいた。それが帰国の前に改めてお話をうかがうきっかけになった。

　いままで馬具が本当に好きで、馬具の研究をするただそれだけでも幸せだった。韓国へ帰国し、馬具の研究ばかりではない仕事をしている今、馬具がつくってくれた人々の縁に感謝したくてなにか「かたち」にしたいとまとめたのがこの本である。

　まず考古学をはじめ、馬具を勉強するきっかけから、奈良への研修、岡山大学・京都大学への留学、それから韓国へ帰国して固城松鶴洞古墳報告書作成、韓国文物研究院への就職まで、何から何までのご縁や機会を作ってくださり、今も私のことを心配してくださる沈奉謹先生に心から感謝する。

　また、秦弘燮先生と李蘭暎先生からは本では習えないこともたくさん教えていただいた。

　そして勉強するとき、細部にまで気を配る研究姿勢を教えてくださった朴廣春先生、後輩の私を励まし、やさしく見守ってくださった金宰賢先生、同じ女性からみてもしっかりしていて尊敬する朴銀卿先生、大学１年の時から発掘現場に連れていってくださったり、実測など考古学の技術的な面でもご指導をいただきお世話になった李東注先生、羅東旭先生、辛勇旻先生にも心から感謝する。また、フランスでの一時帰国時の出会い以来の鄭儀道先生には、学問に対する客観的な姿勢の中にも、人間味あふれるご指導をいただいており、いつも感謝している。

　そして日本の埼玉大学で今も私を応援してくださっている高久健二先生と私を支えてくださった方々に。一人ずつのお名前は書けないが、考古美術史学科・韓国文物研究院の先輩や後輩、同僚たちにも感謝の気持ちを伝えたい。

　岡山大学へ留学し、博士論文をまとめるにあたっては、稲田孝司、新納泉、松木武彦、松本直子、岡山理科大学の亀田修一の諸先生方からご指導、激励をいただいた。

　また、岡山大学へ留学するきっかけをくださった九州大学の西谷正先生、博士論文の審査をしてくださった岡山大学の久野修義先生に心から御礼を申し上

げる。そして京都大学の吉井秀夫先生、阪口英毅先生をはじめ京都考古学研究室・岡山大学考古学研究室・奈良県立橿原考古学研究所の方々にも大変お世話になった。

今回、出版にあたって、奈良県立橿原考古学研究所の西藤清秀先生、栃木県埋蔵文化財センターの内山敏行先生、茨城大学の茂木雅博先生、同成社の山脇洋亮氏にお世話になった。

最後に、考古学しかできない私にも関わらず、いつも誇りに思ってくれている私の家族にも感謝したい。

2008年3月

張　允禎

ものが語る歴史シリーズ⑮
古代馬具からみた韓半島と日本

■著者略歴■

張　允禎（Chang Yoon Chung）

1969年　大韓民国慶尚北道清道郡生まれ。
1995年　釜山東亞大学校大学院　史学科修士課程修了
2003年　岡山大学大学院　文化科学研究科修了。文学博士。
1998・2004年　奈良県立橿原考古学研究所・京都大学大学院文学研究科にて研修
現在、財団法人韓国文物研究院地表調査課長
主要著作・論文
　「韓半島三国時代の轡の地域色」『考古学研究』第50巻第2号、2003年
　「日本列島の鐙にみる地域間関係」『考古学研究』第51巻第3号、2004年
　「韓半島における馬具研究の流れ」『馬具研究のまなざし』2005年
　「韓国固城松鶴洞古墳出土馬具に対する検討」『朝鮮古代研究』第6号、2005年

2008年4月20日発行

著　者　張　　　允　禎
発行者　山　脇　洋　亮
印　刷　モリモト印刷㈱

発行所　東京都千代田区飯田橋　㈱同成社
　　　　4-4-8 東京中央ビル内
　　　　TEL 03-3239-1467　振替 00140-0-20618

Ⓒ Chang Yoon Chung 2008. Printed in Japan
ISBN978-4-88621-422-5 C3021

ものが語る歴史

「もの」の歴史を深く詳しく追究することで、そこに関わった人々や社会、それが存在していた時代や世界のありようを映し出していく人気シリーズ。

楽器の考古学
山田光洋著　　　　　　　　　　　　　　　256頁・4410円

いままでに日本列島から出土した楽器もしくは楽器と推定される遺物など、音楽文化関係の出土情報を蒐集・分析し、「音楽考古学」という新たな視点からこれらを整理し、その体系化を試みる。

ガラスの考古学
谷一尚著　　　　　　　　　　　　　　　　210頁・3885円

ガラスの歴史をその起源から説きおこし、様々に発達をとげながら世界中に広まっていった過程を追う。また、エジプト、メソポタミア、中国などの古代文明のガラスをはじめ、ギリシャ、ローマなど古代のガラスを分かりやすく分類し解説。さらに日本の古墳や正倉院のガラスの由来などにも迫る。

方形周溝墓の再発見
福田聖著　　　　　　　　　　　　　　　　210頁・5040円

弥生時代の代表的墓制とされている方形周溝墓について、数々の研究成果をふまえ、自明とされてきたことをあらためて問い直し、これら一群の墓群の存在がどのような社会的意味をもっていたのかを探る。

ものが語る歴史シリーズ・既刊

遮光器土偶と縄文社会
金子昭彦著　　266頁・4725円

縄文社会のなかで遮光器土偶はいかなる存在だったか。何のために作られたのか。本書は考古学的事実のうえに立って、遮光器土偶の用途について「想念」をめぐらし、縄文人のメンタリティーに迫る。

黒潮の考古学
橋口尚武著　　282頁・5040円

黒潮に洗われる伊豆諸島には、古くから特色ある文化が根づいている。それらの文化の諸相を縄文時代から中世にかけて追求し、太平洋沿岸の文化交流の実体解明に迫る。

人物はにわの世界
稲村繁（文）・森昭（写真）　　226頁・5250円

人物埴輪に見出したロマンを、独特な黒の空間に撮し出した森昭の作品群と、それに触発され、埴輪の語る世界を読みとるべく筆を起こした稲村繁。本書は写真と緻密な論考、両者をもって古代史を紡ぎ出している。

オホーツクの考古学
前田潮著　　234頁・5250円

オホーツク海をめぐる地域に展開した、いくつかの古代文化の様相をめぐり、筆者は自らの調査の結果をふまえつつ、日露の研究者の幾多の文献を渉猟し、自身の研究に新たな展望をひらく。前著『北方狩猟民の考古学』につづく、関係者必見の書。

= ものが語る歴史シリーズ・既刊

井戸の考古学
鐘方正樹著　　　　　　　　　　　　210頁・3885円

原始から近代まで連綿と利用されてきた列島各地の井戸が、人間の生活にいかに関わってきたかを建築技術・構造的視点から分析し、東アジア的広がりの中でその展開を追究する。

クマとフクロウのイオマンテ―アイヌの民族考古学
宇田川洋編　　　　　　　　　　　　248頁・5040円

イオマンテとは、クマの魂（霊的存在）を天上界に送り返す、アイヌに伝わる代表的な儀礼。筆者らは北海道東部に残されたイオマンテの場所を考古学的に調査し、発掘調査と古老への聴き取り調査を通して、送られたものや動物、「送り」儀礼の内容を明らかにする。

ヤコウガイの考古学
髙梨修著　　　　　　　　　　　　　302頁・5040円

ヤコウガイの供給地域はほとんど未詳とされてきたが、近年奄美大島の古代遺跡から大量に出土し注目を集めている。本書は、古代～中世段階の琉球弧の交易史を、これまでの沖縄中心史観から脱却し、ヤコウガイによって考古学的に明らかにしようとする野心的な試みの書である。

食の民俗考古学
橋口尚武著　　　　　　　　　　　　222頁・3990円

縄文時代や弥生時代に育まれ、その後も日常生活のなかで改良されながら発展的に継承されてきた生活技術や食習慣を描き出すことで、日本文化の「原風景」に迫る。

ものが語る歴史シリーズ・既刊

石垣が語る江戸城
野中和夫編　　　　　　　　　　　　394頁・7350円

日本最大の城郭である江戸城。膨大な石垣群に焦点をあてて、考古資料と文献を手がかりにしつつ、多角的かつ詳細に分析。さまざまな表情を見せる江戸城の姿を、多くの写真とともに描き出す。

アイヌのクマ送りの世界
木村英明・本田優子編　　　　　　　242頁・3990円

アイヌのアイデンティティの核をなし、儀礼のなかで最高位に位置づけられる「クマ送り儀礼」。民族誌と考古学の両面からクマ送りの実際や起源を検証し、その今日的意味を探る。

考古学が語る日本の近現代
小川望・小林克・両角まり編　　　　282頁・4725円

出土遺物や遺構は、文字や映像資料では知り得ないことを、しばしば雄弁に物語る。筆者らは、近年盛んになった明治期以降の遺跡・遺物を対象とする考古学研究を駆使しつつ、新たな視点からの近現代史を探る。

壺屋焼が語る琉球外史
小田静夫著　　　　　　　　　　　　256頁・4725円

沖縄県那覇市壺屋に誕生した壺屋焼は、東京や八丈島、遠くはマリアナ諸島でも発見される。この広域にわたる壺屋焼の足跡を追いつつ、泡盛の歴史的な展開や背景、さらには沖縄の漁業・農業移民がたどった壮大な軌跡を探る。